교육전문가를 위한 A2M

인적자원개발

| 이재희 저 |

양성원

머리말

평생직장에 대한 믿음과 신화가 사라지고 평생직업에 대한 인식과 필요가 확산됨에 따라 학교교육은 물론 직업교육과 평생학습의 중요성이 커지고 있다. 이 책은 교육과 인적자원개발에 대한 관심과 끌림이 있거나 앞으로 어떤 형태로든 가르침과 배움의 영역에서 직업적 성취를 이루고자 하는 청·장년세대를 위한 책이다. 또한 교육학을 전공하지 않은 기업교육과 직업훈련 분야의 교·강사 및 HRD담당자, 그리고 사회복지 기관을 포함한 다양한 분야에서 활동 중인 평생학습 교·강사 및 교육담당자를 위한 교육훈련지침서의 역할을 수행할 수 있도록 체제와 내용을 구성하였다.

인적자원개발(HRD, Human Resources Development)은 교육학과 경영학이 결합된 융합학문으로 교육학의 가치지향성과 경영학의 합리성을 기반으로 하며, 개인의 역량개발과 조직의 성과 증진을 목적으로 한다. 인적자원개발 전문가는 교육학과 경영학(특히 경영전략과 인적자원관리론, 조직행동론)에 대한 지식체계와 현장경험 그리고 직업윤리를 필요로 하는 전문직으로 개인과 조직에 선한 영향력을 미칠 수 있는 매력적인 직업이다.

어느 분야의 직업이든 전문직은 그 직업세계에 진입하기 위해 요구되는 자질과 자격요건을 갖추어야 하며 이를 멤버십이라 한다. 이 책에서는 인적자원개발 전문가로서 갖추어야 할 직업적 멤버십(membership)에 대해 탐구한다. 어느 분야이든 명료한 지식체계는 전문가의 출발점이자 넘어야 할 허들이기도 하다. 탄탄한 지식체계에 다양한 현장경력이 더해질 때 전문가의 자긍심과 자신감이 형성된다.

이 책을 통해 HRD 지식체계를 깔끔하게 정립함으로써 HRD 멤버십의 절반은 구비할 수 있다. 나머지 절반의 현장경력은 오롯이 개인의 몫이다. HRD 지식체계와 관련하여 인적자원개발의 연구영역은 개인개발, 경력개발 그리고 조직개발로 구분하는데 이 책에서는 개인개발 관점에서의 인적자원개발론을 탐구한다. 경력개발과 조직개발 관점에서의 인적자원개발론은 다른 책을 통해 탐구할 계획이다. 멤버십의 M은 13번째 알파벳으로 전체 알파벳 체계의 중앙에 위치한다. 이론체계와 현장경력, 개인개발과 경력개발, 조직개발의 전체 맥락 속에서, 이론체계와 개인개발 중심의 접근이라는 측면에서 A2Z이 아닌 A2M이라 한정하였다.

이 책은 [미리보기]-[학습목표]-[학습내용]-[마무리 토의]-[수행과제]-[쉬어가기]의 체제로 구성되어 있다. 미리보기는 학습내용과 연계된 사례, 예시, 신문기사를 소개하여 본문 내용에 대해 미리 생각해 보는 시간을 갖도록 한다. 학습목표는 각 장을 통해 탐색하고자 하는 지식, 기술과 함께 목표수준을 제시하여 학습지향점을 명확히 한다. 학습내용은 주제별 주요 개념과 원리, 절차(방법 · 기법)에 대한 설명과 함께 이를 적용하기 위한 사례 및 토의주제를 제시함으로써 동료학습에 의한 교학상장(敎學相長)이 이뤄지도록 한다. 마무리 토의는 SAM 구조에 따라 요약하기(Summarize), 적용하기(Adapt), 성찰 · 발전하기(Make Better)의 활동을 통해 학습내용을 검토하고 미래 성장을 위한 아이디어를 공유하도록 한다. 수행과제는 학습한 지식체계와 기술목록을 팀원들과의 협동학습을 통해 적용할 수 있도록 현실세계를 반영한 과제와 과제 수행을 위한 가이드라인을 제공한다. 특히 팀 프로젝트 과제는 1장부터 12장까지 연결된 맥락 속에서 탐구활동을 수행하게 함으로써 HRD 프로젝트 실행 경험을 체험할 수 있도록 구성하였다. 끝으로 쉬어가기는 칼럼이나 서정 카툰, 짧은 글 등을 통해 삶과 관계 그리고 이룸에 대해 성찰하는 시간을 갖도록 한다. 이 책을 사용하고자 하는 교수자와 독자(학습자)는 다다음 쪽에 제시된 주요개념과 용어 및 부록에 제시된 학습 가이드라인을 참고하여 자신에게 적합한 학습계획을 선택적으로 수립할 수 있도록 하였다. 부록의 교육행정 · 운영자를 위한 체크리스트, 교육현황 조사 설문지, 인터뷰 실시 안내 및 인터뷰 문항은 HRD 실무 수행에 유용한 정보를 제공한다.

모든 교육은 교육다워야 한다. 교육다움은 교육철학, 지식체계 그리고 실행 신념을 필요로 한다. 현재의 노동시장 구조에서 인적자원개발 전문가는 아무나 할 수 있다고 하지만 아무나 해서는 안되며 더욱이 아무나 될 수도 없다. 사람과 삶을 사랑하는 사람, 재물 앞에 무너지지 않으려고 노력하는 사람, 무엇보다 타인의 성장을 돕고 학습을 통해 직업적 성취를 이루고자 하는 올곧은 사람이 인적자원개발 전문가로 활동하여야 한다. 그들이 인적자원개발 지식생태계를 더욱 맑고 깨끗하게 발전시키는 앞날을 기대한다. 이런 앞날에 이 책이 조금이라도 일조할 수 있기를 소망한다. 기업교육과 직업교육 그리고 평생학습은 학교교육 못지않게 국가경쟁력과 삶의 질을 결정하는 중요한 축이기 때문이다.

2021. 6.

오랜 시간을 함께한 오롯한 공간에서

이재희

주요 개념 및 용어

장	절	주요 개념 및 용어				
1	1. 교육의 이해	교육	지식	기술	태도	스킬갭
	2. 인적자원개발의 이해	HRD	개인개발	경력개발	조직개발	HRD 주요변수
	3. 교육직 적합성 탐색과 직업심리검사	직업심리검사	자기소개서			
2	1. 직업의 개념과 직업환경의 변화	직업의 조건	세계인권선언	직업환경 변화		
	2. 교육시장 현황과 교육직 필수 교육과정	정부·공공기관	기업교육기관	교육협회·학회	교직과목	HRD교육과정
	3. 교육전문가의 역할과 요구 능력	교육직 수행활동	정보활용능력	네트워킹능력	올곧음	회복탄력성
3	1. 교육체계 수립과 인재육성시스템 설계	경영분석 툴	교육체계도	과정명세서	HRD시스템 메뉴	LMS
	2. 교육 프로그램 기획	5W1H	XY 매트릭스	OER 교육기획	3E 프레임	
	3. 설문조사와 인터뷰 기법	구글 설문조사	인터뷰			
4	1. 객관주의 이론	행동주의 이론	인지주의 이론	학습과정	교수사태	의미적 부호화
	2. 구성주의 이론	정신 구조	아하! 통찰경험	의미 만들기		
	3. ISD와 교수체제설계	시스템	ISD	딕과 캐리모델	ADDIE 모델	
5	1. 요구분석의 개념과 절차	요구의 유형	차이분석	원인분석	교육적 해결	교육 외적해결
	2. 직무분석과 DACUM	직무과제분석	NCS학습모듈	한국직업사전	직무기술서	과업명세서
	3. 역량분석	역량체계	Skill Hierarchy	역량사전	역량기술서	행동지표
	4. 교육니즈 우선순위 결정	교육니즈조사	현재수준	요구수준	보리치 공식	
6	1. 교육요구 분석	최적	실제	느낌	원인	해결
	2. 학습자 분석	출발점 행동	학습의 4단계	세대별 특성	성별 특성	
	3. 학습환경 분석	상황 특성	교육과정 특성	교과목 특성	강의장 환경	
7	1. 내용요소전시이론	수행x내용 매트릭스	학습목표	블룸 학습목표 분류	1차 제시형	2차 제시형
	2. 학습동기 설계와 ARCS모델	주의집중	관련성 유지	자신감	만족감	
	3. 교육과정 개발 지침서	모듈	교과목	도입	전개	마무리
8	1. 콘텐츠 개발	KSCA 프레임	3W1H 프레임	PERT 프레임	서열화 원리	스토리보드
	2. 교수매체 개발	교수매체 유형	매체 선정기준	KISS원리	KILL원리	정보의 시각화
	3. 교수계획서 개발	교수지도안	4란식 교안	Learning map형 교안	슬라이드형 교안	

장	절	주요 개념 및 용어				
9	1. 교수 · 학습방법	강의식 교수법	가네 교수사태	참여식 교수법	참여식 교수법 운영절차	구성주의적 교수 · 학습 방법
	2. 기본 강의기법	도입단계 기법	전개단계 기법	마무리단계 기법		
	3. 학습 촉진기법	학습도구 활용	SPOT기법			
10	1. 교육평가 유형과 방법	진단/형성평가	총괄/추수 평가	4단계 평가 모델	NCS 평가 방법	교육결과 보고서
	2. 교육과정 평가와 CQI	Pilot Test	시범강의 평가서	학습자평가	동료평가	강의개선 보고서
	3. HRD 성숙도 진단	정량지표	정성지표			
11	1. 스마트교육의 개념과 구성요소	자기주도	학습흥미	수준과 적성	풍부한 자료	ICT 활용
	2. Zoom을 활용한 원격강의	준비	Zoom 활용 방법			
	3. 원격강의에서의 에듀테크 활용	교육실재감	에듀테크	패들렛	구글 잼보드	멘티미터
12	1. 지식경영과 지식의 변환과정	형식지/암묵지	사회화	외부화	결합화	내재화
	2. 경력관리와 HRD전문가의 역할 포트폴리오	경력	홀의 경력 4단계	경력경로계획	HRD 전문활동 영역	빛나는 별
	3. 전문성 개발과 자기주도 학습계획서	사회적 학습	일터학습	무형식학습	상시학습	지식관리 시스템

차례

Human Resources Development

Chapter

01

교육과 인적자원개발의 이해

1. 교육의 이해
2. 인적자원개발의 이해
3. 교육직 적합성 탐색과 직업심리검사

미리 보기

종종 기업 강연을 한다. '생각하는 힘' '큐레이션' '퍼스널 브랜딩' '여성 리더십' 등이 주된 주제인데 강의를 시작할 때 나는 이렇게 말하곤 한다. "저는 답을 알려 드리지 않는다. 오히려 여러분을 흔들어 놓을 거다. 그러니 강의를 마치고 혼란스럽거나 헷갈리시면 오늘 강연이 효과가 있는 것이다"라고. 이렇게 말하는데도 구체적인 방법을 알려 달라는 질문이 꼭 나온다. 이런 경우를 반복적으로 겪으면서 알게 되었다. 사람들은 당장 '써먹을 수 있는 것'을 원한다는 것을.

사람들은 지름길을 찾는다. 하지만 지름길엔 덫이 있어서 지혜와 경험이 쌓이지 않는다. 젊은 세대는 앞선 세대처럼 무조건 일하지 않는다. 왜 해야 하는지 따져 묻고 수긍이 가야 비로소 시동을 건다. 100만 부나 팔린 베스트셀러 『나는 나로 살기로 했다』라는 책의 제목이 보여 주듯 중심에 내가 있고 내 인생을 살고 싶어 한다. 문제는 그 다음이다. 원하는 일을 하며 살고 싶은데 자신이 무엇을 좋아하는지 모르겠다는 거다.

좋아하는 게 무엇인지 알고 싶으면 다양하게 시도해 보라는 말에 한 가지를 더 보태고 싶다. 시간을 충분히 들이라는 거다. 무언가가 좋아지기까지는 시간이 걸린다. 처음부터 흥미를 느끼진 않았지만 이렇게 저렇게 해 보는 사이 겉에선 보이지 않던 속살이 보이면서 재밌어지고, 도무지 되지 않던 것이 어느 날 쓱 되면서 재밌어지고, 좀 더 중요한 일을 받아 일의 핵심에 닿게 되면 또 한번 재밌어진다.

나태주 시인은 '풀꽃'이란 시에 이렇게 썼다. "자세히 보아야 예쁘다. 오래 보아야 사랑스럽다. 너도 그렇다." 일도 그런 것 같다. 좋아하는 일, 재밌는 일이란 시간의 선물이다. 고병권 선생은 '철학자와 시녀'에서 철학한다는 것, 생각한다는 것은 지름길을 믿지 않는 거라 썼다. 스스로 생각하는 사람은 당장의 방법을 구하는 대신 시간을 들여 길을 구하고, 그렇게 애쓰는 사이 축적된 것들이 훗날의 자산이 되고 자신을 붙잡아 주는 기립근이 된다는 것을 믿는다.

최인아, 동아일보(2021. 2. 20.)

학습 목표

스승은 가르쳐 올바르게 이끌어 주는 사람이다. 스승은 교육의 본질과 기본에 충실하고 근간을 탐구한다. 교육자는 그저 직업인이 아니라 누군가의 길이 되어야 한다. 교육과 인적자원개발의 개념을 이해하고 자신이 교육직에 적합한지를 탐색한다.

1. 교육의 개념과 연구영역을 설명할 수 있다.
2. 인적자원개발의 개념과 연구영역을 설명할 수 있다.
3. 직업적성검사와 자기소개서 작성을 통해 교육직 직업적합성을 유추할 수 있다.

01 교육의 이해

사람 아기는 어른으로 성장하는 데 15년 이상이 걸린다. 다른 동물과 비교해 볼 때 성장기가 상당히 긴 편이다. 소나 말이나 기린 새끼는 태어나서 수 시간 내에 걷기 시작하지만 인간의 아기는 1년 이내에 잘 걷지 못한다. 태어날 때는 약하디 약한 인간이 자라서는 자연생태계의 맨 꼭대기에 있다. 그 이유를 교육을 통한 문화의 대물림 활동에서 찾는다. 교육은 인간과 동물세계를 구분하는 중요 척도가 된다.

교육에서 교(敎)는 '가르치다'라는 뜻으로 교육자가 바람직한 방향(가르침)을 제시하여 교육생을 그 방향으로 인도한다는 뜻이다. 교육을 사회화 과정으로 보는 관점이다. 육(育)은 '기르다'는 뜻으로 크게 자라도록 한다는 의미이다. 이는 교육을 가능성과 성장의 관점에서 파악하는 것이다. 이와 같이 교육은 문화와 가치, 규범을 지도하는 측면과 재능을 육성하는 두 가지 측면이 있다. 영어의 'education'은 라틴어의 'educare'에서 유래한 것으로 e(밖으로)와 ducare(끌어내다)의 합성어이다. 'education'은 잠재된 가능성을 발견하고 이를 발현하도록 돕는 것을 의미한다. 동·서양 모두 교육을 '사람이 지니고 있는 잠재적 가능성을 발견하고 실현시켜 나가는 활동'으로 인식한다.

지금까지 많은 학자들이 교육에 대한 다양한 정의를 내리고 있다. 칸트(I. Kant)는 인간은 오직 교육에 의해서만 인간다운 인간이 될 수 있다고 보았으며 로크(J. Locke) 또한 태어날 때 백지와 같은 상태가 후천적인 환경에 따라 달라진다고 하였다. 정범모는 '교육은 인간행동의 계획적 변화'라고 정의하였다. 이 외에도 교육에 대한 다양한 정의가 있다.

[표 1-1] 교육의 정의

소크라테스(Socrates)	청년이 지식을 탐구하고 덕을 지닐 수 있도록 지도하고 조언하는 것
페스탈로치(Pestalozzi)	사회개혁의 계속적 수단
듀이(Dewey)	생활이며 성장이며 사회화 과정으로 계속적인 경험의 재구성 과정

교육은 헌법에서 정한 우리 모두에게 보장된 권리이자 부과된 의무이다. "모든 국민은 능력에 따라 균등하게 교육을 받을 권리를 가진다(헌법 31조 ①항)." 이는 성별·종교·사회적 신분에 의하여 차별됨이 없이 교육을 받을 수 있는 권리를 말한다. "모든 국민은 그 보호하는 자녀에게 적어도 초등 교육과 법률이 정하는 교육을 받게 할 의무를 진다(헌법 31조 ②항)." 친권자·보호자는 그 보호하에 있는 자녀에게 초등 교육과 법률이 정하는 교육을 받게 할 의무를 지고 있다.

이와 같이 교육은 인간다운 삶을 살기 위해 국민이 국가에 요구할 수 있는 기본권(교육을 받을 수 있는 권리)이자 국민의 의무이기도 하다. 그만큼 교육이 중요하다는 반증이다. 본서에서는 교육을 '인간행동을 가치 있는 방향으로 변화시키기 위한 계획적 활동'으로 정의한다. 이 정의를 바탕으로 교육이 지니는 의미에 대해 학습한다.

■ 교육의 연구영역과 내용

교육의 대상은 인간행동이다. 따라서 인간행동에 영향을 미치는 요소들이 연구영역이 된다. 인간행동에 영향을 미치는 요소로 지식과 기술, 그리고 태도를 들 수 있다. 사람은 어떤 현상이나 사물에 대하여 알고 있는 지식수준에 따라, 또 무언가를 할 수 있는지 없는지에 따라 행동이 다르게 나타난다. 한편, 어떤 대상에 대한 마음가짐에 따라 역시 밖으로 나타나는 행동이 달라진다. 이와 같이 인간의 행동에 영향을 미치는 지식, 기술 그리고 태도를 교육의 내용 영역으로 본다. 태도는 가치관, 신념과 같은 개인의 가치체계는 물론 신뢰, 협력, 규범 등과 같은 사람들 사이의 관계(사회적 자본)를 포함하는 개념이다.

[표 1-2] 교육내용

지식	• 인지적 영역으로 현상이나 사물에 대한 인식체계 • 사실, 개념, 원리, 절차 등에 관한 내용으로 정보를 이해하고 활용할 수 있는 능력	• 유형의 지식: 눈으로 확인할 수 있고 설명이 가능한 지식(형식지) • 무형의 지식: 눈으로 볼 수 없고 설명하기 어려운 노하우, 경험(암묵지)
기술	• 사회 · 신체 영역으로 특정의 일이나 활동을 수행할 수 있는 능력 • 방법을 적용하거나 도구를 활용하여 업무를 수행하는 행동능력으로 지식을 활용	• 사회적 기술: 대인관계기술, 협상기술, 갈등관리기술, 의사소통기술 • 신체적 기술: 컴퓨터 활용기술, 장비수리기술, 운전기술, 미용기술
태도	• 정서적 영역으로 특정 대상에 대하여 좋아하거나 싫어하는 마음가짐 • 정서, 감정, 의식을 바탕으로 발현되는 심리적 특성	• 긍정적 정서: 행복, 기쁨, 사랑, 열정, 신뢰, 좋음, 평안함, 고마움, 보고싶음 • 부정적 정서: 불행, 슬픔, 미움, 좌절, 불신, 싫음, 불편함, 서운함, 진절머리남

■ 교육의 목적

교육의 목적은 '변화'이다. 변화는 사물의 모양, 성질, 상태가 달라지는 것으로 개발, 계발, 향상, 육성, 발달 등을 포함하는 개념이다. 이를 교육에 적용하면 변화는 개인의 지식, 기술, 태도가 달라지는 것을 의미하고, 그 결과로 행동이 달라지는 것을 말한다.

이는 교육을 받은 사람은 교육을 받기 이전에 비하여 지식, 기술, 태도에 있어 변화가 있어야 한다는 것을 의미하며, 교육 후에 아무것도 달라진 것이 없다면 교육의 목적을 달성하지 못했다고 볼 수 있다. 오히려 교육기간 중에 투입된 노력, 시간과 기회비용까지 고려한다면 교육이 큰 사회적 손실을 초래할 수도 있다.

한편, 교육에서의 변화는 가치 있는 방향으로의 변화를 말한다. '가치 있다'는 것은 교육의 결과가 사회적으로나 조직 측면에 있어서나, 또 개인적 차원에서 윤리성과 긍정성을 띠어야 한다는 것을 의미한다. 즉, 교육내용이 사회나 조직이 추구하는 가치와 규범에 위배되지 않을 뿐 아니라, 조직과 개인의 성과 및 성장가능성에 실질적 도움을 줄 수 있어야 함을 의미한다.

■ 교육의 당위성

교육은 계획적 활동이며 '그래야 마땅하다'는 당위성을 전제로 한다. 여기서 '계획적'이라는 용어는 교육이 '철저한 준비과정을 거쳐 실행되어야 한다'는 것을 의미한다. 다시 말해, 학습자에 대한 분석에서부터 학습목표와 평가방법에 대한 설계, 학습내용의 선정과 계열화, 사례, 예시, 예화와 같은 자료의 발굴, 교수매체 개발과 사전 리허설 및 수정 · 보완에 이르기까지 교육 효과를 높이기 위한 철저한 준비가 선행되어야 함을 뜻한다. 따라서 준비되지 않은 주먹구구식 교육은 교육이 아니다.

교육경험

지금까지 경험한 교육 중에서 가장 마음에 남는 수업은 무엇인가? 그 이유는 무엇이고, 언제 어디서 누가 한 수업이었는지 서로의 경험을 나눈다.

02

인적자원개발의 이해

인적자원개발(HRD, Human Resources Development)은 기업이나 공공기관, 직업훈련기관, 평생교육기관 등과 같이 사회인이나 직장인을 대상으로 한 교육훈련 부문에서 사용하는 용어이다. 자본, 토지, 시설, 장비와 같은 물적 자원과 함께 인간이 보유한 역량을 하나의 자원(인적자원)으로 인식하는 개념이다. 이와 같이 인적자원개발은 조직구성원으로서의 인간을 전제로 하고 그들의 학습과 성장, 그리고 이를 통한 조직의 성과향상을 지향하는 개념이다.

인적자원개발에 대한 정의를 살펴본다. 존스(J. E. Johnes)는 HRD란 '조직 및 개인의 목표달성을 위하여 직무 관련 능력을 조직적으로 확장하는 수단'이라고 정의하였다. 내들러(L. Nadler)는 '직무성과의 향상과 성장의 가능성을 증대시키기 위하여 제한된 기간 내에 실시하는 조직적 학습경험'이라고 하였다.

■ HRD의 연구영역과 내용

HRD의 주 관심사는 성과에 있다. 성과는 개인은 물론 조직의 역량에 의해 영향을 받는다. 이에 따라 HRD의 연구영역은 개인개발, 경력개발, 그리고 조직개발로 구분한다. 개인개발은 새로운 지식과 기술을 습득하고 태도를 개선하는 것으로, 조직이 필요로 하는 역량과 구성원이 보유한 역량 차이(스킬 갭)를 줄이거나 제거하는 활동이다. 스킬 갭(skill gap)은 현재 직무수행에 필요한 역량을 향상하기 위한 업스킬링(upskilling)과 미래의 성장가능성을 개발하는 리스킬링(reskilling)의 두 축을 중심으로 이루어진다.

[표 1-3] 개인개발의 두 축

업스킬링	같은 일을 더 잘할 수 있도록 돕거나 더 복잡한 일을 할 수 있도록 기술을 숙련하는 것. 현재의 지식 · 기술 수준을 향상시킴으로써 더 높은 가치를 창출하는 것을 목표로 함
리스킬링	지금까지와 다른 직무 및 역할을 수행하기 위해 새로운 지식 · 기술을 배우는 것. 한 사람이 여러 개의 직업을 가지는 N-잡러 시대에 중요한 개념임

경력개발은 여러 직무로 이동하기 위한 지식과 기술을 준비하는 중 · 장기적인 활동으로 인사제도, 경력개발제도, 경력상담제도를 통해 개인의 생애단계별 경력경로(career path)를 설계하고 단계별 맞춤형 교육프로그램을 연계 · 지원하는 것이다. 경력개발은 적성검사나 흥미검사, 직업선호도검사와 같은 직업심리검사를 통해 개인의 특성을 밝히고 그에 맞는 경력을 선택하도록 권고한다.

조직개발은 조직 차원의 변화를 꾀하는 다양한 활동이다. 즉, 환경 변화에 민감하고 신속하게 반응하는 조직구조와 문화, 부서 간, 상하 간, 동료 간 의사소통이 자유롭고 원활한 조직문화, 학습과 성장을 장려하는 인사제도와 문화를 만들어 가는 것이다. HRD 활성화를 위해서는 다음 질문에 대한 내부진단과 평가가 선행되어야 한다.

[표 1-4] HRD 활성화 체크리스트

개인개발	• HRD 전략 및 교육요구에 기반한 교육체계가 수립되어 있는가? • 조직구성원의 스킬 갭을 보완할 수 있는 다양한 교육프로그램이 있는가?
경력개발	• 생애단계별 경력경로가 설정되어 있으며, 경력개발제도 등이 있는가? • 단계별 맞춤형 교육프로그램이 제도적으로 연계, 지원되고 있는가?
조직개발	• 환경변화에 민감한 조직인가? 신뢰하고 협력하는 조직문화인가? • 학습을 장려하는 문화인가? 학습조직활동과 상시학습이 활발한 조직인가?

■ HRD의 목적

HRD의 목적은 개인과 조직의 역량 변화를 통한 성과향상이다. HRD는 단순한 이벤

트가 아니라 성과지향적 활동이다. 이는 교육내용이 조직의 목표나 개인의 목표 달성에 직·간접적으로 기여할 수 있어야 함을 의미한다.

■ HRD의 당위성

HRD는 조직적 학습경험이다. 여기서 '조직적'이란 명확한 학습목표와 이를 달성하기 위한 구체적 프로그램이 있고, 내용을 효과적으로 전달하기 위한 교수전략이 의도적, 체계적으로 결합되어야 한다는 것을 의미한다. '학습경험'은 학습자들의 경험이 중요한 학습자원으로 인식되며, 학습자의 적극적 참여가 HRD 성과에 중요한 역할을 한다는 것이다. 한편, HRD는 학교교육에 비해 비교적 짧은 기간 내에 이루어진다. 이는 적정한 시기에 적절한 사람에게 필요한 교육이 제공되어야 한다는 것을 뜻한다.

■ 교육과 HRD의 비교

교육과 HRD의 차이점에 대한 의견을 통하여 인적자원개발의 개념과 영역을 보다 명확히 인식할 수 있다. 교육은 주로 아동·청소년을 대상으로 비교적 장시간에 걸쳐 미래 주역으로서 갖추어야 할 기본소양과 인성을 쌓는 데 주안점을 둔다. 이에 비해 HRD는 주로 사회인, 직장인을 대상으로 단기간 내에 성과향상을 위한 직무능력 개발에 중점을 둔다. 이밖에 교육과 HRD의 차이점은 [표 1-5]와 같다.

[표 1-5] 교육과 HRD의 차이점

	교육	HRD
학문영역	청소년교육학(Pedagogy)	성인교육학(Andragogy)
시간관점	미래 지향	현재, 가까운 미래 초점
주요관심	인성함양, 진로지도, 진학지도	개인개발, 경력개발, 조직개발
수행주체	가정, 학교	기업교육기관, 직업훈련기관
주관부처	교육부	고용노동부

한편 교육은 교육학이라는 고유의 학문영역이 있는 반면 HRD는 경영학, 특히 인적자원의 중요성이 커짐에 따라 인적자원관리 부문으로부터 분화된 개념이라 할 수 있다. 개인적으로 HRD는 경영학에 뿌리를 두고 교육학과의 학제적 접근(interdisciplinary approach)을 추구하는 학문이라고 판단한다. 경영학과 교육학의 협업, 즉 융합학문이라 할 수 있다. 이를 [그림 1-1]과 같이 표현할 수 있다.

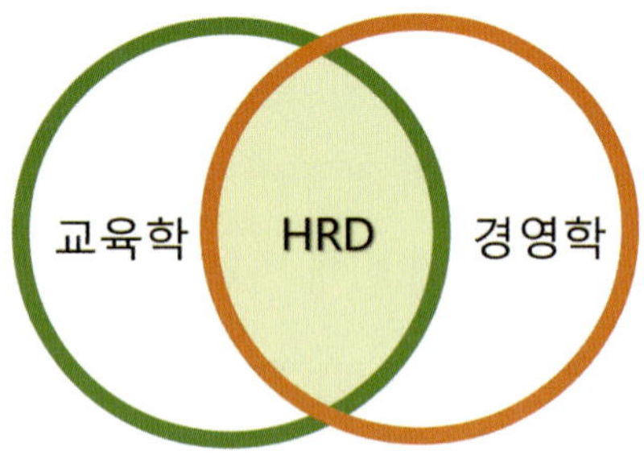

[그림 1-1] HRD의 학문 영역

HRD의 학문영역과 연구대상을 보다 명확히 알아보기 위하여 고려대학교 교육대학원 기업교육 전공 학위논문 주제를 분석하였다. [표 1-6]은 2018년 이후 2020년까지의 학위논문 65편을 분석한 결과이다. 논문 주제에 많이 제기된 변수는 혁신행동(10회), 직무성과(8회)로 모두 결과변수들이다. 코칭행동(7회)과 밀레니엄세대(6회)가 상위에 자리매김하고 있는 것은 세대교체에 따른 교수 · 학습방법의 변화추이를 반영하고 있다. 학습에서의 자기주도성(6회)과 학습민첩성(5회), 무형식학습활동(3회) 등 학습주체의 자발성과 상시학습을 강조하는 변수가 등장하고 있는 것도 눈여겨볼 만한 현상이다. 또한 일의 의미, 프론티언 경력태도와 같은 가치지향적 개념과 사회적 자본과 관련된 주제어들이 보이는 것도 사회문화적 흐름과 연계되어 있다. 논문 분석 결과를 보면 '경영의 전략적 파트너'라는 HRD의 역할 관점에서 많은 연구가 이루어지고 있다. 이들 연구 이슈들은 경영학, 특히 조직행동론에서 주로 다루는 개념들이다. 연구 결과를 보면 경영학과 기업교육학과의 경계가 모호하다는 생각도 든다.

[표 1-6] 기업교육 전공의 HRD 주요 변수(개념)

개인차원		집단차원		조직차원					
자기효능감	2	변혁적 리더십	6	[HRD 이슈]		직무만족	6	조직몰입	3
그릿(GRIT)	1	혁신행동	10	경력개발지원	3	직무몰입	1	정서적 조직몰입	1
목표지향성	1			학습민첩성	5	직무열의	4	조직변화몰입	1
셀프리더십	2	진성 리더십	1	자기주도학습준비	1	적응수행	3	조직시민행동	3
주관적 경력성공	3			학습 자기주도성	6	직무소진	2	조직공정성	1
프로티언 경력태도	3	공유리더십	2	학습목표지향성	1	직무스트레스	2	조직지원인식	3
경력몰입	1	교환관계(LMX)	4	지식공유	3			조직커뮤니케이션	1
경력적응성	1	팀 창의성	2	무형식학습활동	3	직무자율성	5		
경력계획 준비	1	팀 응집력	1	조직학습	1	직무성과	8	혁신조직문화	1
잡크래프팅	1	감성지능	1	지속학습활동	1	직무특성	1	혁신지향	2
직업선택 동기	1	긍정심리자본	1	학습지원	1	직무적합성	1	조직변화몰입	1
직업탐색행동	1	사회적 자본	1	학습전이	1	직무배태성	1	과업지향문화	1
일의 의미	2	사회적 네트워크	1	문제기반학습	1			위계적 조직문화	1
일 몰입	2							다양성 수용정도	1
정서적 몰입	3	상사지원	1					개인창의성	1
선택의도	1	코칭행동	7					고객지향성	2
이직의도	2	멘토링기능	2						
인식(인지)	1	임파워링리더십	1					밀레니얼세대	6
성격 5요인	1	심리적 임파워먼트	2					기성세대	4
완벽주의	1	여성리더역량	1					세대	1
계	31		44		27		34		34

다만 이와 같은 개인적 주장의 근거가 되는 샘플이 제한적이어서 과소대표화의 오류에 대한 염려를 하지 않을 수 없다. 따라서 기업교육 관련 학회지나 다른 대학의 기업교육 관련 학과 논문 주제 분석이 추가로 이루어져야 할 것으로 본다.

배움에는 세 단계가 있다. 배움의 첫번째 단계는 주경야독(晝耕夜讀) 단계이다. 주경야독은 "낮에는 농사를 짓고 밤에는 글을 읽는다"는 뜻이다. 직장 다니는 바쁘고 어려운 상황 속에서도 현재 자신에게 부족한 부분(스킬 갭)을 메우기 위해 꾸준하게 배우고 익히는 것을 말한다. 이 단계에서는 외부로부터의 자극과 자기규제가 필요하다. 하고 싶은 것만 하면서, 평안함만을 추구하면서 발전하기는 어렵다. 세상에 공짜는 없다.

03 교육직 적합성 탐색과 직업심리검사

교육직(교육과 연관된 모든 직업)은 그 어떤 직업보다 다른 사람의 삶에 영향을 미칠 수 있는 직업이다. 교육은 누구나 할 수 있지만 아무나 해서는 안된다. 교육직이 자신에게 적합한지 여부를 탐색해 보는 것이 필요하다. 이를 위해 자신에 대한 관찰과 평가·성찰을 통해 스스로에 대해 정확하게 지각하도록 한다. 진로설계를 하려면 자신의 적성과 성격, 흥미, 신념 등에 대해 살펴보는 게 중요하다.

■ 직업심리검사

진로설계를 위한 직업적합성을 판단하기 위하여 직업심리검사를 권한다. 직업심리검사는 인지적 검사와 정서적 검사가 있다.

[표 1-7] 직업심리검사 유형

검사유형		특징
인지적 검사	지능검사	일반적인 지적 능력의 현재수준을 측정
	적성검사	특정의 직무를 성공적으로 수행할 수 있는지를 측정. 개인의 기본적인 적성수준과 적성에 부합하는 직업분야, 대학의 학과나 계열 선택에 도움
	성취도검사	학업성취도검사
정서적 검사	성격검사	성격은 개인에게 습관적으로 나타나는 어떤 특징. 개인의 기질과 성향 측정
	흥미검사	직업과 관련된 흥미를 측정하여 직업선택에 도움. 직업선호도검사
	태도검사	의사소통태도검사, 직무만족도검사, 부모양육태도검사

고용노동부와 한국고용정보원이 운영하는 취업정보사이트인 워크넷에서는 청소년과 성인을 대상으로 총 20여종의 직업심리검사를 개발하여 무료로 제공하고 있다. https://www.work.go.kr/jobMain.do

[그림 1-2] 워크넷 직업 · 진로 정보

직업심리검사는 워크넷 회원가입 후 즉시 가능하며 검사결과는 검사 완료 직후 '검사결과 보기'를 통해 확인할 수 있다.

[표 1-8] 직업심리검사 종류와 검사 소요시간

주관기관	웹사이트	검사명	시간
고용노동부 한국고용정보원	http://www.work.go.kr	대학생 진로준비도 검사	20분
		직업가치관 검사	20분
		직업선호도 검사(L형)	60분
		직업선호도 검사(S형)	60분
		직업적성 검사	60분
		성인용 직업적성 검사	90분
		직업전환 검사	20분
		창업적성 검사	20분
		준고령자 직업선호도 검사	20분

■ 자기소개서

취업을 위한 자기소개서는 성장과정, 성격, 취업준비 과정에서의 경험과 경력, 개인이 보유하고 있는 차별적 특성, 지원동기와 미래 포부를 밝히는 개인 스토리이다. 여기서는 나의 과거, 현재, 미래가 담긴 자기소개서를 작성하고 그 내용을 바탕으로 학습동료들과 서로 나눈다.

지금까지 가장 빛났던 3대 경험은 무엇인가요? 이들 경험을 왜 '별의 시간'으로 기억하나요?

현실에서 당신이 맡고 있는 역할들은 무엇인가요? 그 역할들 중에서 비중을 늘리고 싶은 것과 줄이고 싶은 것은 각기 무엇인가요?

5년 후에 당신은 어떻게 살고 있을까요? 그때는 지금과 비교해 무엇이 달라져 있을까요?

언제 가장 '나 답다'고 느끼나요? 자신을 잘 나타낼 수 있는 단어 세 개는 무엇인가요?

학습내용을 중심으로 SAM 토의를 진행한다. 자유로운 분위기에서 편안하게 의견을 나눈다.

Summarize! 학습목표를 확인한 후, 각 학습목표에 대한 자신의 답을 정리한다. 이를 바탕으로 주요 개념과 용어 간의 위계와 연관성을 규명한다.

Adapt! 수행과제를 해결하기 위해 적용할 수 있는 지식과 기술은 무엇인지 토의한다. 직무수행이나 일상에서의 적용방안을 탐색한다.

Make Better! 보다 나은 학습을 위해 수정 · 보완할 내용에 대해 토의한다. '미리보기–학습내용–수행과제–쉬어가기'의 맥락 속에서 메시지를 발견하고 의미를 부여한다.

학습팀을 구성하고 팀 만들기 활동을 한다. 학습규칙과 개인별 역할을 자율적으로 결정한다. 팀 수행과제 선정을 위한 토의를 한다. 수행과제는 신입직원 과정 개발, 강사 양성 과정 개발 중에서 선정한다. 팀 프로젝트 수행을 위한 협동학습계획서를 작성한다.

■ 신입직원 과정

가상의 조직을 선정하고 정기채용과 수시채용 과정을 통해 1년 동안 선발된 신입사원 모두를 대상으로 교육을 실시할 예정이다. 이들 신입직원들의 조기정착을 유도할 수 있는 교육과정을 개발하려고 한다.

■ 강사 양성 과정

평생직장에 대한 기대가 사라지고 평균수명이 늘어남에 따라 고용안정성에 대한 불안과 함께 은퇴 이후에도 경제활동을 계속해야 한다는 생각이 사회 전반에 걸쳐 확산되고 있다. 이에 따라 직업교육과 평생교육에 대한 관심이 높아지고 있으며 이들 교육시장에 진출(하고자)하는 사람들도 늘고 있다. 성인교육시장에 진출하고자 하는 예비강사들을 위한 교육과정을 개발하려고 한다.

중2 때 이모는 인생에서 가장 소중한 선생님을 만났지. 도덕 선생님이셨는데, 대학에서 철학을 공부하셨어. 그때까지 다른 도덕 선생님은 우리가 지켜야 할 '도리'가 무엇인지 일러 주셨고, 우린 그걸 받아 적었어. 하지만 이 수업은 달랐어. 선생님은 무수히 질문하고, 우리는 무수히 답했지. 모든 질문에 대한 해답을 우리 스스로 찾는 거였어.

어느 날 선생님이 물으셨어. "인간과 다른 동물들과의 차이가 뭘까?" 우린 답했지. "인간에게는 언어가 있어요." 선생님은 말씀하셨어. "동물들에게도 언어가 있단다. 다만 우리가 그들의 언어를 모를 뿐이야." "인간은 도구를 사용해요." "그래 맞아. 인간은 도구를 사용하지. 그런데 오직 인간만이 도구를 사용하는 건 아니야. 원숭이들도 도구를 사용해서 먹이를 먹곤 하지. 그럼 대체 뭘까? 인간과 다른 동물들의 차이점." 그러다가 한 아이가 답했어. "인간에게는 문화가 있어요." "바로 그거야. 동물들 중에 문화를 가진 동물이 있니? 아무리 생각해봐도 없었어. 100년 전의 인간의 삶과 오늘의 인간의 삶의 모습은 완전히 달라. 물론 100년 뒤 인간의 모습도 지금과 다를 거야. 그런데, 동물들의 삶의 모습은? 100년 전 개미들 사회는 지금과 다를 것이 없어. 그 이유는 인간에게 바로 문화가 있기 때문이야. 인간은 동물과 달리, 사는 것과 새끼를 낳는 것 말고도 다른 일을 해. 즐거움을 위해서 또는 각자의 다양한 욕망을 실현하기 위해서지. 그리고 그것을 다음 세대에게 전해. 세대가 되풀이될수록 인간의 삶의 양식은 점점 변하지. 그래서 조금씩 다른 모습으로 살아가게 되는 거야."

목수정(2017. 3. 30.).

Human Resources Development

Chapter

02

직업과 교육전문가

미리 보기

10년 넘게 일하던 대기업에서 육아를 위해 사표를 냈을 때 자신의 커리어가 끝났다고 생각했다. 퇴사를 하고 5년째 되었을 때, 예전에 함께 일했던 동료가 구글의 창업지원프로그램 '엄마를 위한 캠퍼스' 참여를 추천했다. 그녀는 이 프로그램을 통해 창업에 대한 배움의 기회를 얻는다. 그 후 여러 시도를 해보았지만 익숙하지 않은 환경에서 새롭게 시작한 일은 잘 풀리지 않았다.

새롭게 시작할 수 있다는 힘을 얻게 된 계기는 소셜 벤처 '진저티 프로젝트'에 합류해 '롤모델보다 레퍼런스'란 책의 기획을 맡게 된 것이었다. 20대 여성 6명이 비슷한 고민을 경험한 20, 30대 여성들을 만나 인터뷰해 여성과 일에 대한 주제로 세 권의 책을 냈다. 레퍼런스를 주제로 책을 기획했던 그는 관련 분야 사업을 기획하게 된다. '더블유플랜트'라는 회사를 설립해 여성과 일을 주제로 기업 교육을 기획, 운영하고 유료 커뮤니티 멤버십 프로그램인 '창고살롱'을 운영하며 콘텐츠를 만들고 있다. 사회 초년생부터 워킹맘이나 육아휴직 중인 여성들이 모여 자신의 삶과 고민을 나누며 자기에게 있는 힘을 발견하고, 서로가 서로에게 레퍼런스가 되는 독특한 모임을 동료들과 함께 성공적으로 이끌고 있다.

육아와 커리어 사이에서 고민하는 여성들을 위한 조언을 부탁했다. 첫째는 연결의 중요성이다. "혼자 고민하면 아무 일도 일어나지 않아요. 주변에 알리고 연결될 때 새로운 관계와 기회도 얻을 수 있어요." 그녀가 '창고살롱'을 운영하는 이유도 혼자 고민하는 것이 아니라 용기를 내어 자신을 드러내고 이야기를 서로 나눌 때, 보이지 않던 자기 안의 힘과 아이디어를 발견할 수 있기 때문이다. 둘째, 성공만이 아니라 실패한 경험도 귀하고 고유한 자산이 된다. 직장을 그만두고 지내다가 새롭게 일을 시작할 때 누구나 실패의 경험을 할 수 있다. 이때가 중요하다. "역시 나는 안 돼"라는 서사를 쓰는 것이 아니라 "이것도 성장의 과정이리라"라는 생각으로 계속 시도해야 한다.

전 대표는 이제 스스로를 디스커버링-커넥터(Discovering-Connector), 즉 여성의 가능성과 능력 발견을 돕고, 서로 연결하여 기회를 만드는 사람으로 정의한다. 그녀는 새로운 단계의 커리어를 신나게 만들고 있는 중이다.

김호, 동아일보(2021. 3. 17.).

학습목표

삶은 '언제 어디서 누구와 무슨 일을 하고 있는지'와 연계되어 있다. 일을 매개로 한 시간과 공간, 인간의 조합이다. 가르침과 배움(일)을 매개로 한 지금 여기에서 옆 사람과 하는 활동은 우리 삶의 일부로 남는다. 일은 직업과 연결된다. 직업은 삶에서 매우 중요한 요소이다.

1. 직업의 조건과 직업환경 변화요인을 설명할 수 있다.
2. 교육기관 관련 정보와 교육직에서 요구하는 교육과정 정보를 탐색할 수 있다.
3. 교육전문가의 역할과 핵심역량을 설명할 수 있다.

01 직업의 개념과 직업환경의 변화

인간은 일을 통하여 삶의 의미를 실현하고 자신을 규정한다. 일을 통해 경제적 욕구를 충족할 수 있으며, 일을 통해 사회적 관계를 형성하고, 일을 통해 자아실현을 할 수 있다. 일은 인간의 삶을 구성하는 중요한 요소이다.

1) 직업의 개념과 조건

직업은 살아가는 데 필요한 생활의 기본적인 수요를 충족하기 위하여 일정 기간 동안 계속적으로 종사하는 일이다. 헌법 제15조에서는 "모든 국민은 직업선택의 자유를 가진다"고 규정하여 직업선택의 자유를 보장하고 있다. 직업선택의 자유는 언론, 출판, 집회, 종교의 자유와 함께 국민기본권의 하나이다. 직업은 사회 · 경제적 위치를 나타냄으로써 개인의 정체성을 형성하는 데 중요한 역할을 한다. 직업은 경제성, 계속성, 윤리성과 사회성의 조건을 충족해야 직업으로 인정받을 수 있다.

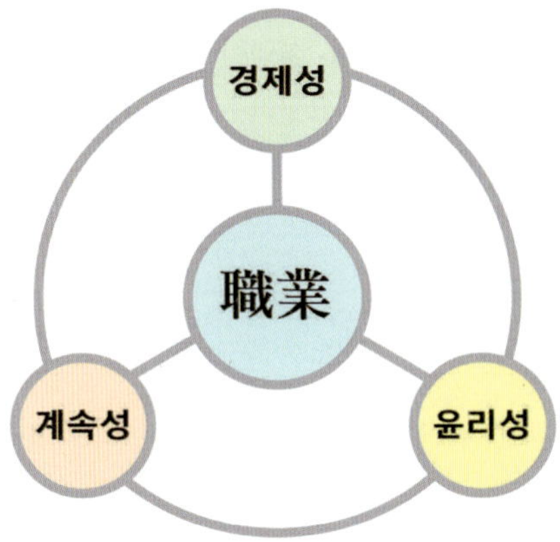

[그림 2-1] 직업의 조건

■ 경제성

직업은 경제적 거래 관계가 성립하는 활동을 수행해야 한다. 무급 자원봉사나 학생의 학습활동은 직업으로 보지 않는다. 또한, 노력이 전제되지 않는 자연 발생적인 이득, 즉 불로소득은 경제적 활동이나 직업의 결과로 보지 않는다. 또한 누구나 직업을 통해 기본적인 생계욕구와 사회적 욕구를 충족시킬 수 있을 정도의 경제적 수입을 보장받을 수 있어야 한다.

■ 계속성

직업은 유사성을 갖는 직무를 지속하여 수행하는 계속성을 가져야 한다. 일의 계속성이란 일시적인 것을 제외한 다음에 해당하는 것을 말한다.

- 매일, 매주, 매월, 분기별(계절적) 등 주기적으로 행하는 일
- 명확한 주기가 없더라도 계속적으로 행해지는 일
- 현재 하고 있는 일을 계속적으로 행할 의지와 가능성이 있는 경우

■ 윤리성과 사회성

윤리성은 반사회적인 활동을 통한 경제적 이윤추구는 직업 활동으로 인정되지 않는다는 것이다. 또한, 사회성은 사회적 공헌이나 가치를 전제로 한 직업 활동이어야 한다는 것이다. 이 기준을 적용하면 우리 사회에는 직업같지 않은 직업, 직업인 같지 않은 직업인이 상당수 존재한다.

2) 세계인권선언

유엔의 세계인권선언 제23조, 제24조에서는 직업과 노동의 권리에 대한 기준을 제시하고 있다. “제23조 ① 모든 사람은 일, 직업의 자유로운 선택, 정당하고 유리한 노동 조건, 그리고 실업에 대한 보호의 권리를 가진다. ② 모든 사람은 아무런 차별 없이 동일한 노동에 대하여 동등한 보수를 받을 권리를 가진다. ③ 노동을 하는 모든 사람은 자신과 가족에게 인간의 존엄에 부합하는 생존을 보장하며, 필요한 경우에 다른 사회보장방법으로 보충되는 정당하고 유리한 보수에 대한 권리를 가진다. ④ 모든 사람은 자신의 이익을 보호하기 위하여 노동조합을 결성하고, 가입할 권리를 가진다. 제24조 모든 사람은 노동시간의 합리적 제한과 정기적인 유급휴가를 포함하여 휴식과 여가의 권리를 가진다.”

세계인권선언은 직업과 노동의 신성한 가치를 침해받지 않고 직업인으로서의 정당한 대우를 받고 있는지 여부를 판단할 수 있는 잣대가 된다.

3) 직업환경의 변화

직업은 직업환경 변화에 따라 쇠퇴(소멸)하거나 새로 나타난 직업으로 대체된다. 직업 변동요인으로는 인구구조 및 노동인구 변화, 과학기술 발전, 가치관과 라이프스타일 변화, 기후변화와 에너지 부족, 그리고 정부정책 및 법 · 제도 변화 등이 있다.

■ 인구구조 및 노동인구 변화

우리나라의 경우 출산율과 학령인구 감소, 고령인구와 1인가구의 급속한 증가 등 인구변화 및 가족형태의 급격한 변화를 맞고 있다. 저출산의 영향으로 이미 2017년부터 생산가능인구(15~64세)가 감소되고 있으며, 2031년을 정점으로 전체인구가 감소될 것으로 예상된다. 현재 여성의 경제활동 증가, 고령자의 취업 증가, 근로조건이 열악한 직종을 중심으로 한 외국인 근로자 증가 등의 현상이 나타나고 있다.

■ 과학기술 발전

산업혁명은 과학기술의 발달과 혁신이 산업에 접목되면서 사회 · 경제적으로 획기적 변화가 이뤄지는 현상을 말한다. 인류의 역사는 크게 4단계에 걸쳐 진화해 왔다. 제1차 산업혁명기에서는 석탄 사용과 증기기관의 발명으로 기계공업화가 실현되었다. 제2차 산업혁명기에는 석유와 전기의 발명으로 대량생산 및 대량소비가 실현되었다. 제3차 산업혁명기에는 IT기술혁신으로 생산라인의 자동화 및 기계에 의한 컨트롤이 가능해졌다. 현재 진행형인 제4차 산업혁명기에는 인공지능(AI)과 사물인터넷(IoT), 빅데이터 등의 발달 등에 따라 산업 간 경계가 무의미해지는 시대가 되고 있다.

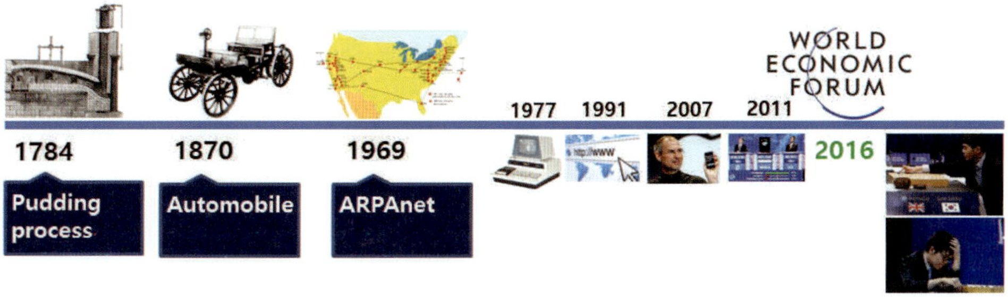

구분	제1차 산업혁명 1784	제2차 산업혁명 1870	제3차 산업혁명 1969	제4차 산업혁명 2016
혁명	기계혁명 증기기관	전기혁명/대량생산 · 소비 석유와 전기	정보통신혁명 디지털	ICT기반 융 · 복합 산업경계 와해
대표 산업	철강, 의류	전기, 가전, 자동차, 제조, 소비재	전자, 통신, 물류, 컴퓨터, 인터넷	AI, IoT, 빅데이터,

[그림 2-2] 과학기술의 발전과 산업혁명

■ 가치관과 라이프스타일 변화

가치관과 생활양식의 변화에 따라 개인 중심적인 현상이 심화되고 여가와 레저, 건강과 미용, 커리어와 자기개발 등에 대한 관심이 증가하면서 이러한 욕구를 충족시켜 주는 다양한 직업이 등장하고 있다. 한국고용정보원은 최근 코로나 이후 온라인 강의가 확대되면서 온라인 강의용 기기 및 시스템을 관리해 주는 e러닝 테크니션, 인공지능 분석으로 개인 맞춤형 게임을 제작하는 맞춤형 게임 프로그래머, 인스타그램 등 1인 미디어로 콘텐츠 마케팅을 하는 라이브 커머스 크리에이터 등을 새로운 직업으로 선별해 발표한 바 있다.

■ 기후변화와 에너지 부족

세계 각국은 자동차배기가스, 환경호르몬 등의 환경기준에 적합하지 않은 제품의 수입을 금지하고 있다. 정부도 건물이나 제품 등에 적용하는 환경기준을 강화하는 동시에 배기가스저감장치 개발, 신재생에너지 개발, 전기자동차 산업 육성 등을 위한 제도적 지원을 강화하고 있다. 글로벌 기업들은 환경과 사회, 지배구조 개선을 앞세우는 ESG 경영을 통해 지속가능성 전략을 추진하고 있다. 소비자들도 환경기준을 고려하여 구매 의사결정을 한다.

■ 정부정책 및 법 · 제도 변화

중앙정부와 지방자치단체에서 추진 중인 정책이나 법률, 제도는 일자리 변화에 영향을 미친다. 정부의 탈원전 정책, 부동산 정책, 고용 정책(청년층, 고령자, 여성 등), 인구 정책(저출산) 그리고 교육 정책 등이 뜨거운 감자로 부각되어 국민의 주요 관심사가 되었다.

직업 탐색

미래 선택하고자 하는 직업(또는 현재 직업)에 대해 다음 질문에 대한 대답을 작성한다. 짝을 지어 서로 인터뷰를 하는 것도 좋은 방법이다. 서로의 생각을 공유한다.

1. 원하는 직업은?	
2. 직업을 통해 얻고자 하는 것, 단 하나만을 꼽는다면?	
3. 선택한 직업에서 성공하기 위해 가장 중요한 것은?	

02

교육시장 현황과 교육직 필수 교육과정

1) 교육시장 현황

직업은 계속적인 경제적 거래관계가 형성될 수 있는 노동시장이 형성되어야 한다. 통계청 기준(2019)으로 전국 유치원 8,705개, 초·중·고등학교 11,710개, 전문대학 포함 대학(원) 1,496개, 평생교육기관 5,341개가 있으며, 기업에 근무하는 직장인 22,723,272명, 공무원 1,113,878명 등이 있다. 각급 학교와 기업, 정부를 포함한 공공기관 그리고 평생교육기관은 교육 수요를 창출하는 동시에 공급을 하는 주요 역할을 한다.

[표 2-1] 교육 유형별 기관 현황

교육유형	기관	기관수	교원수	직원수
유아교육	유치원	8,705	53,651	5,036
학교교육	초등학교	6,120	189,286	23,941
	중·고등학교	5,590	249,998	23,490
	전문대학교	136	12,178	8,540
	대학교	191	66,054	48,241
	대학원	1,169	7,976	1,225
기업교육	대기업(1,000명 이상)	719	–	1,605,073
	중견기업(300~999명)	3,412	–	1,696,476
	중소기업(50~299명)	47,547	–	4,615,047
	소기업(49인 이하)	4,124,871	–	14,806,676
공무원교육	공무원교육원	–	–	1,113,878
평생교육	평생교육기관	5,341	73,204	19,842

출처: 통계청(2021). 2019 기준.

현재 각급 학교의 교육은 출생률 감소와 학령인구 감소에 따라 침체를 면치 못하고 있다. 그러나 급격한 고령화와 평생직장 의식의 상실에 따라 직업교육과 평생교육의 필요성이 증가하면서 잠재적 교육시장 규모는 점차 확대되고 있다.

[그림 2-3] 다양한 교육 현장

교육시장에는 정부 · 공공기관을 포함하여 기업교육기관, 교육 관련 협회 및 학회 등으로 구성된 지식생태계가 형성되어 있다.

■ 정부 · 공공기관

정부는 중소 · 중견기업의 기업경쟁력 제고와 근로자의 역량 개발을 지원하기 위해 한국산업인력공단과 노사발전재단 등과 같은 사업 수행기관 등을 통해 다양한 교육 지원정책과 제도를 운영하고 있다. 국가공무원인재개발원, 국가평생교육진흥원과 같은 정부 교육기관도 성인교육시장에서 차지하는 역할이 매우 크다.

[표 2-2] 교육 지원정책과 제도 관련 주요 기관

고용노동부	http://www.moel.go.kr/	고용정책 총괄
교육부	https://www.moe.go.kr/main.do/	교육정책 총괄
국가공무원인재개발원	https://www.nhi.go.kr/	국가공무원 교육 총괄
중앙교육연수원	https://www.neti.go.kr/index.go/	교육부 교육연수원
국가평생교육진흥원	https://www.nile.or.kr/index.jsp/	국민평생교육 활성화 및 지원 총괄
서울시교육청교육연수원	https://www.seti.go.kr/index.go/	서울시교육청 교직원 교육 총괄
국가직무능력표준	https://www.ncs.go.kr/	NCS학습모듈, 경력개발모형
HRD-Net	http://www.hrd.go.kr/	직업훈련포털, 국민내일배움카드
한국산업인력공단	http://www.hrdkorea.or.kr/	국가직무능력표준, 국가자격시험 사업 등
노사발전재단	https://www.nosa.or.kr/	좋은 일터 만들기, 상생 노사문화 만들기
나라장터	http://www.g2b.go.kr/	국가종합전자조달
중소벤처기업부	https://www.mss.go.kr/	중소기업지원정책 총괄
기업마당	http://www.bizinfo.go.kr/	중소기업지원 종합 안내

■ 기업교육기관

대표적인 기업교육기관으로 한국생산성본부와 휴넷, 멀티캠퍼스 등이 있다. 오픈컬리지는 다양한 사람들이 자유롭게 지식과 경험을 나누며 누구나 무엇이든 배우고 가르칠 수 있는 개방형 커뮤니티로서 프로젝트 중심의 교육 플랫폼 비즈니스 모델이다.

[표 2-3] 기업교육기관

한국생산성본부	https://www.kpc.or.kr/	플랫폼 기반 혁신서비스 제공
오픈컬리지	https://www.opencollege.kr/	시간과 공간을 초월한 학교
휴넷	https://www.hunet.co.kr/	평생학습 파트너
멀티캠퍼스	https://www.multicampus.com/	원하는 장소에서 커리어 키우기
한국능률협회컨설팅	http://www.kmac.co.kr/	YOUR VISION = OUR FUTURE
한국능률협회	http://www.kma.or.kr/main.do/	대한민국 NO.1 지식서비스기관
한국표준협회	https://www.ksa.or.kr/	Future Value, Ask KSA
엑스퍼트컨설팅	https://www.exc.co.kr/	고객사와 고객사 구성원의 성공 지원
KITA 무역아카데미	https://newtradecampus.kita.net/	한국무역협회

■ 교육 관련 협회 및 학회

대표적인 교육단체로는 한국HRD협회, 한국인력개발학회, 한국산업교육학회, 한국강사협회 등이 있다. 이들 단체는 회원의 권익을 증진하기 위한 활동과 학회지 등의 정기간행물을 발간하고 있다. 외국단체로는 ATD와 ISPI가 대표적 교육기관이다.

[표 2-4] 교육 관련 협회 및 학회

한국HRD협회	http://www.hrda.or.kr/	월간 교육
한국인력개발학회	http://www.koreahrd.or.kr/	교육연구
한국교육학술정보원	https://www.keris.or.kr/	연구보고서
한국교육학회	http://www.ekera.org/	교육학연구
한국교육공학회	https://www.kset.or.kr/	교육공학연구
한국기업교육학회	http://www. hrdkorea.com/	기업교육과 인재연구
한국산업교육학회	http://www.e-kshrd.or.kr/	산업교육연구
한국성인교육학회	http://www.aceofkorea.or.kr/	ANDRAGOGY TODAY
한국평생교육학회	http://www.lifelongedukorea.or.kr/	평생교육학 연구
한국강사협회	http://www.kela.co.kr/	강사 권익보호
ATD	https://www.td.org/	TD Magazine
ISPI	https://ispi.org/	PI Journal, PI Quarterly

2) 교직과목 및 HRD 교육과정

일반대학에 개설되어 있는 교직과목과 이수기준 그리고 기업교육기관에 개설되어 있는 HRD 교육과정 자료를 보면 교육직 종사자들이 습득해야 할 교육내용에 대한 유추가 가능하다.

■ 일반대학 교직과목

교직과목은 교직이론과 교직소양, 교육실습의 3개 영역으로 구분되어 있다. 일반대학의 교직과정에서 요구되는 교직과목의 최저 이수기준은 정교사(2급) 및 교사(2급) 총 22학점, 준교사 총 10학점, 실기교사 총 4학점이다(1과목 2학점 기준). 준교사와 실기교사는 교직이론 영역의 교직과목만 이수가 인정된다.

[표 2-5] 일반대학 교직과목

교직이론	교육학 개론	교육철학 및 교육사	교육과정	교육평가
	교육방법 및 교육공학	교육심리	교육사회	교육행정 및 교육경영
	생활지도 및 상담	실기교육방법론	그 밖의 교직이론에 관한 과목	
교직소양	특수교육학개론	교직실무	학교폭력의 예방 및 대책	
교육실습	학교현장실습	교육봉사활동		

출처: 교원자격검정령 시행규칙 제12조⑤[교육부고시 제2020-240호(2020. 10. 30.)].

■ 기업교육기관 HRD 교육과정

기업과 공공기관의 HRD 담당자들을 위한 교육과정으로 HRD컨설턴트, 전략적 교육체계수립, 사내강사 양성과정 등이 있다. 아쉬운 점은 교육프로그램 개발과정, 교육니즈 분석과정 등을 개설한 메이저급 교육기관이 없다는 것이다.

[표 2-6] HRD 교육과정

한국생산성본부	시간	한국생산성본부	시간
HRD컨설턴트	8일 56H	강의 교안 작성 및 교재개발 실무	2일 16H
HRD 담당자 기본	3일 20H	비대면 강의 스킬 Up	2일 16H
교육기획 및 운영실무	3일 20H	한국능률협회	
전략적 교육체계 수립	2일 16H	HRD 전략과 교육체계 수립	2일 16H
교육평가 및 결과보고서 작성 실무	2일 16H	한국표준협회	
사내강사 양성	3일 20H	전략적 교육체계 수립과 교육과정 기획	2일 16H

출처: 교육훈련기관 홈페이지(2021. 3.).

배움의 두 번째 단계는 교학상장(教學相長)의 단계이다. 사람은 가르침(教)으로써 자신의 앎을 체계화하고 내재화할 수 있다. 가르침은 배움(學)의 강력한 수단이다. 이러한 교학이 사람 간의 교류를 통해 상호 자극으로 진화하면 그 효과는 더욱 강력해진다. 우리가 학습동아리(커뮤니티)를 통해 네트워킹(관계연결망 구축)하고자 하는 주요 이유이기도 하다. 이 단계는 미래의 가능성을 열고 확대하기 위한 자기개발의 단계로서 다양한 경험과 교류가 주요 수단이다.

03 교육전문가의 역할과 핵심역량

1) 교육전문가의 역할

교육직에 종사하는 사람들의 역할은 교육행정 · 운영자, 교육기획자, 교수자(교 · 강사, 교수), 교육컨설턴트 그리고 교육사업가로 구분할 수 있다.

■ 교육행정 · 운영자

교육행정 · 운영자는 교육 프로그램이 원활하게 진행될 수 있도록 지원하고 관리하는 역할을 한다. 교육품의서 작성, 강사 섭외, 교재 제작, 학습자 연락, 강의장 세팅을 포함한 교육 준비와 오리엔테이션, 학습자 출결관리, 교육평가, 교육결과 보고 및 사후관리

등의 활동을 수행한다. 또한 학습동기를 유발하기 위해 팀 빌딩, 게임, 퀴즈 등의 다양한 학습촉진활동을 수행한다. 교육행정 · 운영자 역할 수행을 위한 체크리스트는 [부록 2]에 제시되어 있다.

■ 교육기획자

교육기획자는 조직과 개인에게 필요한 교육프로그램을 기획하고 이를 홍보(내부 교육마케팅)함으로써 많은 사람들이 교육프로그램에 참여하도록 지원한다. 교육기획자는 사람들이 필요로 하는 양질의 콘텐츠를 선별하여 제공하고 피드백하는 큐레이팅(Curating) 활동을 통해 학습효과를 높여야 한다. 이를 위하여 교육니즈 분석 결과를 반영한 콘텐츠를 개발하고 지속적으로 수정 · 보완한다. 특정 주제에 대해서는 강의도 한다.

■ 교수자

교수자는 특정 분야에서의 지식과 경험을 기반으로 콘텐츠를 개발하고 온/오프라인의 다양한 채널을 통해 강의를 한다. 유치원과 각급 학교의 교 · 강사, 대학 교수를 비롯하여 방과 후 교사, 학원 강사, 직업훈련 교사, 기업교육 강사, 평생교육 강사, 학습지 교사 등 헤아릴 수 없이 많은 사람들이 교수자의 역할을 수행하고 있다. 가정교육의 주체인 학부모도 교수자의 역할을 수행한다.

■ 교육컨설턴트

교육컨설턴트는 인사 · 교육부문에서의 경력을 바탕으로 인재육성 마스터플랜 수립과 교육체계 수립 그리고 교육프로그램 개발 등의 전문적 활동을 수행한다. 교육제도와 시스템 설계 등과 관련된 자문을 한다. 컨설턴트 경력은 강의를 하는 데 큰 도움이 된다.

■ 교육사업가

교육사업체를 설립하여 특정 분야에 대한 교육과 컨설팅 비즈니스를 수행한다. 교수자와 컨설턴트를 직접 고용하기도 하지만 대형 교육기관을 제외하고는 대부분 프로젝트를 중심으로 파트너십 관계로 일을 한다. 1인 교육사업자가 대다수이며 컨설턴트와 교수자의 역할을 함께 수행하는 경우도 많다. 1인기업이다. 지금까지 설명한 교육직의 역할과 수행활동을 정리하면 [표 2-7]과 같다.

[표 2-7] 교육직의 역할과 수행활동

영역	역할	수행활동
교육운영 · 행정	교육운영자	• 교육행정 및 관리, 교 · 강사 섭외 및 관리 • 교육준비, OT, 학습자관리, 학습촉진, 교육평가, 교육결과 보고
교육기획	교육기획자	• 교육프로그램 기획 및 개선 · 개편 • 교육과정, 교과목, 교수매체 설계
교육컨설팅	교육컨설턴트	• 교육체계, 교육제도 수립, 정부지원사업 연계 · 수행 • 온/오프라인 교육과정 설계 · 개발, 교수매체 개발
강의	교 · 강사, 교수	• 공통 분야 콘텐츠 개발, 강의(리더십, 대인관계, 커뮤니케이션 등) • 전문 분야 콘텐츠 개발, 강의
교육 비즈니스	사업가, 마케터	• 교육사업, 인재 알선, 강사 연계 • 교육컨설팅 사업

2) 교육전문가의 핵심역량

교육전문가에게 요구되는 핵심역량은 정보활용 능력과 네트워킹 능력 그리고 '올곧음'이라고 할 수 있다.

■ 정보활용 능력

지식과 기술의 반감기가 급격하게 단축되고 있는 디지털 환경에서 교육전문가에게 정보활용 능력은 매우 중요하다. 정보활용 능력은 전문성과 정보관리 능력 그리고 외국어 능력의 세 가지 요인에 의해 결정된다. 전문성은 [표 2-8]과 같이 기술 능력, 분석 능력, 해석 능력 그리고 실행 능력의 네 가지 능력을 필요로 한다.

[표 2-8] 전문성의 요건

기술 능력	현상과 사물을 객관적 관점에서 구체적으로 기술(Description), 설명할 수 있는 능력
분석 능력	기술된 자료와 수치데이터를 분석(Analysis)하는 능력과 분석 Tool 활용 능력
해석 능력	분석 결과를 정확히 해석(Interpretation)하고 의사결정할 수 있는 능력
실행 능력	데이터 기반 의사결정사항을 현장에 적용(Adaptation)하여 문제를 해결하는 능력

현상과 사실을 편향되게 기술하지 않기, 사실을 분석하여 정보로 전환하기, 정보를 올바르게 해석하기, 해석의 결과에 따라 결정된 솔루션 실행하기와 같은 '기술-분석-해석-실행'은 전문가의 비판적 사고 프로세스로 자리 잡아야 한다.

정보관리 능력은 정보를 수집하고 분류하여 필요할 때 빠르고 쉽게 인출하여 활용할 수 있는 데이터 관리능력과 필요한 정보를 적시에 내·외부 정보원으로부터 검색할 수 있는 정보검색 능력(정보검색 도구활용 능력) 그리고 정보의 유의성을 판단할 수 있는 정보판별 능력으로 이뤄진다. 외국어 능력은 정보의 양적, 질적 확장성에 절대적 역할을 한다. 정보지식사회에서 정보는 곧 힘이고 실력이다.

■ 네트워킹 능력

생각과 느낌, 일을 공유할 수 있는 네트워킹 능력 또한 교육전문가의 필수능력이다. 네트워킹 능력은 지속적인 일의 연결과 수행에 절대적인 영향을 미친다. 교육과 컨설팅 일은 사람과의 관계 및 연결에 의해 유지되는 경우가 대부분이다. 네트워킹은 전략 네트워크, 업무 네트워크 그리고 휴먼 네트워크의 세 가지 범주로 분류할 수 있다.

[표 2-9] 네트워킹의 범주

전략 네트워크	어려울 때 도움을 청할 수 있는 네트워크로 힘이 있거나 신뢰관계가 형성되어 있는 네트워크이다. 가장 공을 들여 관리해야 하는 핵심 네트워크이다.
업무 네트워크	일할 때 도움이 되는 네트워크로 호혜(서로에게 도움이 됨)의 원칙에 입각해 지식과 정보를 공유한다. 정보를 공유할 때는 도움이 되는 정보를 아낌없이 제공해야 한다.
휴먼 네트워크	학연, 혈연, 지연 등의 사적 인연으로 형성된 네트워크이다. 정서적인 교류가 목적인 네트워크로 일상의 작은 것들을 공유한다.

정치, 경제, 사회, 문화의 전 분야를 두루 훑는 『지적 대화를 위한 넓고 얕은 지식(지대넓얕)』 시리즈가 베스트셀러 반열에 있다. 네트워킹도 좁고 깊은 인연보다는 넓고 얕은 관계가 낫다. 약한 유대관계는 우리가 접할 수 없는 세계로 연결하는 브리지 역할을 하는 반면에 강한 유대관계는 이미 알고 있는 세계와 연결해 주는 경향이 있다. 무엇보다 약한 유대관계의 장점은 시간과 노력이 덜 들고, 특히 기회 포착에 유용하다는 점이다. 사람들은 약한 유대관계를 통하여 다른 집단과 연결될 수 있다.

■ 올곧음과 직업윤리

'올곧다'는 마음이 정직하고 바르다는 뜻이다. 실이나 줄의 가닥을 뜻하는 '올'이 곧은 것에 빗대어 바른 마음을 가지고 정직하게 살아가는 사람의 성품을 나타내는 말이다. 올곧음은 교육 전문가의 핵심 덕목으로 직업윤리와 직접적으로 연결된다. 올곧음은 [표 2-10]에서와 같이 스스로 정한 자기규범을 실천함으로써 지킬 수 있다.

사실 공정과는 거리가 먼 현실세계에서 '올곧음'을 지켜 내기가 쉽지는 않다. 그래서 역경과 시련, 실패 뿐만 아니라 사람으로 인한 상처로부터 자신을 지켜 낼 수 있는 마음의 근력, 곧 회복탄력성(Resilience)도 필요하다. 세상에 애환 없고 사연 없는 삶과 직업은 없다.

[표 2-10] 자기규범

나는 교육과 글을 통해 보통사람이 행복한 공동체를 만드는 데 공헌한다. 이를 위해 세 가지 자기규범을 실천한다. ① 모든 것의 본질과 기본을 중시하고, 새로운 교수내용과 교수방법을 탐구한다. ② 생각 한 묶음 마음 한 다발 말 한 마디 글 한 줄에도 '나 다움'으로 품격 있게 산다. ③ 일희일비 않으며 선 굵은 삶을 살아 낸다.

자기규범 설정

가치관과 신념은 세상의 온갖 유혹으로부터 자신을 지켜 주는 버팀목 역할을 한다. 인적자원개발 전문가의 역할을 수행하면서 꼭 지키고자 하는 신념을 표현한 자기규범을 설정하고, 이를 동료 학습자와 공유한다.

마무리 토의

학습내용을 중심으로 SAM 토의를 진행한다. 자유로운 분위기에서 편안하게 의견을 나눈다.

Summarize! 학습목표를 확인한 후, 각 학습목표에 대한 자신의 답을 정리한다. 이를 바탕으로 주요 개념과 용어 간의 위계와 연관성을 규명한다.

Adapt! 수행과제를 해결하기 위해 적용할 수 있는 지식과 기술은 무엇인지 토의한다. 직무수행이나 일상에서의 적용방안을 탐색한다.

Make Better! 보다 나은 학습을 위해 수정 · 보완할 내용에 대해 토의한다. '미리보기-학습내용-수행과제-쉬어가기'의 맥락 속에서 메시지를 발견하고 의미를 부여한다.

- 직업 환경변화에 따라 새로운 직업이 등장하기도 하고 기존의 직업이 사라지기도 한다. 직업 변동요인을 참고하여 최근 새롭게 등장한 직업이나 향후 5년 이내에 등장할 것으로 예상되는 직업들에 대해 토의한다.

- 교육직에 대해 직업의 조건(경제성, 계속성, 윤리성과 사회성)에 따라 평가한다. 자신은 교육직이 적성에 맞는지를 직업적성검사 결과 등과 같은 근거자료나 집안 내력(Genogram), 자신의 과거 히스토리 등을 바탕으로 평가해 본다.

■ 팀 과제수행 활동

신입사원 과정 또는 강사양성 과정 개발에 대한 기초정보 수집계획서를 작성한다. 정보수집계획서에는 수집할 자료 목록과 일정, 정보수집 기준, 정보수집기관이나 자료원, 협조를 구할 수 있는 사람에 대한 정보를 기재한다.

인연

세상은,
서로서로에게 아름다운 인연이
이어 이어지고 연결되어
더욱 더 살만해집니다.

교수님, 옆에서 도와주신 덕분이에요~~
회사를 나와서 제가 느낀 점은
저라는 사람을 제가 만든다기 보다는 제 주변의 사람들이 함께 만든다는 점이었어요.

너무 신기하게도 누군가의 도움이 절실히 필요할 때 늘 옆에서
도움을 주시는 분들이 계셨어요.
저도 누군가에게는 도움이 되어야겠다고 마음먹게 된 계기이기도 합니다.

게다가 다행이면서 고무적인 것은
강의를 하고, 사람들을 만나고 하는 것이 이전에 회사에서 업무를 진행할 때 보다
더 저에게 맞고, 즐겁 다는 것입니다.
멀리서 계셨고,
자주 연락 하진 않았어도
교수님께서 주변에 보여주신 영향력과
분위기를 동경하고 좋아했었는데,
가까이서 .. 잘 하면 협업도 할 수 있을 거라고
생각하니까
너무 좋습니다^^

답장 전달 삭제 전체 답장 ...

Human Resources Development

Human Resources Development

Chapter
03

교육체계 수립과 교육기획

1. 교육체계 수립과 인재육성시스템 설계
2. 교육 프로그램 기획
3. 설문조사와 인터뷰 기법

미리 보기

"웃음이 데굴데굴 굴러다니는 봄날… 금방이라도 속마음을 들킬 것 같은 노랑 짧은 봄날이 노랑노랑 익어간다 화사하게"

출판사 창비의 시(詩) 큐레이션 애플리케이션 '시요일'이 서비스한 '오늘의 시'는 김현서의 '봄'이다. 오늘의 시는 매일 낮 12시 40분 스마트폰 화면에 팝업 창으로 제공된다. 가장 아날로그적인 콘텐츠로 여겨진 시가 디지털과 만나는 지점에서 인기를 끌고 있다. 이용자들은 스마트폰으로 그날 분위기에 어울리는 시를 감상하고, 인스타그램에 마음에 드는 구절을 손 글씨로 적어 올린다. '시요일' 기획위원으로 시 큐레이션을 맡고 있는 신미나 시인은 "필사나 캘리그라피 형태로 감상을 표현하는 독자들이 부쩍 늘었다. 밀레니얼 세대는 독자가 단순한 수용의 주체가 아닌 생성의 주체가 될 가능성을 보여 준다"고 설명했다.

최근 시요일에서 많이 읽힌 시는 '개안'(최영숙)과 '아무 다짐도 하지 않기로 해요'(유병록)이다. 봄이 주는 설렘과 위로를 담았다. '별의 어깨에 앉아'(강은교) '있다'(진은영) 등 그리움과 슬픔의 정서를 노래한 시들도 인기를 끌었다. 시요일 큐레이션을 맡은 안희연 시인은 "독자들이 장벽 없이 시에 접근할 수 있도록 직관적이고 감각적인 시 구절을 소개하는 데 심혈을 기울인다"고 설명했다.

두 시인은 자기 자신을 보살피게 하는 기능이 시에 있다고 말했다. "너무 잦은 감탄은 사실상 아무것도 느끼지 못하는 것과 마찬가지라고 생각해요. 자신의 내밀한 언어를 시에서 찾다 보면 무너진 하루도 일으켜 세워진답니다."(신미나) "팬데믹 상황에서 시만이 할 수 있는 몫을 고민하다가 '고요, 혼자, 다짐, 시작'이라는 키워드를 떠올렸어요. 이번에 '안부'라는 키워드로 시요일 시선집 '내일 아침에는 정말 괜찮을 거예요'를 출간했는데 모두에게 꽃다발 같은 시집이 되길 바랍니다."(안희연)

전채은, 동아일보(2021. 3. 23.).

학습목표

교육전문가는 먼저 교육의 큰 그림을 설계하고 교육프로그램 기획의 요소를 이해하는 것이 중요하다. 그리고 교육활동 전반에 걸쳐 활용되는 설문조사와 인터뷰기법을 습득하는 것이 필요하다.

1. 교육체계 수립 절차와 방법을 설명할 수 있다.
2. 교육기획을 위한 5W1H 프레임과 XY 매트릭스를 적용할 수 있다.
3. 구글 설문조사와 인터뷰 진행방법을 적용할 수 있다.

01 교육체계 수립과 인재육성시스템 설계

설계는 미래 성장을 위해 방향을 잡고 무엇을 할지에 대한 큰 그림을 그리는 활동이다. 설계는 멀리 바라보고(인-아웃 관점, in-out) 동시에 멀리서도 바라본다(아웃-인 관점, out-in). 망원경 시각으로 현재와 미래를 분석하고 예측한다.

인재육성시스템 설계는 인간과 교육이라는 대상을 크게 멀리, 그리고 멀리서 관찰하는 것이다. 인재육성시스템 설계는 교육에 영향을 미치는 환경과 현황을 분석하고 예측하여 미래 관점에서의 인재육성 마스터플랜을 수립하는 활동이라 할 수 있다.

인재육성 마스터 플랜은 [그림 3-1]에서와 같이 조직환경과 현황분석, 교육환경과 현황분석, 교육체계 수립 그리고 인재육성시스템 수립의 절차에 따라 이뤄진다.

[그림 3-1] 인재육성 마스터 플랜 수립 절차

1) 조직환경과 현황분석

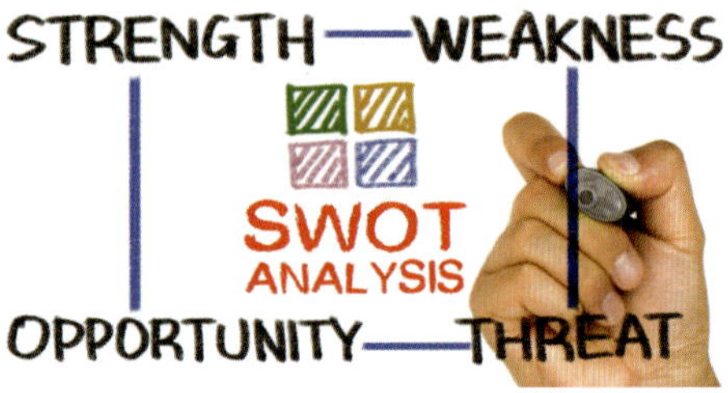

조직의 미션과 비전, 핵심가치, 인재상 및 핵심역량을 분석한다. 그리고 [표 3-1]에 따라 조직의 외부환경과 내부역량을 분석한다. 외부환경과 내부역량분석 결과를 기반으로 SWOT 기법을 적용하여 조직의 경쟁력을 분석한다. SWOT 분석 결과를 바탕으로 경영 시사점과 조직의 현안과제 목록을 작성한다.

이 단계에서는 임원진 및 핵심인재 인터뷰를 통해 주요 의사결정그룹의 생각과 견해를 파악한다. 이때 명문화되어 있는 전략체계(주로 홈페이지에 등재되어 있는 경영철학과 비전, 핵심가치, 인재상)와 인터뷰 결과가 어느 정도 일치하는지를 파악하는 것이 중요하다. 이 단계에서의 수행 결과물은 Key-man 인터뷰 정리 보고서, SWOT 분석 결과 및 현안과제 리스트이다.

[표 3-1] PEST 분석과 7S 분석 모델

PEST 분석	**【외부환경 분석】 전략 이슈와 관련된 정치, 경제, 사회, 기술적인 환경 요인을 분석함으로써 전략에 영향을 미치는 중요 요소들을 규명**
정치 · 법률적 환경 (Political)	국제관계를 포함한 정치적 환경뿐만 아니라 각종 법률 및 정부기관이나 공공기관의 규제 등을 분석
경제 · 산업환경 (Economical)	주로 소비자의 구매력과 소비패턴에 영향을 미치는 요소들로서 경기순환단계, 경제성장, 산업발달, 시장 및 고객과 관련된 트렌드와 현상을 분석
사회 · 문화적 환경 (Social-cultural)	라이프 스타일에 영향을 미치는 사회 · 문화적 환경들로서 인구통계학적 특성이나 인구구조의 변화, 가치관의 변화 등을 분석
기술적 환경 (Technological)	신기술 동향, 경쟁사 기술 동향 등을 분석
7S 분석	**【내부역량 분석】 조직의 강점과 약점 규명 및 경쟁사 대비 차별적 우위를 차지하고 있는 경쟁력 요소 파악**
공유가치 (Shared Value)	조직의 미션, 비전, 핵심가치의 존재 유무 및 조직구성원들의 공유 여부를 분석
조직구조 (Structure)	조직구조와 직무설계, 보고체계, 권한관계(집중화 또는 분산화) 등과 같은 조직의 공식적 관계를 규명
제도와 시스템 (System)	인사제도, 성과보상시스템, 경영정보시스템 등과 같은 각종 제도와 관리시스템 및 경영 인프라를 분석
전략(Strategy)	조직의 장기적 목적과 사업방향, 실행계획을 분석
리더십 스타일 (Style)	경영진이나 관리자들의 조직관리 능력과 리더십 스타일을 분석하는 것으로 조직분위기와 구성원들의 역할행동에 직접적 영향을 주는 중요 요소를 분석
기술경쟁력 (Skill)	R&D 수준과 같은 조직의 기술적 능력뿐만 아니라 각종 기계장비를 다루는 능력 등을 포함하여 분석
인적자원 역량 (Staff)	조직의 인력구성 및 구성원들의 가치관과 신념, 욕구와 동기, 전문성과 열정, 직무역량 등을 분석

조직 경쟁력 분석

PEST 분석 모델과 7S 분석 모델에 따라 본인이 속한 조직(대학)의 외부환경과 내부역량을 분석한다. 분석 결과를 기반으로 조직(대학)이 직면한 핵심과제를 선정하여 그 내용을 발표한다.

2) 교육환경과 현황분석

교육 전략은 조직의 전략과 연계성을 가지고 정렬되어야 한다. 조직환경과 현황분석 결과 도출된 내용과 시사점을 토대로 교육 부문에서 이를 어떻게 지원할 것인가에 대해 탐구한다. 이를 위해 문헌조사와 벤치마킹, 현존자료분석 및 설문조사를 실시한다.

■ 문헌조사 및 벤치마킹

교육 전략방향 수립을 위해 문헌조사와 구글링, 교육 벤치마킹 탐색을 실시한다. 국내외 주요 교육 트렌드와 이슈를 조사 · 분석하고 다른 조직의 교육시스템이나 교육 성공사례를 벤치마킹한다.

■ 교육 현재수준 진단

현재 교육상황과 수준을 파악한다. 먼저 조직의 기존 인사제도와 교육제도를 분석하여 수정 · 보완하거나 폐기해야 할 사항이 있는지 파악한다. 다음으로 현재 보유하고 있는 교육체계도, 인재육성계획, 연간교육계획, 최근 3년간 교육계획 및 실적 등을 조사 · 분석한다. 그리고 실제로 운영되었던 교육 프로그램의 유형과 내용(과정명, 교과목명, 학습주제)을 분석하여 정리하고 이를 통해 교육 방향 설정을 위한 시사점을 도출한다. 이를 현존자료분석이라고 한다. 또한 조직문화 및 교육부문에 대한 조직구성원들의 의견을 파악하기 위해 설문조사를 실시한다([부록 3] 참고).

■ 교육 부문 SWOT 분석

지금까지의 조사 결과를 바탕으로 교육 부문의 기회와 위협, 강점과 약점을 분석한다. 교육 부문 SWOT 분석 결과를 토대로 교육 현안과제를 도출한다.

3) 교육체계 수립

교육체계는 조직의 인재를 육성하기 위한 교육 부문의 전체적 계획(Road map)을 말한다. 교육체계 수립은 교육체계도 개발, 과정명세서 작성을 포함한다.

■ 교육체계도

교육체계도는 신입사원이 조직생활을 하면서부터 직급 단계별로 이수해야 할 교육 과정을 부문별로 시각화해 놓은 결과물이다. 교육체계도는 X축(교육 부문)과 Y축(직급/수준체계)으로 구성된다.

X축(교육 부문)

교육 부문은 [표 3-2]와 같이 일반적으로 핵심가치, 계층별 리더십, 직무공통 그리고 직무 전문 부문으로 구분한다. 부문과 직급 단계 분류는 조직마다 차이가 있다.

[표 3-2] 교육 부문 구분

핵심가치		조직의 공통가치체계 정립을 위한 전 직원 필수 과정으로 'OO WAY' 과정
계층별 리더십		'사원~대표이사'에 이르는 직급별 리더십 과정(필수, 선택과정 구분)
직무 공통	Work skill	업무 수행을 위한 전 직원 공통 이수 과정(일부 과정은 임원진 제외)
	Human Skill	관계와 소통 촉진을 위한 전 직원 공통 이수 과정(일부 과정은 임원진 제외)
직무 전문		영업, 구매, 생산, R&D, 경영지원 등 직무 분야별 과정(필수, 선택과정 구분)

Y축(직급/수준체계)

'사원~대표이사'에 이르는 직급체계에 따라 구분한다. 일반적으로 3, 4단계 정도로 구분하며 명칭도 다양하다. 직급체계와 더불어 숙련도에 따른 업무수행능력 수준을 Y축 기준으로 설정하는 경우도 있다. 국가직무능력표준(NCS)에서는 수준체계를 1수준부터 8수준까지로 구분하여 수준별 상세 기준을 제시하고 있다.
https://www.ncs.go.kr/th01/TH-102-001-03.scdo

팬지 교육체계도_①통합 교육체계도

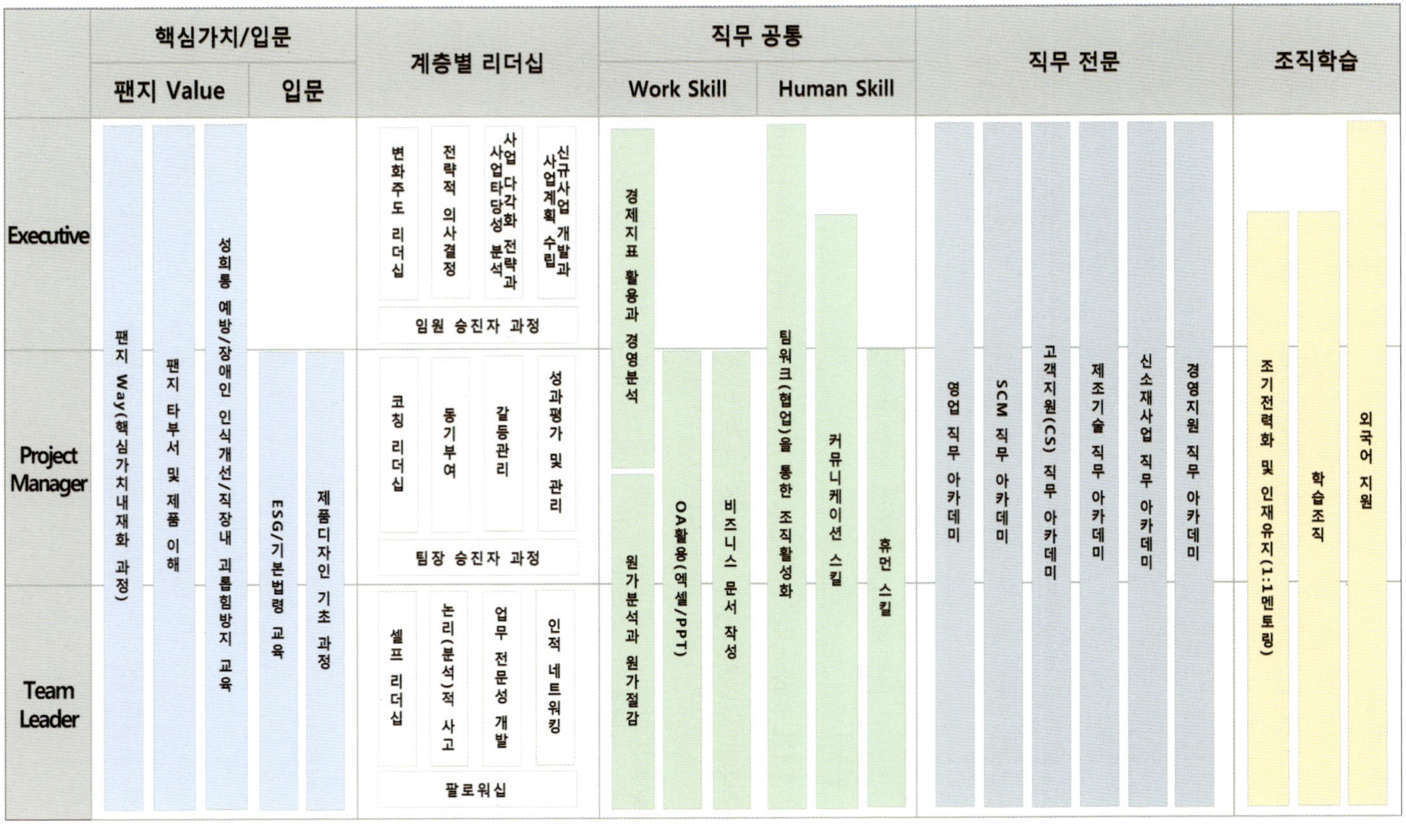

팬지 교육체계도_②직무 교육체계도

	영업	SCM	고객지원(CS)	제조기술	신소재	경영지원
Executive	영업목표 설정 및 달성 전략 New 트렌드 분석과 마케팅 전략 B2B 마케팅 전략 고객니즈 분석 및 고객가치 창출	수출입 통관 및 관세환급 실무 SCM 전략기획 외자구매 실무 신제품 기획 및 개발	안전환경법률 심화 품질경영시스템 과정 신뢰성 검증과 데이터 분석 ISO 9001 내부심사원	생산계획 및 통제 프로젝트 매니지먼트 공정분석을 통한 생산성 향상 설비관리 종합(TPM)	영업 설계 생산관리 품질관리	인사평가 및 보상 HRD 컨설턴트 채용에서 퇴직까지의 법률문제 예산/결산관리
Project Manager	영업이익 분석 및 관리 경쟁력 분석(SWOT/4P) 마케팅 성공/실패사례 고객유형별 상담 스킬	무역영어 적정재고관리 구매계약 법률 실무 협력업체관리	안전환경 실무 Gas/Chemical 품질관리 측정시스템과 도면 해석 VOC와 고객대응	현장 원가절감 추진 설계 및 도면해독 현장 문제해결 및 개선 노하우 설비트러블 제로화		노무관리 교육기획/운영 실무 계약체결 및 관리 재무회계
Team Leader	재무회계/세무 기초 Excel 활용 고객정보 분석기법 제안서 작성법 계약서 작성 및 체결	무역실무 자재입출고관리 신입구매담당자 실무 VOC분석과 고객대응	화학물질에 대한 이해 품질검사 실무 통계적 공정관리(SPC) 문제해결 및 개선 실무	생산현장관리 Auto CAD 위험물 안전관리 설비예방보전 실무		인사관리 실무 HRD담당자 기본 총무업무 종합 기업회계 및 세무회계 실무

[그림 3-2] 교육체계도 예시

■ 과정명세서

과정명세서(course profile)는 교육체계도 상에 배치되어 있는 각 교육과정에 대한 정보를 수록해 놓은 문서로 과정명, 교육목적, 대상, 교육시간, 교육유형 및 주요 교육내용 등의 정보를 포함하고 있다.

신입 구매담당자 교육 Profile

Course Code	PJ_PE_07

Course	신입 구매담당자 실무		
Target	사원 / 대리		
Type	자체교육		
Method	Offline / Online	Duration	2 Days / 16 Hours
Educator	내부강사		
Objective	▪ 신입사원 또는 타 부서 경력을 갖고 구매부서에 처음 배치된 인원의 조기 전력화		
Related Competency	▪ 구매 시스템 이해 ▪ 품목별 협력사/시장 이해 (담당 품목) ▪ 구매요청 절차 이해 ▪ 조달/납품 절차 이해 ▪ 대금지급 절차 이해 ▪ 협력사 협상 능력		
Postscript	Online을 통한 사전학습 추가		

Main Contents
▪ 구매 업무현황 Overview – 업무 범위, 금액, 팀 소개 및 업무분장 – 해당년도 경영계획 및 운영계획 이해 – 구매 역량 고도화 활동 이해 **▪ 품목별 협력사/ 시장 이해** – 담당 품목 대상으로 내부강사 1:1 강의 * 온라인 동영상 활용 (품목이해 교육) **▪ 구매 프로세스 교육** – 업무 절차 이해 (PR–입찰–선정–계약–PO–납품–정산) – 유관 프로세스 이해 (경영지원, 생산, 연구소, 물류 등) * 온라인 동영상 활용 (유관 프로세스 이해 교육) **▪ 구매 담당자 기본 역량 교육** – 구매 시스템 이해 – 협력사 협상능력 – 기타 외부 교육과정 산출물 공유(Self Training)

[그림 3–3] 과정명세서 예시

4) 인재육성시스템 수립

인재육성시스템 수립은 인재육성을 위한 조직 차원의 통합적 솔루션을 모색하는 것으로 교육과 인사제도의 연계 및 학습관리시스템 구축 등을 포함한다. 이와 함께 개인개발을 위한 통합적 접근방법을 고려한다.

■ 교육과 인사제도의 연계

교육과 인사제도의 연계를 위한 HRD시스템 메뉴는 일반화되어 있다. [표 3-3]의 HRD시스템 메뉴 중에서 조직의 경영방침과 교육현황과 같은 상황변수를 고려하여 적합한 제도를 선택하여 실행한다. 이들 제도 하나하나가 조직과 구성원에게 많은 영향을 미치는 중요한 제도들이다.

[표 3-3] HRD시스템 메뉴

조직학습과 학습조직	경력개발제도	자기신고제
개인경력개발계획(IDP)	교육이수학점제	교육인증제
사내자격제도	멘토링/코칭	OJT(on-the-job training)
사내강사제도	지식경영과 지식마일리지제	OER 활용 과정설계
학습관리시스템(LMS)	일터학습/상시학습	교육 결과와 인사제도 연계 규정

커피 프랜차이즈 브랜드인 '빽다방'은 사내 자격검정제도를 도입해 운영하고 있다. 그 배경에는 가맹점 증가에 따른 커피 품질에 대한 고민이 있었다. 같은 원두를 써도 매장마다 커피 맛이 제각각이었기 때문이다. 빽다방은 빽's 바리스타 자격검정을 만들어 이 문제의 해결책을 찾았다. 본사 교육개발팀이 평가하는 시험을 주최해 가맹점의 커피 맛을 균일하게 만든 것이다. 급수에 따라선 꼬박 사흘이 걸리는 시험이지만 매번 공지와 동시에 마감될 만큼 인기가 많다.

자격시험은 사내 자격증이지만 고용노동부와 한국산업인력공단의 공식 인증을 받는다. 고용노동부에 따르면 사내 자격검정을 실시하는 기업은 자격 개발비와 운영비를 지원받을 수 있다. 사업주 자격검정제도를 운영하는 기업들은 이 제도를 통해 직무 중심의 인사관리가 가능하다고 설명한다. 자격을 취득하면 격려금을 지급하고 인사평가 때 가산점을 주는 등의 인센티브도 제공한다. 정부 인증을 받은 평가제도로 경력관리를 할 수 있다는 생각에 직원들의 근로의욕이 높아져 퇴사율도 감소된다.

이와 같이 HRD에 대한 투자 여력이나 전문인력이 부족한 중소·중견기업의 경우 정부 및 공공기관의 HRD 지원정책과 제도를 활용하여 HRD 기본 인프라를 구축하고 학습에 대한 기초 역량을 습득하는 것도 하나의 방안이 될 수 있다. 정부 및 공공기관에서 시행하고 있는 주요 HRD 지원정책과 제도에는 기업맞춤형 현장훈련(S-OJT), 학습조직화, 일병행학습제, 사업주훈련, 인적자원개발 우수기관(BEST HRD) 인증제, 일터혁신 컨설팅, NCS 기업활용 컨설팅 등이 있다.

■ 학습관리시스템 설계

LMS(Learning Management System)는 온라인을 통해 임직원들의 학습 과정을 지원하고 촉진하는 통합 학습관리시스템이다. LMS에서는 메뉴 구성이 중요하다. [그림 3-4]의 표준 메뉴를 참고하여 조직에 적합한 LMS 메뉴를 설계한다. 특히 '나의 학습현황' 메뉴 설계가 중요하다.

나의 학습현황	교육관리	교육제도	교학상장	외부 전문기관	자료실	사랑방
자기개발신고서	교육전략	교육과 인사제도	학습커뮤니티	한국생산성본부	공지사항	교육개설요청
나의 성장관리	교육체계	학습조직제	□□학습조	휴넷	학습자료	자유게시판
나의 관심교육	핵심역량	지식마일리지제	□□학습조	멀티캠퍼스	공유지식	Q&A
나의 활동현황	교육과정	경력개발 경로	□□학습조	한국표준협회	□□본부	
	교육계획	개인경력개발제	□□학습조	한국능률협회	□□본부	
	교육운영	교육이수학점제	□□학습조	K-MOOC	□□본부	
	교육실적	교육인증제		지식채널e	□□본부	
	교육성과	필수교육제		서울시평생학습포털	추천정보	
	교육지원시설	사내자격제		지식캠퍼스 GSEEK	전문가Pool	
	교육통계	멘토링제		NCS 국가직무능력표준	정부지원제도	
		사내강사제		워크넷		
				교육-Net		

[그림 3-4] 학습관리시스템 메뉴 구성

■ 개인개발을 위한 통합적 접근방법

개인개발을 위한 통합적 접근모형인 3E 프레임은 경험(Experience), 노출 또는 교류(Exposure, Exchange), 그리고 교육(Education)의 세 가지 관점을 말한다. 먼저 사람은 일을 통해 성장하고 발전할 수 있다. 전문가를 뜻하는 'Expert'의 어원은 '시도하다, 실험하다'라는 뜻을 가진 라틴어 'Experiri'이다. 전문가가 되기 위한 기본원칙은 필드에서의 다양한 경험의 축적이다.

개발을 위한 두 번째 관점인 노출(교류)은 다양한 상황에 직면하는 것으로 사회적 교류를 통해 사고의 폭과 기회의 가능성을 확대하는 것이다. 여러 가지 상황에 노출되다 보면 또 다른 인연을 만나, 또 다른 삶의 모습으로 살아가기도 하다.

끝으로 각종 내 · 외부 교육에 참여해 인식의 지평을 넓히는 것도 하나의 방법이다. 이를 통해 필요한 지식과 기술을 습득할 수도 있고 의외의 네트워킹을 창출하기도 한다. 독서는 가장 현실적인 개발의 방법이다. 교육과 학습을 위한 3E 프레임을 정리하면 [표 3-4]와 같다.

[표 3-4] 개인개발을 위한 3E 프레임

경험	직무경험	• 전공(전문) 분야 직무경험 • 직무이동 • 프로젝트 수행	• Task Force Team 참여 • 내 · 외부 콘테스트 참여 • 한계과제 선정 · 도전
노출	사회적 교류를 통한 기회 노출(탐색)	• 내 · 외부 정보탐색 • 사회적 연결망 확대 • 공식 · 비공식 커뮤니티	• 학습조직 • 면담/상담/피드백 • 역할모델/코칭 · 멘토링
교육	교육 참여와 자기개발	• 교육 참여(on/off line 교육) • 독서/벤치마킹	• 워크숍/세미나 학회 · 협회 • 박람회

개인개발을 위한 3E 프레임은 조직의 제도적 지원과 개인의 주도적 학습을 통해 시너지 효과를 발휘할 수 있다.

02

교육 프로그램 기획

교육 프로그램을 기획하기에 앞서 주요 교육기관(콘텐츠 제공기관)의 유사 교육 프로그램을 가능한 많이 조사한다. 다른 조직의 관련 교육 프로그램에 대한 정보를 수집하고 기존에 운영한 교육과정 역시 참고로 한다. 그리고 현장전문가의 의견을 기본으로 하여 교수자나 내용전문가, 예정 학습자를 대상으로 교육요구조사를 실시한다. 교육요구조사는 인터뷰와 함께 설문조사를 병행한다. 구글링과 주요 신문은 현실세계를 반영한 사례를 발굴할 수 있는 정보의 보고(寶庫)이다.

■ 5W1H 기획 프레임

교육 프로그램 기획은 [표 3-5]의 5W1H 요소를 포함한 교육계획을 수립하는 활동으로 이는 앞으로 학습할 교수체제설계와 관련이 깊다.

[표 3-5] 교육 프로그램 기획을 위한 5W1H 요소

5W1H 교육기획 요소		점검사항
Why	교육프로그램 목적과 학습목표 설계	• 교육프로그램 기획 배경은 무엇인가? • 기존 프로그램과의 차이는 무엇인가? • 교육프로그램 목적과 학습목표는 무엇인가?
What	교육내용 설계	• 교육내용에 포함될 지식, 기술, 상황(사례)은 무엇인가? • 정보를 어디에서 수집할 것인가? 누구 도움을 받을 수 있는가? • 교육내용을 어떻게 체계화할 것인가?

5W1H 교육기획 요소		점검사항
Who(m)	학습자 분석과 교수자-교과목 매칭	• 학습자 특성은 무엇인가? • 내 · 외부의 전문가 풀(pool)을 어떻게 확보 · 유지할 것인가? • 교과목(학습내용)과 교수자를 어떻게 매칭할 것인가?
How	교수 · 학습방법과 교육-인사 연계방안 설계	• 교수 · 학습방법을 무엇으로 할 것인가? • 강의법을 적용할 것인가? 참여식 교수법을 적용할 것인가? • 교육 이수결과를 인사제도와 어떻게 연계할 것인가?
When	교육일정과 시간 기획	• 전체 교육일정을 어떻게 할 것인가? • 교과목 별 시간 배분을 어떻게 할 것인가? • 교육 프로그램을 언제 운영하는 것이 좋을까?
Where	학습환경 설계	• 어디서 교육할 것인가? 강의장 배열은 어떻게 할 것인가? • 교수매체와 교수자료 지원을 어떻게 할 것인가? • 정서 · 신체적으로 평안한 학습환경 조성에 필요한 것은 무엇인가?

■ XY 매트릭스

문제 해결방안을 수립할 때 발생가능한 여러가지 상황과 결과에 영향을 미치는 다양한 변수들을 고려하면 예측력과 설명력은 높아지지만 복잡해지고 일반적인 대안이 되어 설득력이 감소되기 쉽다. 결정적으로 솔루션은 복잡하면 실행력이 떨어진다. 현상을 설명하고 해결대안을 마련할 때는 다소 설명력이 떨어지고 정보 손실이 따르더라도 단순한 것이 좋다.

모든 위대한 것은 단순하다. 단순한 것이 명료하고 실행력을 높이기 때문이다. 단순하며 강력한 기획 툴이자 설계 도구로 XY 매트릭스가 있다. XY 매트릭스는 단순히 '열'과 '행'의 조합으로 구성된 표로 엑셀 스프레드 시트를 생각하면 된다. [표 3-6]은 HRD 전문가 과정에서 '인재육성 마스터 플랜'과 '교육프로그램 개발'이라는 두 개의 교과목 콘텐츠를 개발하기 위하여 기초 설계(거시 설계) 단계에서 적용한 XY 매트릭스 활용 예시이다. XY 매트릭스만 보더라도 내용의 흐름과 위계 그리고 내용 구조를 쉽게 파악할 수 있다. 주요 개념과 용어를 한눈에 확인할 수 있어 실제 콘텐츠 개발단계에서 무엇을 해야 할지 명확하게 알 수 있다. 일종의 로직 트리(Logic Tree)라 할 수 있다.

[표 3-6] 콘텐츠 기획을 위한 XY 매트릭스

인재육성 마스터플랜 수립		교육프로그램 개발		
경영현황 분석	HRD 전략 수립	요구분석	체제적 교수설계 및 개발	
조직 가치체계 분석	HRD 현황 분석	요구유형 분석	ISD와 D/C모델	• System • ADDIE
외부 환경분석 • PEST 분석 • 3C 분석	HRD 성숙도 진단	DACUM • SME 워크숍 • 과업명세서	교수요구분석	• TNA • 학습자분석 • 학습환경분석
내부 역량분석 • 7S 분석 • 4P 분석	교육체계 수립 • 교육체계도 • 과정명세서	역량분석(CBC) • SME 워크숍 • 역량기술서	교수설계	• CDT와 제시형 • 학습목표 진술 • ARCS모델
전략분석 • SWOT 분석 • SWOT 매트릭스	HRD제도/시스템 • 설계 • HRM 연계제도	KSA 목록 • 설문조사 • 보리치 공식	콘텐츠 개발	• 구조화 프레임 • 서열화 • 스토리보드
CBI 도출 • H/W 이슈 • S/W 이슈		교육훈련계획서 • 개발 우선순위 • 자원(3M1T)계획	교수전략 실행	• 교수 · 학습방법 • 가네 교수사태 • 학습촉진기법
			교육평가와 CQI	• 평가모형 • 과정 개선보고서 • 지식변환과정

■ OER 활용 교육기획

OER(Open Education Resources)은 공개적으로 제공되는 무료 교수 · 학습자료를 말한다. 대표적 OER로 K-MOOC, GSEEK, 유튜브, 코세라, 테드 등의 플랫폼을 통해 제공되는 각종 동영상 교육 콘텐츠를 들 수 있다. 위키피디아는 물론 구글, 네이버 등의 포털을 통해 자유롭게 검색하여 활용할 수 있는 다양한 자료 역시 OER의 전형적 유형이라 할 수 있다.

시간과 공간, 교육비용의 제한을 받는 외부 교육과정에 참여하는 방안 말고도 이들 OER을 활용한 교육과정을 기획하여 누구나 자기주도학습을 통해 역량을 개발할 수 있는 학습환경이 갖추어졌다.

OER 활용 교육과정 기획

제12장 [표 12-3]의 OER 정보를 기반으로 본인이 관심이 있는 자기주도형 교육과정을 기획하여 그 결과를 공유한다.

OER 활용 이러닝 교육과정 기획안에는 교육기획 배경과 학습목표, 콘텐츠 구성 및 콘텐츠별 소요시간, 교육성과 평가방안을 포함한다. [표 3-7]의 각 테마는 OER만으로도 충분히 일정 수준 이상의 학습효과를 달성할 수 있다. 우리가 생각하는 것보다 다양한 분야의 많은 주제를 OER을 통해 해결할 수 있다.

[표 3-7] OER 기반 교육 프로그램 설계 가능 테마

HRD 트렌드와 이슈 분석	핵심인재 육성을 위한 리더십 역량 개발
코로나 이후, HRD의 미래와 역할 변화	역경을 이기는 힘, 회복탄력성
Zoom을 활용한 원격강의법	평생학습강사 강의 노하우
에듀테크를 활용한 원격강의(패들렛, 잼보드, 멘티미터)	철학이 인간에게 묻다
구글 설문조사 기법과 조사보고서작성	직업상담사(2급)
비즈니스 영어/비즈니스 국제매너	은퇴설계

배움의 끝 단계는 청출어람(靑出於藍)의 단계이다. 청출어람은 "쪽에서 뽑아낸 푸른 물감이 쪽보다 더 푸르다"는 뜻으로, 제자가 스승보다 나음을 비유적으로 이르는 말이다. 스승을 넘어서는 단계까지 발전하여 자기 분야의 새로운 길을 모색할 수 있게 된 단계이다. 이 단계에 이르면 남이 시키지 않아도 내적 자극에 따라 스스로 자가 발전(發電)하여 새로운 것을 배우고(學) 이를 통해 얻는 새로움을 글을 통해 세상에 알리는 일(敎)을 즐거움으로 삼는다. 이 단계에서는 고전읽기와 사색, 그리고 성찰이 주요 수단이다.

03

설문조사와 인터뷰 기법

교육체계 수립과 교육기획을 위해 구글 설문조사와 인터뷰 기법을 활용한다. 구글 설문조사 및 인터뷰를 진행하는 절차와 운영방법에 대해 살펴본다.

1) 구글 설문조사

교육 체계 수립을 위한 전 직원 설문조사

안녕하십니까.
본 설문은 주식회사 펜지에 특화된 교육체계 및 인재육성 마스터 플랜을 수립하기 위해 설계되었습니다. 귀하의 소중한 의견은 향후 교육 시스템 개선에 큰 도움이 될 것입니다.

응답 내용은 통계법 제 33조에 의거하여 철저히 비밀이 보장되며, 통계 분석 이외의 목적으로는 사용되지 않습니다. 본 설문은 정해진 정답이 없으므로, 질문을 읽으신 뒤 귀하께서 생각하시거나 느끼시는 바를 자유롭게 표시해 주시면 됩니다.

설문과 관련하여 궁금한 점이 있으신 경우, 아래의 연락처로 문의 주시면 성실히 답변 드리겠습니다. 다시 한 번 귀한 시간을 내주신 점에 대하여 깊이 감사드리며 귀하의 건승을 기원합니다.

비전경영연구소 연구책임자 이재희/ edupartner@hanmail.net / 010-2691-****

설문조사는 연구주제에 대한 조사대상자들의 의견을 수집·분석하기 위해 사용하는 조사방법이다. 설문조사를 통해 교육요구 분석은 물론 학습자 수준 진단, 교육 프로그램 평가, 교육효과 측정, 조직구성원 의식조사 및 조직문화 진단 등을 수행할 수 있다.

구글 설문조사 프로그램을 활용하면 설문지의 작성·배포, 설문지 응답 및 회수, 설문결과 분석 등의 모든 절차를 컴퓨터와 스마트폰을 통해 무료로 수행할 수 있다.

■ 구글 설문조사의 장점

구글 설문조사의 장점은 먼저, 여러 사람의 의견을 문자나 메일뿐만 아니라 페이스북, 카카오톡 등의 SNS를 통하여 빠르게 실행할 수 있다는 것이다. 둘째, 단답형, 장문형, 객관식 질문, 체크박스, 드롭다운, 직선단계, 객관식 그리드, 체크박스 그리드 등의 질문 유형을 통해 응답자들의 다양한 의견을 파악할 수 있다. 셋째, 응답 내용과 결과는 구글 프로그램을 통해 자동으로 저장되어 따로 코딩을 하지 않아도 된다. 개방형 질문에 대한 응답 결과도 자동으로 입력된다. 또한, 응답의 진행상황을 실시간으로 확인할 수 있으며, 엑셀이나 SPSS와 같은 다른 프로그램을 사용해 분석할 수 있다. 끝으로 구글 설문 조사자는 구글 계정이 있어야 하지만, 응답자는 구글 계정이 없어도 누구든지 설문지에 응답할 수 있어 응답률이 높다.

■ 구글 설문조사의 절차와 방법

구글을 활용한 설문조사는 오프라인 설문지 개발 후 구글 계정 로그인, 구글 설문지 작성, 설문지 보내기, 응답자료 받기, 설문결과 보기 및 분석, 조사보고서 작성의 순으로 이루어진다.

[표 3-8] 구글 설문조사의 절차와 방법

절차	방법
설문지 설계 · 개발	• 오프라인에서 설문조사의 목적과, 범주(섹션), 조사내용, 조사항목을 설계하고 개발한다.
구글 계정 로그인	• 구글 계정을 새로 개설하거나 기존 계정으로 로그인 한다.
구글 설문지 프로그램 접속	• https://www.google.com/intl/ko_kr/forms/about/로 이동하여 [개인]을 선택한다.
구글 설문지 작성	• 설문지 표지 작성: 조사 제목과 목적, 내용 등에 대해 개략적으로 설명한다. • 조사 범주(섹션)별 설문내용(항목)을 작성한다. 조사내용에 따라 적절한 설문유형(단답형, 장문형, 객관식 질문, 체크박스, 드롭다운, 직선단계, 객관식 그리드, 체크박스 그리드)을 선택한다.
테마 맞춤설정 및 미리보기	• [테마 맞춤설정] 기능을 통해 테마 및 색상을 선택하고 설문지 디자인을 설정한다. • [미리보기]를 통해 설문지 내용과 디자인을 수정 · 보완한다.
설문지 보내기	• 문자, 이메일, SNS을 통해 조사대상자에게 설문지를 보낸다(URL 단축 코드 전송).
응답자료 받기	• 응답자가 컴퓨터나 스마트폰을 통해 응답을 완료하고 제출하면 자동으로 응답결과가 표시되고 집계된다.
설문결과 보기	• 구글에 자동 집계 · 분석된 조사 결과를 확인한다. • 엑셀이나 SPSS 등의 프로그램을 활용하여 추가 분석을 실시할 수 있다.
조사보고서 작성	• 조사 · 분석 결과를 파워포인트 등의 편집 프로그램을 활용하여 조사보고서를 작성한다.

2) 인터뷰

인터뷰는 조직구성원의 의견을 수렴하기 위해 교육활동 전반에 걸쳐 활용하는 대표적 조사도구이다. 인터뷰는 면접자와 피면접자의 대화를 통해 정확한 정보를 얻는 것이 목적이기 때문에 상호 관심의 일치와 신뢰관계가 전제되어야 한다.

■ 인터뷰 준비단계

인터뷰 준비단계에서는 인터뷰 사전 준비와 인터뷰 안내문 및 기록지 준비를 실행한다.

인터뷰 사전 준비

- 인터뷰 대상자 선정
- 인터뷰 문항(agenda) 선정
- 전체 인터뷰 일정 및 개인별 일정 확정
- 인터뷰를 위해 필요한 자료 준비 및 숙지
- 인터뷰 가이드 작성 및 연습

인터뷰 안내문 및 인터뷰 기록지 준비

- 인터뷰 목적 명시
- 목적에 따른 인터뷰 주제 명시
- 구체적 질문 제시
- 인터뷰 대상자의 인적 사항 표기란

- 인터뷰 대상자의 응답 기입란
- 인터뷰 진행자의 피드백 기입란

■ 인터뷰 실행단계

인터뷰 실행단계는 도입, 전개 및 마무리의 순서로 진행한다. 인터뷰를 할 때는 가능한 인터뷰어와 인터뷰 내용을 기록·녹음할 사람이 함께 참여하도록 한다.

도입

- 자기 소개 및 인터뷰에 응해 준 것에 대한 감사의 뜻을 표함
- 처음에는 일상의 이야기를 통해 라포 형성
- 인터뷰 목적을 설명
- 인터뷰에 대한 인터뷰 대상자의 바람이나 기대를 확인
- 필요 시 주제나 질문 내용을 수정
- 인터뷰 결과가 어떻게 사용될 것인지에 대해 전달하고 비밀유지 사항에 대해 설명
- 인터뷰 예정시간, 기록 수단(녹음, 노트 필기) 확인 및 양해

전개

- 인터뷰 질문과 관계없이 인터뷰 목적(프로젝트)과 연계된 내용 중 대상자가 가장 중요하게 생각하거나 자신 있는 내용부터 이야기하도록 하여 편안하게 시작
- 이후 인터뷰 질문 순서에 따라 인터뷰 진행
- 문서 등을 통해 조사하기 어려운 주제나 의문이 드는 주제를 중심으로 진행
- 이해되지 않거나 설명이 부족한 부분에 대한 보완질문
- 핵심내용 중심으로 기록. 녹취가 필요할 경우 사전에 안내
- 모든 인터뷰 항목에 대한 의견 교환 이후 인터뷰 내용에 대해 순서대로 간단하게 리뷰하고 확인

마무리

- 답변 내용 중 미흡한 부분이 있는지 확인하고 필요하다면 추가적 질문
- 인터뷰 대상자에게 질문 또는, 특별히 언급할 사항이 있는지 확인
- 인터뷰 정리 과정에서 의문사항이나 추가 질문사항이 있을 경우 연락할 수도 있음을 안내
- 인터뷰에 응해 준 것에 대한 감사를 표시

학습내용을 중심으로 SAM 토의를 진행한다. 자유로운 분위기에서 편안하게 의견을 나눈다.

Summarize! 학습목표를 확인한 후, 각 학습목표에 대한 자신의 답을 정리한다. 이를 바탕으로 주요 개념과 용어 간의 위계와 연관성을 규명한다.

Adapt! 수행과제를 해결하기 위해 적용할 수 있는 지식과 기술은 무엇인지 토의한다. 직무수행이나 일상에서의 적용방안을 탐색한다.

Make Better! 보다 나은 학습을 위해 수정 · 보완할 내용에 대해 토의한다. '미리보기–학습내용–수행과제–쉬어가기'의 맥락 속에서 메시지를 발견하고 의미를 부여한다.

■ 우리나라 교육의 기회와 위협, 그리고 장점과 단점을 분석하여 우리 사회가 직면한 교육 현안과제에 대해 탐색한다. 학교교육이나 직업교육, 기업교육, 평생교육 등 탐구할 교육분야는 학습팀에서 자율적으로 결정한다.

■ 팀 과제수행 활동

팀 과제 수행을 위하여 5W1H의 교육기획 요소가 포함된 교육 프로그램 기획안을 A4 3매 이내로 작성한다. 교육프로그램 기획안을 작성하는 과정에서 다음 사항들에 대한 협동학습을 수행한다.

- 정보수집계획서에 따라 수집 · 분석한 정보 활용
- 주요 교육기관의 유사 교육프로그램 정보 수집 · 분석
- 기업이나 단체에서 수행한 유사 교육프로그램 정보 수집 · 분석
- [설문조사] 구글을 활용한 교육니즈 설문조사(부록 3 참고)
- [인터뷰] 현장전문가나 내용전문가, 멘토로부터의 의견 수렴(부록 4 참고)

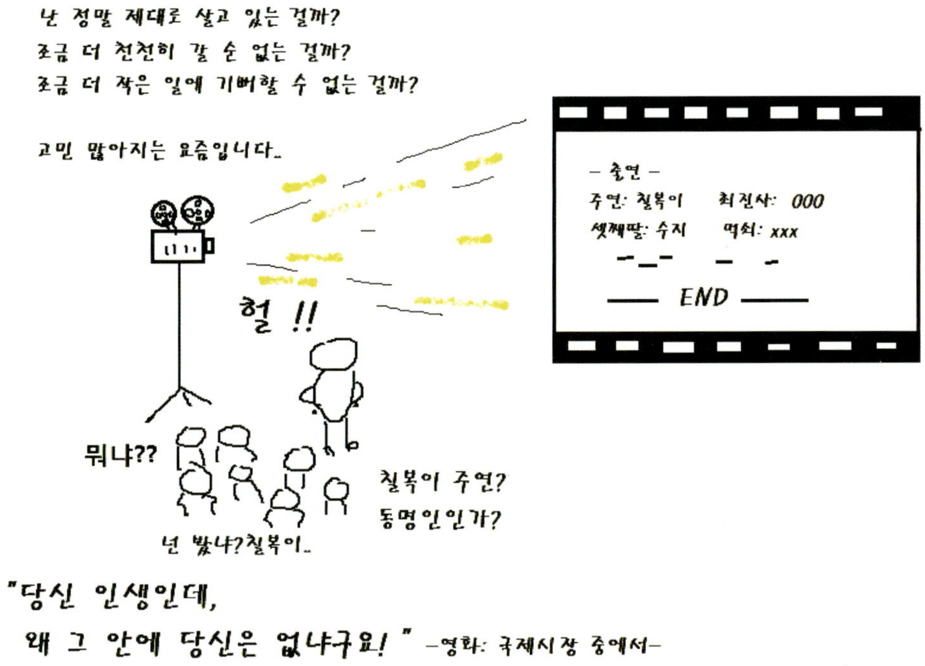

이 글과 그림을 포함해 본서에 소개된 다섯 컷의 카툰은 한 학습자가 교육과정 종료 후 한 주에 한 컷씩 보내 준 작품들 중에서 골라 게재한 것입니다. 감사의 마음을 표합니다.

Human Resources Development

Chapter
04

학습이론과 교수체제설계

1. 객관주의 이론
2. 구성주의 이론
3. ISD와 교수체제설계

미리 보기

어릴 적 그렇게 컸던 학교 운동장이 나이가 들어 찾아가 보면 그렇게 작을 수가 없다. 내 몸을 기준으로 보기 때문이다. 인간이 세상을 보는 기준은 항상 자기 몸이다. 새로움과 성장은 지금의 내 관점을 기준으로 하는 인지 체계의 변화를 필요로 한다. 이를 위해서는 멀리 봐야 한다. 자주 올려다봐야 한다. 미국 텍사스 대학의 심리학자 프레드 프레빅(Fred Previc)은 인간과 동물의 결정적 차이는 '도파민으로 활성화되는 뇌'에 있다고 주장한다. 그의 주장에 따르면 도파민은 주로 '먼 공간'이나 '높은 공간'과 같은 '개인 외적 공간'과 관계하는데, 도파민으로 활성화되는 '개인 외적 공간'의 분석 능력이 인간 문명을 가능케 했다는 것이다.

구체적 맥락의 한계를 벗어날 수 있는 인간의 추상적 사고와 창조적 문제 해결 능력은 '먼 곳', '높은 곳'을 조망하는 것과 깊은 관련이 있다. 그래서 인간은 복잡한 문제가 생기면 눈을 위로 치켜뜨며 생각하는 거다. 지금 '25×9'를 암산해 보라. 계산하며 당신의 눈은 어디를 향하고 있는가? 저절로 위를 보게 된다. 뭔가를 골똘히 생각할 때, 내 시선은 스스로도 인식하지 못하는 상태에서 아주 먼 곳에 초점을 맞추게 된다. 서양의 성당이나 왕궁의 천장이 그렇게 높은 이유도 마찬가지다. 건물에 들어서면 저절로 위를 올려다보게 된다. 이때 느끼는 경외감을 통해 자발적인 '인지적 전환'을 유도하기 위해서다. 인간만 올려다본다!

가까운 것들에 대해 둔해지는 만큼, 멀고 높은 곳을 바라보는 거시적 안목과 탈맥락적 시선이 가능해진다. 그래서 나이 들수록 전에는 안 보이던 먼 산이 눈에 들어오는 거다. 하루 종일 손바닥만 한 스마트폰 화면에 머리 처박고 분노하고 한탄하며 내 한 번뿐인 삶을 허비할 때가 아니라는 이야기다. 시간 날 때마다 멀리 봐야 한다. 올려다봐야 한다. 그래야 제한된 우리의 삶을 적극적으로 재구성할 수 있는 창조적 통찰이 가능해진다.

김정운, 조선일보(2018. 5. 23.).

학습
목표

교육전문가는 학습이론과 교수체제설계에 대한 기본적 지식체계를 갖추고 있어야 한다. 현장에서의 실무 경험과 함께 탄탄한 이론적 체계가 뒷받침될 때 전문성이 확보되며, 어떤 상황에서 누구를 만나 무슨 일을 해도 두려움이 없게 된다. 자신감으로 당당해진다. 당당함은 전문가의 특징이다.

1. 객관주의 이론과 행동주의 학습이론, 인지주의 학습이론을 설명할 수 있다.
2. 가네의 교수설계원리를 설명할 수 있다.
3. 구성주의 이론을 설명할 수 있다.
4. ISD의 개념과 ADDIE 모델을 설명할 수 있다.

지식과 학습에 대한 관점(지식관)으로 객관주의 이론과 구성주의 이론이 있다. 객관주의는 실재(진리와 지식)는 인간의 외부에 객관적으로 존재하며 학습은 이들 진리와 지식을 수동적으로 받아들이는 과정이라고 주장한다. 반면 구성주의는 실재는 인간의 내부(마음)에 주관적으로 존재하며 학습은 경험에 의한 해석을 통해 개인별로 의미를 부여하면서 진리와 지식을 구성하는 과정이라고 주장한다.

01
객관주의 이론

객관주의(Objectivism) 이론은 객관적 지식의 존재와 보편적 진리의 존재를 가정한다. 객관주의 입장에서 교육의 목표는 진리와 지식의 습득이며, 모든 지식은 세밀한 계획에 따라 구조화, 순서화되어 체계적으로 제시되어야 한다. 객관주의 이론은 행동주의 심리학, 인지주의 심리학과 접목되어 교육에 있어서의 통제와 예측을 중요시한다. 교수자는 지식 전달자이자 지식의 보고, 교육과정 실행자로서의 역할을 한다.

객관적으로 존재하는 진리와 지식을 규명하기 위해 실험, 현장견학, 관찰과 실증 중심의 양적 연구방법을 강조한다. 진리와 지식의 이해도를 판단하기 위해 총괄평가나 학업성취도 평가와 같은 결과 중심의 평가를 한다. 객관주의 이론에는 행동주의 학습이론과 인지주의 학습이론이 있다.

1) 행동주의 학습이론

행동주의 학습이론은 학습을 '자극에 대한 반응'으로 인식한다. 사람은 상을 바라고 벌을 피하고자 한다. 행동주의 학습이론에서는 긍정적 반응에 대한 보상을 통해 그 행동을 반복하도록 하는 긍정적 강화, 긍정적 강화요인을 제거함으로써 특정 행동을 중단시키려는 소거, 암기와 반복을 통해 특정 행동을 지속시키려는 연습을 학습원리로 적용한다. 즉, 강화와 소거, 연습과정을 통하여 행동수정을 유도한다. 강화는 학습시키고자 하는 행동을 발생 · 유지시키는 작용을 하며 소거와 처벌은 바람직하지 않은 행동을 감소 · 약화시키는 역할을 한다. 연습은 행동의 습관화를 유도한다. 행동주의 학습이론이 교수·학습방법에 미친 영향은 다음과 같다.

- 학습 초기단계에 명확한 학습목표(수행목표)를 제시함으로써 학습동기를 자극한다.
- 학습내용은 쉬운 것에서부터 어려운 것의 순으로 점진적으로 제시한다. 학습자가 쉬운 과제를 잘 수행했을 때 칭찬·인정·격려 등의 정적 강화를 제공하고, 그 다음에 조금 더 어려운 과제를 부여한다.
- 학습활동을 평가하고, 그 결과에 따라 피드백을 제공한다.

2) 인지주의 학습이론

인지주의 학습이론은 인간의 내적 정신과정에 초점을 맞추고 학습을 정보처리 작용으로 간주한다. 사람은 어떤 사물이나 현상을 보고 그에 대해 지각하고 분석, 해석한 이후 반응행동을 결정한다. 인지주의 학습이론에서는 이러한 학습자의 사고과정에 주목하여 교육을 학습자가 스스로 탐구하여 발견하는 과정을 통해 학습이 이뤄지도록 지원하고 촉진하는 활동으로 보았다.

인지주의 학습이론이 교수·학습방법에 미친 영향은 다음과 같다.

- 정보를 검색, 분석, 활용, 종합하는 과정을 통해 문제를 탐구하고 해결함으로써 문제해결력과 창의력을 개발할 수 있도록 수업설계를 한다
- 내재적 학습동기를 강조한다. 학습자 필요점에 대한 학습내용의 부합 정도, 학습

자의 자발적 동기와 흥미 등이 중요한 요인이다.

• 평가의 주요대상은 문제해결능력과 창의력이며 수행평가를 강조한다.

가네(R. Gagné)는 효과적인 교육을 위해서 "학습자가 어떤 방식으로 정보를 받아들이고 해석하고 이해하는지 인지과정을 잘 이해하고, 그 과정을 촉진하기 위한 외적인 자극을 제공해야 한다"고 주장했다. 가네의 교수설계이론은 [표 4-1]과 같이 학습자의 내부에서 발생하는 학습과정과 이를 촉진하기 위한 교수자의 바람직한 교수사태로 구별된다.

[표 4-1] 학습과정과 교수사태

학습과정(학습자)	교수사태(교수자)
주의	주의 획득(집중)
기대(동기)	학습목표 제시
재생	선수학습 회상 자극
선택적 지각	학습내용 제시
의미적 부호화	학습 안내(학습지침) 제공
탐색과 회상(반응)	수행 유도
수행	피드백 제공
강화, 오류 수정	수행(성취행동) 평가
일반화	파지와 전이 향상

가네에 따르면 학습은 주의, 기대(동기)에서부터 수행, 강화, 일반화에 이르는 일련의 인지적 과정을 거쳐 발생한다. 학습이 시작되기 위해서는 먼저 주의를 집중해야 한다. 기대(동기)는 기억으로부터 학습 관련 내용을 재생하게 한다. 새롭고 유익한 정보는 선택적으로 지각되어 단기기억 장소에 저장된다. 새로운 정보가 장기기억 장소로 전이되기 위해서는 분류, 기호화 등을 통해 정보를 조직화하는 과정, 즉 의미적 부호화 과정을 거쳐야 한다. 정보를 사용할 필요가 있을 때는 장기기억 장소에 저장된 정보

속에서 탐색과 회상 활동(반응)을 한다. 회상된 정보는 수행을 통해 적용한다. 피드백을 통해 자신의 수행이 상황의 요구를 만족시켰는지 확인하여 강화하거나 오류를 수정하고 일반화(행동원리로 수용)한다. 이와 같은 학습자의 내적 인지 과정을 촉진하기 위해 교수자가 행해야 하는 외적 상황(교수사태) 9가지가 바로 효과적 강의를 위한 요체가 된다(제9장 '강의식 교수법' 참고).

배울 학(學), 익힐 습(習)으로 조합된 학습이라는 용어는 개인의 자발성과 주도성이 강조된 개념이다. 학(學)은 깨우칠 각(覺)과 생김새가 비슷하다. 배움은 깨우침으로 연결된다. 깨우칠 각(覺)은 볼 견(見)을 포함하고 있다. 깨우침은 세상과 현상을 바라보는 시각의 확대와 관점의 다양화를 말한다. 시각 확대와 관점 다양화를 위해서는 많이 보고 듣고 느끼고 체험해 봐야 한다. 습(習)은 깃 우(羽)와 흰 백(白)으로 이뤄졌다. 아기새가 푸르른 창공을 날기 위해서는 밤이 하얗게 새도록 생경한 날갯짓을 수없이 반복해야 한다. 배움 또한 이러하다. 새로운 것이 내 것으로 습관화되어 편안해지기까지는 반복학습이 필수이다. 아기새는 하늘로 높이 날아 올라서야 비로소 새로운 세상을 보고 만끽한다. 맑은 하늘의 푸르름과 두둥실 뭉게구름의 자유로움, 스쳐 지나는 무심한 바람 내음을. 새로운 배움과 깨우침 또한 새로운 세상을 보게 한다. AI가 딥러닝을 통해 더욱 정교하고 지적인 존재로 진화하듯 사람도 학습을 통해 성장하고 지혜로워진다.

02

구성주의 이론

구성주의 이론은 객관주의 이론을 비판하며 등장한 이론으로, 진리와 지식은 개인적이고 상대적인 특성을 지닌다고 가정한다. 구성주의(Constructivism)는 진리와 지식은 단순히 전달되는 것이 아니라 개인의 지식과 경험에 의해 재창조된다고 주장하며, 지식을 구성하는 방법에 관심을 둔다. 지식을 구성하는 방법은 개인의 정신 구조(관점과 가치관, 신념, 태도의 체계)와 사전 경험에 의해 영향을 받는다. 구성주의는 뭔가를 깨닫는 '아하!'의 통찰 경험을 통한 행동의 변화를 주장한다.

다음 그림 각각에 대해 각자 질문을 만들고 답을 제시하고 해석하여 의미를 부여해 보자. 개인별로 어떤 차이가 있는지를 비교해 보자.

[그림 4-1] 같은 그림, 다른 질문 다른 해석

구성주의에서 교육 목표는 사실이나 개념, 원리, 절차 등에 대한 지식을 가르치는 것이 아니라 학습자에게 세상에 대한 그들 스스로의 해석 방법을 구성하게 하는 데 있다. 이와 같이 구성주의는 '알아 가기' 또는 '의미 만들기'의 과정으로서 학습을 설명하며, 현상에 대한 해석과 의미부여 능력을 중요시한다.

구성주의 관점에서 교수설계는 교수를 체계화하는 것이 아니라 학습이 일어날 수 있는 환경과 콘텐츠를 설계하는 것이다. 학습 내용과 과제는 현실의 복잡성과 실제적 상황을 반영하여 실제로 사회에서 경험할 수 있는 것을 제시한다. 교수자는 지식의 전달자가 아니라 학습자가 현상을 해석하고 의미를 구성하도록 보조하는 지원자, 또는 촉진자의 역할을 한다. 학습자는 자율적이고 적극적이며 책임감 있는 학습 주체로서 역할을 한다.

토론을 중심으로 문제중심학습, 협동학습 등의 능동적이고 자율적인 교수 · 학습방법을 적용한다. 평가는 학습자, 동료 학습자, 교수자에 의하여 수업 과정 중에 지속적으로 행해진다. 이는 과정 중심의 평가로 객관식, 주관식, 관찰, 포트폴리오, 프로젝트 등의 다양한 형태의 수행평가가 시행되며 양적 평가, 질적 평가를 함께 적용한다. 학습자의 참여도와 학업 관심 정도, 수행 결과물 등의 다양한 요인을 평가하며 성취 여부는 절대평가를 원칙으로 한다. 객관주의 이론과 구성주의 이론을 비교하여 정리하면 [표 4-2]와 같다.

[표 4-2] 객관주의 이론과 구성주의 이론의 비교

관점	객관주의		구성주의
이론적 기초	행동이론	인지이론	주관주의
지식관	인간의 외부에 실재 절대적, 보편적 지식	인간의 외부에 실재 절대적, 보편적 지식	인간의 내부에 존재 상대적, 개인적 지식
패러다임	교수자 중심 교수(가르침)	교수자와 학습자의 상호협력 교수 · 학습	학습자 중심 학습(의미부여와 깨우침)
목표	지식, 진리 습득을 통한 바람직한 행동 변화	지식, 진리 습득을 통한 인지구조 변화	경험에 기초한 개인적 해석과 의미부여 능력 개발
교수자의 역할	지식전달자 정보제시자	새로운 정보를 기존 인지구조에 연결시키는 촉진자	학습환경 조성자 지원자, 촉진자, 코치
학습자관	자극에 반응하는 수동적 인간	정보를 처리하여 인지구조를 변화시키는 적극적 인간	개인적 렌즈로 현상에 의미를 부여하는 자기주도적 인간
교수설계	가시적 행동목표 강조 선수지식 분석 수업내용의 구조화, 계열화 강화를 통한 가시적 보상 즉각적 피드백	학습자의 적극적 참여 강조 정보의 구조화, 계열화 중시	일반적 학습지침 제공 학습과제의 맥락화 다양한 관점 제시 사회적 협상 강조 협력적 학습환경 조성
교수 · 학습 방법	텍스트 중심 자극 · 반응의 연결 반복학습과 암기 강화 변별, 적용, 일반화	정보의 수집, 분석, 조직, 저장 및 인출 활동 강조 정보처리 문제해결 추론	상황/현실/맥락 중심 비구조화된 학습과제 개인적 의미 창조 동료들과의 사회적 상호작용 토론, 협동학습, 자기성찰
평가	결과 중심	결과중심	과정중심

03
ISD와 교수체제설계

교육은 교육목적, 교육내용, 교수자, 학습자, 교수 · 학습방법, 학습환경 등의 구성요소가 역동적이며 상호 관련되어 있는 하나의 체제(시스템)를 이루고 있다. '체제'는 논리적 구조나 절차적 프로세스를 의미하며 인풋, 아웃풋, 프로세스, 그리고 피드백으로 이루어진다. 전 단계의 아웃풋은 다음 단계의 인풋이 된다.

학습이 일어나기 위한 인풋은 교수자의 시간, 노력, 다양한 교육방법, 교재 등이다. 프로세스는 가르치고 배우는 교수 · 학습활동이다. 아웃풋은 학습효과다. 학습효과가 학습목표에 미달했다면 어느 곳이 미흡했는지를 밝혀 피드백을 보낸다. 체제적 접근은 교육을 단방향성의 일회적인 프로세스가 아니라 소기의 목적을 달성할 때까지 수정 · 보완을 반복하는 일련의 순환적이고도 총체적인 프로세스로 보는 시각이다. 교수체제설계는 수업에 영향을 미치는 학습목적과 목표, 학습자 특성, 학습내용, 교수 · 학습방법, 교수매체 및 평가 등을 체계적으로 고려하여 수업을 설계하는 일련의 절차를 의미한다.

1) ISD 이해

ISD는 Instructional Systems Design, 또는 Instructional Systems Development의 약자로 체제적 교수설계 또는 체제적 교수개발이라고 한다. 롸이거루스(Reigeluth, 1993)는 ISD는 '교수를 계획하고, 개발하고, 실행하고, 평가할 때 따라야 하는 일련의 총체적 절차'라고 하였다. ISD는 "교수설계를 할 때 전체적 관점(인풋, 아웃풋, 프로세스, 그리고 피드백)에서 순서(교수설계 단계)를 고려하여 체제적 또는 체계적으로 실행해야 한다"는 것을 의미한다. ISD 모델은 우리가 '왜, 무슨 내용을, 어떻게, 무엇을 가지고 교육할 것인가'에 대한 최적의 의사결정을 하도록 도와준다.

2) 딕과 캐리 모델

체제적 교수설계의 대표적 모델은 딕과 캐리(Dick & Carey)의 모델이라 할 수 있다. 딕과 캐리의 모델은 [그림 4-2]에서와 같이 교수목표를 규명하고 교수 분석, 학습자 분석 및 상황분석을 포함하여 교수 · 학습에 영향을 미치는 요소들을 체계적으로 제시함으로써 교수의 전 과정을 이해하고 개선하는 데 유용한 지침을 제공한다. 이 모델은 모두 9개의 단계로 구성되어 있다. 교수 프로그램 수정 및 보완은 교수설계의 전체 과정에 걸쳐 있는 피드백 활동이다.

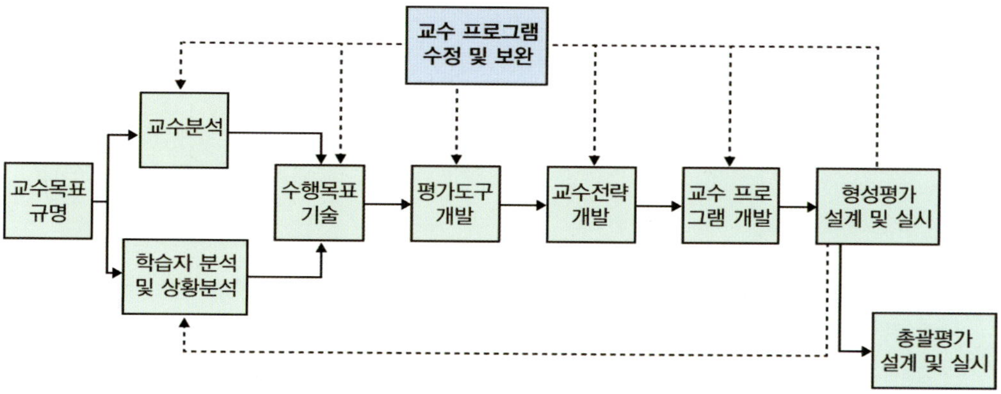

[그림 4-2] 딕과 캐리의 체제적 교수설계 모델

자기주도적 협동학습

딕과 캐리의 체제적 교수설계 모델에서 교수목표 규명을 포함한 9개의 교수설계 요소들에 대해 유튜브 등의 무료 공개교육자료를 활용하여 자기주도적 협동학습을 한다.

3) ADDIE 모델

체계적이고 조직적으로 잘 설계된 프로그램을 통해서만이 원하는 교육 목적을 달성할 수 있다. 과정개발을 위한 교수설계 모델은 교수설계의 과정을 구조화한 틀로 1970년대부터 여러 전문가와 기관들에 의해 개발되었다. 모델마다 다소간 차이는 있으나, 교수설계의 과정은 일반적으로 분석, 설계, 개발, 실행 및 평가의 단계로 이루어진다. 이를 ADDIE 모델이라고 하며 표준 교수설계 모델이라고도 한다. ADDIE 모델을 그림으로 나타내면 [그림 4-3]과 같다.

[그림 4-3] ADDIE 모델(1)

■ 분석

분석은 교육니즈를 진단 · 분석하는 과정이다. 분석단계에서는 교육요구 분석, 학습자 분석, 학습환경 분석이 포함된다.

교육요구 분석

성과를 저해하는 요구(차이)가 교육으로 해결가능한 문제인지를 규명한다. 교육으로 해결이 가능하다고 판단되면 교육이 종료되었을 때 학습자에게 기대하는 바람직한 모습을 교육 목적으로 설정한다. 현장전문가, 내용전문가, 예비 학습자를 대상으로 교육니즈를 조사한다.

학습자 분석

학습자의 선수지식, 직무경험 등 학습자의 특성을 분석한다. 학습자 분석에는 학습자의 태도, 연령, 성별, 직위 등의 인구통계적 특성도 포함한다.

학습환경 분석

조직이 처한 상황 특성과 교육과정(교과목) 특성을 분석한다. 이와 함께 연수시설, 교육장소, 강의장 공간과 좌석 배치, 전자기기 및 화이트 보드 등과 같은 강의장 환경을 분석한다.

■ 설계

설계는 분석의 결과를 토대로 교육 프로그램을 개발하기 위한 계획을 수립하는 단계이다. 설계단계에서는 학습목표 수립, 학습내용 설계, 평가계획 설계, 교수전략 설계 및 교육과정 개발지침 수립이 이루어진다.

학습목표 수립

학습목표는 교육과정에서 달성하고자 하는 바람직한 행동을 기술하는 것으로, 학습의 결과 기대되는 학습자의 행동변화를 의미한다.

학습내용 설계

학습목표를 달성하기 위한 내용의 범주를 결정하고 범주별 학습주제와 주제별 지식, 기술, 상황(사례) 목록에 대한 구조 및 체계를 설계한다. 이때 XY 매트릭스 기법을 활용하면 학습내용을 효과적으로 설계할 수 있다.

평가계획 설계

학습목표의 달성 여부를 어떻게 측정·평가할 것인가 대한 계획을 설계한다. 평가는 교육 효과성에 대한 판단 및 교육 프로그램의 개선과 교육의 지속적인 운영 여부에 대한 결정을 하기 위하여 실시한다.

교수전략 설계

학습내용을 효과적으로 전달하기 위하여 학습자 특성을 감안한 최적의 교수·학습 방법과 매체를 선정한다. 학습내용 및 교수전략이 선정되면 이에 소요되는 시간을 개략적으로 추정하여 학습단위(교과목)별로 배분한다.

교육과정 개발 지침 수립

교수·학습방법의 유형을 포함하여 학습내용을 어떻게 구조화하여 어떤 순서로 제시할 것인가에 대한 지침을 수립한다.

■ 개발

개발은 교수설계 내용을 바탕으로 실제 교육에서 사용할 자료를 만드는 것이다. 구체적으로 교재(콘텐츠), PPT자료, 교수자용 매뉴얼과 보조자료, 전달매체, 교수계획서 그리고 평가도구를 개발한다.

콘텐츠 개발

학습목표를 달성하기 위한 사실, 개념, 원리, 절차에 대한 지식과 기술을 결정하여 구조화하고 서열화 원칙에 따라 배열하여 콘텐츠를 개발한다.

교수매체 개발

교수매체는 교육용 자료와 전달매체를 포함한다. 교육용 자료는 교재와 워크북, PPT 자료를 중심으로 하여 사전학습 자료, 보조자료(Job-aids) 등이 포함된다. 전달매체는 시청각 자료와 함께 빔프로젝터, Zoom, 유튜브 등을 포함한다. 동영상 자료는 영상제작기기를 활용하여 자체 개발하거나 아웃소싱한다. 아웃소싱은 이미 개발되어 있는 다양한 디지털 라이브러리를 활용하는 것이다.

교수계획서 개발

실제 학습현장에서 강의를 어떻게 수행할 것인가에 대한 진행계획을 담은 교수계획서를 작성한다. 교수계획서는 일반적으로 도입, 전개, 마무리의 세 단계로 구성한다.

■ 실행

실행은 교재의 학습내용을 중심으로 교수계획서에 따라 학습자들과 교수 · 학습활동을 하는 것이다. 학습촉진기법을 적용하여 학습효과를 높이고 협동학습을 장려한다.

■ 평가

평가는 교육 프로그램의 수정 · 보완을 위해 실시하는 형성평가와 교육과정의 효과를 검증하고자 실시하는 총괄평가로 구분한다. 교육 운영 후 평가 결과를 토대로 피드백한다. 즉, 분석에서 실행까지의 전 과정을 재검토하여 학습목표가 적절히 진술되었는지, 평가문항은 타당하게 개발되었는지, 학습내용은 적절한지, 강의시간 배분은 적절한지, 교수전략은 효과적이었는지 등을 종합적으로 검토하여 수정 · 보완한다.

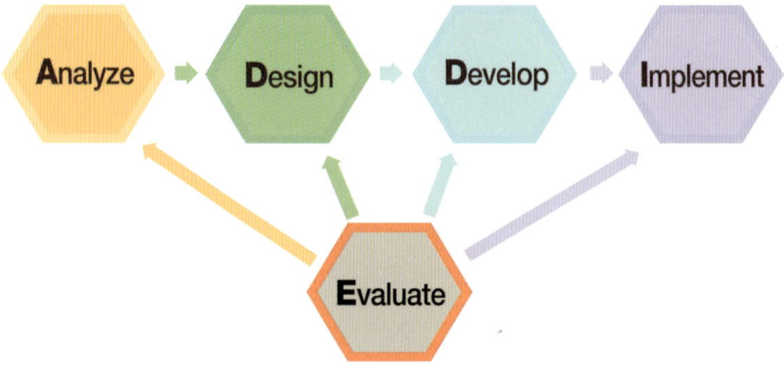

[그림 4-4] ADDIE 모델(2)

ADDIE 모델의 차이

[그림 4-3]과 [그림 4-4]의 두 ADDIE 모델의 차이점에 대해 토의한다. 어느 모델이 더 적합한지에 대한 의견을 교환하고 그 이유를 제시한다. 이와 함께 스말디노(Smaldino) 등이 제시한 ASSURE 모형을 조사하여 협동학습을 한다.

ADDIE 모델의 각 단계별 목적과 산출물은 [표 4-3]과 같이 요약할 수 있다.

[표 4-3] ADDIE 단계별 목적 및 아웃풋

단계	단계별 목적	단계별 아웃풋
분석	'왜' 교육을 하는지와 '누구를' 대상으로 '어떤 환경'에서 교육해야 할지를 결정함	교육목적과 학습자 분석 결과, 학습환경 분석 결과
설계	학습목표와 평가계획을 수립하고, 교육과정 개발지침과 '무엇을', '어떻게' 가르쳐야(배워야) 할지를 설계함	학습목표, 학습내용 설계도, 평가계획, 교육과정 개발 지침, 교수 · 학습전략
개발	교육과정 개발지침에 따라 콘텐츠와 학습매체를 개발(선정)함. 교수계획서를 개발함	교재, 보조자료, 평가자료, 동영상자료, 교수계획서
실행	교수계획서와 교수매체를 기반으로 교수 · 학습 활동을 실시함. 학습촉진기법을 적용함	교수 · 학습활동 적합성
평가	학습목표를 '얼마나' 달성했는지를 판단함. 평가 결과를 피드백하고 과정개선 계획서를 작성 · 실행함	교육효과, 교육과정 평가 보고서, 교육과정 개선 계획서

마무리 토의

학습내용을 중심으로 SAM 토의를 진행한다. 자유로운 분위기에서 편안하게 의견을 나눈다.

Summarize! 학습목표를 확인한 후, 각 학습목표에 대한 자신의 답을 정리한다. 이를 바탕으로 주요 개념과 용어 간의 위계와 연관성을 규명한다.

Adapt! 수행과제를 해결하기 위해 적용할 수 있는 지식과 기술은 무엇인지 토의한다. 직무수행이나 일상에서의 적용방안을 탐색한다.

Make Better! 보다 나은 학습을 위해 수정 · 보완할 내용에 대해 토의한다. '미리보기–학습내용–수행과제–쉬어가기'의 맥락 속에서 메시지를 발견하고 의미를 부여한다.

■ STAR형 보고

사람이 언제 어떻게 변화하는지에 대한 팀 동료 각자의 의견을 실제 경험과 사례를 바탕으로 토의한다. 그 중 대표적 사례를 선정하여 그때의 상황(Situation), 변화방향이나 목표(Target), 변화를 위한 실제 노력과 행동(Action) 그리고 그 결과(Result)에 대해 정리한다. 이런 변화가 행동주의 관점인지, 인지주의 관점인지, 구성주의(주관주의) 관점인지에 대한 학습팀의 토의 결과를 제시한다.

■ 팀 과제수행 활동

5W1H 교육프로그램 기획서와 ADDIE 모델 간의 연계성에 대해 토의한다. ADDIE 모델에 따라 교육프로그램을 개발하기 위해서 '어떤 사항을 준비하고 보완해야 할 것인지'에 대한 학습팀의 의견을 종합한다. 특히 교육과정 설계를 할 때 교수 · 학습유형을 객관주의 관점에서 접근할 것인지, 구성주의 관점에서 접근할 것인지에 대해 활발한 토의를 진행한다.

똑같은 인생, 표준화된 인생, 계획된 인생..
너무 그렇게 살지 않는게 어쩌면 행복일수도 있을거 같습니다.

Human Resources Development

Human Resources Development

Chapter
05

요구분석

1. 요구분석의 개념과 절차
2. 직무분석과 DACUM
3. 역량분석
4. 교육니즈 우선순위 결정

미리 보기

임신부 배려석은 서울 지하철 1~8호선 객차 한 칸에 두 자리씩 있다. 예전에 임신부는 노약자 · 어린이 자리와 함께 있었다. 초기 임신부가 주위 눈치 때문에 이 자리를 이용하기 어렵다는 지적이 나오자 2013년 노약자석과 따로 임신부 배려석을 만들었다. 출산율을 높여 보자는 목적이 있었다. 기관사가 수시로 "임신부 배려석을 항상 비워 두자"는 안내 방송을 한다. 이를 따르지 않아도 제재하는 건 아니다.

임신부 배려석 관련 전화 · 문자가 매년 증가하는 추세다. 최근 접수된 민원들은 주로 "임신부 배려석에 남성이나 임신부 아닌 여성이 앉아 있다" "배려석을 비워 두라는 안내 방송을 더 해 달라"는 것이다. 지난달에 민원이 쏟아진 것은 여성들이 움직였기 때문으로 추정된다. 지난달 초 여성 이용자가 많은 인터넷 커뮤니티에 서울교통공사 콜센터 번호와 함께 '민원을 적극적으로 제기하자'고 올라온 글이 호응을 얻었기 때문이다. 임신부 사이에선 "우리를 위해 마련된 자리인데도 여전히 남성들이 태연히 앉아 있는 모습을 보면 비켜 달라고 하기 힘들다"는 이야기가 많다. 일부 여성은 임신부임을 알아볼 수 있는 표시를 가방 등에 단다. 일부 자치단체들이 '임신부 먼저'라는 문구가 적힌 배지를 배포하는 경우도 있다.

기관사에 따라 안내 방송을 더하거나 이미 예정된 방송 시간을 조금 앞당기는 식으로 대응한다. 그러자 이에 반대하는 민원도 같이 늘고 있다. "임신부가 왔을 때 비켜 주면 되지 않느냐" "양보를 강요하지 마라. 안내 방송을 하지 마라" "기존 노약자석으로 충분하니 임신부 배려석을 아예 철거해 달라"는 민원이 이어진다. 서울교통공사 관계자는 "안전 운행이 최우선인 상황에서 이러한 민원에 일일이 대응하기 쉽지 않다"며 "규제나 단속보다는 사회적 합의가 이뤄지길 바랄 뿐"이라고 했다.

김상윤, 조선일보(2017. 12. 5.).

학습
목표

직무분석(DACUM 분석)과 역량분석은 교육체계 수립은 물론 교육과정 개발을 위한 분석 툴로써 자주 사용하는 도구이다. 이들은 논리적 사고와 분석능력을 높이는 데 유용하다. 기본 개념과 절차, 스킬에 대하여 이해한 후 실제 적용해 봄으로써 교육 컨설턴트로서의 기본능력을 갖춘다.

1. 요구분석의 개념과 목적, 절차를 설명할 수 있다.
2. DACUM 분석을 통해 교육과정 개발을 위한 지식, 기술, 태도 목록을 결정할 수 있다.
3. 역량분석을 통해 교육과정 개발을 위한 지식, 기술, 태도 목록을 결정할 수 있다.

01 요구분석의 개념과 절차

요구(Needs)는 문제, 결핍, 격차라고도 하며, 바람직한 상태와 현재 상태의 차이(Gap)를 의미한다. 목표와 실적의 격차이기도 하다. 분석은 교육 프로그램의 방향을 설정하기 위해 필요한 정보를 수집하기 위한 절차이다. 요구분석은 교육 프로그램 설계 이전에 요구를 확인하는 방법이다. 즉, 문제의 유형과 원인을 규명하고, 그 문제를 해결할 수 있는 방안을 모색하고자 하는 활동이 요구분석이다.

■ 요구의 유형

요구분석의 첫 단계는 요구의 유형을 확인하고 요구 유형별로 차이가 존재하는지를 규명하는 일이다. 요구 유형으로는 [표 5-1]에서와 같이 작업환경요구, 사업요구, 수행요구, 교육요구의 네 가지가 있다.

[표 5-1] 요구의 유형

구분	내용
작업환경요구	성과 달성을 위하여 조직으로부터 지원되어야 할 직무환경(경영지원시스템, 업무프로세스, 자원조달 등)과 관련된 요구(Working environment needs)
사업요구	조직이나 부서(팀)의 성과 달성과 관련된 요구로 매출액, 영업이익, 생산성, 이직율 등과 같은 비즈니스 결과와 관련된 요구(Business needs)
수행요구	특정 직무를 수행하는 사람의 직무수행 활동이나 행동과 관련된 요구(Performance needs)
교육요구	성공적인 직무를 수행하기 위해 필요한 지식, 기술, 태도와 관련된 요구(Training needs)

■ 요구분석 절차

요구분석 절차는 [그림 5-1]에서와 같이 사업요구 분석, 수행요구 분석, 원인분석, 교육요구 분석의 단계로 이루어진다. 인터뷰와 현존자료분석, 관찰, 명목집단기법(NGT, Nominal Group Technique) 등을 통해 사업요구와 수행요구를 분석한다. 이 단계에서는 기대(바람직한 상태, 목표)와 실제(현재상태, 실적) 간의 차이 존재 여부 및 정도를 분석한다. 이를 차이분석이라 한다. 차이가 있다면 그것이 지식이나 기술, 태도의 부족으로 인한 것인지 아닌지를 검토한다. 이를 원인분석이라 한다. 원인분석 결과를 토대로 교육이 이와 같은 차이를 해결할 최적의 방법인지 검토한다. 만일 지식, 기술이나 태도가 문제의 원인이라면 그것은 교육을 통해 해결하는 것이 바람직하다(교육적 해결방안). 그러나 문제에 작업환경이나 제도, 시스템의 결핍 등과 같은 다른 원인이 작용하는 것이라면 교육이 타당한 해결책이 아닐 수도 있다(교육 외적 해결방안). 수행문제

해결을 위한 교육적 방안을 모색하기 위해 교육요구 분석을 실시하고 그 결과를 바탕으로 교육계획을 수립한다.

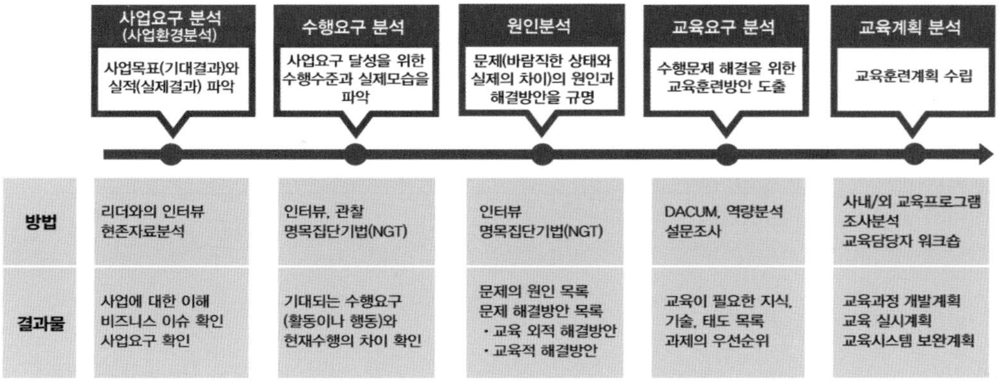

[그림 5-1] 요구분석 절차

결국 요구분석은 수행의 문제를 교육적으로 해결하는 것(교육적 해결방안)이 타당한지 아닌지를 검토하는 과정이라 할 수 있다.

■ DACUM과 역량분석

수행의 문제를 교육적으로 해결하고자 교육과정을 개발하기로 결정하였다면 DACUM과 역량분석을 통해 교육과정에 포함될 지식과 기술, 태도를 도출한다. 과정개발 목록이 다수일 때는 과정개발의 우선순위를 결정하기 위한 사전 작업이기도 하다. 이와 같이 DACUM과 역량분석은 과정개발을 위한 사전 요구분석 툴이다. DACUM과 역량분석의 공통점과 차이점은 [표 5-2]와 같다.

[표 5-2] DACUM과 역량분석의 공통점과 차이점

	DACUM	역량분석
목적	교육과정 개발 우선순위, KSA 목록 도출	교육과정 개발 우선순위, KSA 목록 도출
분석대상	표준 직무구조와 과업 행동	고성과자의 행동 특성
분석방법	DACUM Map(Duty/Task Matrix)	전문가 의견, 인터뷰, 벤치마킹, 표준역량사전
분석주체	직무담당자, SME	고성과자, SME
OUTPUT	과제(과업)명세서	역량기술서
검증	직무전문가, 상사, SME	외부전문가, 고성과자, SME
우선순위	설문조사(보리치 공식)	설문조사(보리치 공식)

02 직무분석과 DACUM

직무분석은 해당 직무를 수행하는 데 필요한 과제를 밝히고, 이 과제를 수행하는 데 필요한 지식, 기술, 태도를 분석하는 체계적 과정이다. 직무분석은 직무과제분석(Job/Task Analysis)이라고도 한다. 직무분석을 하기 위해서는 직무, 책무, 과업 및 과업요소와 같은 직무분석과 연관된 기본 용어에 대해 이해할 필요가 있다.

[표 5-3] 직무분석 관련 용어

용어	설명
직무 (job)	작업(활동)의 목적이나 수준이 유사한 책무들의 집합으로 ① 일의 종류와 특성, ② 직무 수행에 요구되는 지식과 기술(기능), 경험, ③ 시설과 장비, 도구 등이 유사
책무 (duty)	특정 개인이 수행하는 공통의 목적을 가진 과업의 집합
과업 (task)	유사한 목적을 가진 구체적 행동이나 일들의 집합으로 특정 산출물(output)을 생산, '~하기'로 기술, 시작과 끝이 명료한 일의 단위
과업요소 (task element)	과업을 수행하는 구체적 행동들로 '~을 ~한다'로 기술, 수행준거라고도 함

1) 직무정보 수집

고용노동부에서 주관하고 있는 국가직무능력표준과 한국직업사전 정보를 바탕으로 분석하고자 하는 개별 직무의 구조와 체계 및 내용을 사전 조사함으로써 직무분석을 위한 기초자료를 수집할 수 있다. 기존의 직무기술서와 업무분장표를 활용하기도 한다.

■ 국가직무능력표준

국가직무능력표준(NCS, National Competency Standards)은 산업현장에서 직무를 수행하기 위해 요구되는 지식, 기술, 태도 등의 내용을 국가에서 체계화해 놓은 것이다. 현재 1,022개 직무를 유형별로 분류하여 직무 정의, 직무 수행 구조(능력단위–능력단위요소–수행준거), 직무수행에 필요한 역량(지식, 기술, 태도), 경력개발경로 및 훈련기준 등의 정보를 제공하고 있다.

https://www.ncs.go.kr/index.do

[표 5-4] 국가직무능력표준 분류

대분류	중분류	소분류	세분류(직무)
24	80	257	1,022

국가직무능력표준 메뉴에서 'NCS 및 학습모듈검색'을 통해 관련 직무에 대한 정보를 구할 수 있다. '기업교육'에 대한 자료 검색을 위한 예시를 들면 다음과 같다.

https://www.ncs.go.kr/unity/th03/ncsSearchMain.do

[표 5-5] NCS 및 학습모듈 검색

대분류	중분류	소분류	세분류(직무)
04. 교육 · 자연 · 사회과학	01. 학교교육	01. 직업교육	01. 경력지도
	02. 평생교육	02. 이러닝	02. 기업교육
	03. 직업교육		03. 직무분석

NCS 학습모듈 검색

국가직무능력표준 홈페이지에 접속해 '강사양성 과정' 개발에 도움이 되는 '교수활동 수행'이라는 PDF 자료를 다운로드 받아 참고한다. '인재개발전략 수립, 교육체계 수립' 등의 자료도 있으니 함께 참고하면 도움이 된다.

4	교수활동 수행	LM0403010205_16v2	교수활동 수행	PDF

■ 한국직업사전

「한국직업사전」은 우리나라의 직업 총람으로서 한국고용정보원에서 개정 · 개편 작업을 주관하고 있으며 워크넷을 통해 그 내용을 제공하고 있다.

https://www.work.go.kr/consltJobCarpa/srch/jobDic/jobDicIntro.do

[그림 5-2] 한국직업사전

2) DACUM

DACUM은 교육개발과정(Developing A Curriculum)을 줄여서 부르는 용어로 교육과정개발을 위한 직무분석방법이다. DACUM은 교육목적을 달성하기 위해 '무엇을 가르쳐야 하는지'를 분석한다. 아웃풋으로는 교육내용 목록(지식, 기술, 태도)과 교육 우선순위가 도출된다. DACUM법은 5~8명의 현장전문가(SME)로 구성된 팀에서 워크숍을 통해 [그림 5-3]의 DACUM 도표를 완성함으로써 해당 직무에 대한 정보를 도출한다. DACUM도 직무분석의 일종이므로 기본적 절차는 유사하다.

직무명		분류코드	
직무 정의			

책무 A	책무 B	책무 C	책무 D	책무 E
과업 A1 ○○하기	B1	C1	D1	E1
과업 A2 ○○하기	B2	C2	D2	E2
과업 A3 ○○하기	B3	C3	D3	E3
과업 A4 ○○하기	B4	C4	D4	E4
과업 A5 ○○하기	B5	C5	D5	E5

[그림 5-3] 데이컴 도표(DACUM Chart)_직무모델(Job Model)

DACUM을 활용한 직무분석 프로세스는 다음과 같다.

■ 오리엔테이션

SME들에게 워크숍의 목적과 배경을 설명한다. 또한 워크숍의 최종 산출물을 설명하고 관련 용어(직무, 책무, 과업, 과업요소)의 의미를 설명한다.

본 워크숍은 직무교육 과정 개발을 위한 기초자료를 수집·분석하기 위해 개최되었습니다. 워크숍의 목적은 다음과 같습니다. 워크숍의 분석 결과는 이와 같은 목적 외에 사용되지 않을 것입니다.

- 직무 체계 확인: 팀에서 수행 중인 직무/과업의 프로세스 및 구조는 어떻게 구성되어 있는가?
- 지식, 기술, 태도 및 시설, 장비 확인: 직무를 수행하는 데 필요한 지식, 기술(기능), 태도 및 시설, 장비는 무엇인가?
- KSA 목록 확인: 교육이 필요한 지식, 기술, 태도는 무엇이고, 무엇부터 개발하여야 하는가?

■ 업무 프로세스와 직무 체계 기술

분석하고자 하는 직무의 체계와 프로세스를 책무 및 과업 단위로 기술한다.

■ 직무 정의를 도출

수행하는 책무와 과업을 바탕으로 직무 정의를 도출한다. 직무 정의는 "~활동을 통해서 ~을 한다"와 같이 수행활동(행동) 및 활동의 결과물을 고려하여 작성한다.

■ 업무 활동 및 수행 절차 도출

책무를 구성하는 과업과 세부 업무활동(행동)을 일의 진행순서대로 기재한다. 작업 순서가 불명확할 경우에는 업무의 중요도, 또는 업무 비중(업무량)에 따라 기재한다.

- 과업 단위별로 업무처리를 위한 행동들을 수행 절차에 따라 기술한다. 작업 순서가 불명확할 경우에는 작업 특성을 고려한다.
- 과업별 업무 산출물을 기재한다. 이때 과업과 업무 활동 등의 내용에 대해 모든 SME의 동의를 얻어야 한다. SME 중의 일부가 동의하지 않은 데이터는 보류하고 추후 다시 협의한다.

[표 5-6] 과업 및 업무 수행 절차

과업	업무 활동 및 수행 절차	업무 산출물
A1	① ② ③ ④ ⑤	
…	① ② ③ ④ ⑤	
E5	① ② ③ ④ ⑤	

■ 과업 단위별 요구 지식, 기술, 태도 및 시설, 장비 도출

교수설계를 위한 기초 자료를 수집하는 단계이다. 분석된 절차(스텝)와 지식, 기술, 태도 등은 학습내용에 반영된다. 과업 단위별로 요구되는 지식, 기술, 태도 및 시설, 장비, 도구 등을 파악하기 위한 질문은 다음과 같다.

지식

- 과업을 수행하는 데 필요한 개념, 원리나 법칙은 무엇입니까?
- 과업 수행과 직접적 관련을 가진 사실이나 사례는 무엇이 있습니까?

기술

- 과업 수행에 필요한 기술은 무엇입니까?
- 과업 수행에 적용되는 방법과 기법은 무엇입니까?

태도

- 과업을 성공적으로 수행하기 위해 어떤 태도와 습관이 중요합니까?
- 바람직한 태도를 가진 작업자는 어떤 행동을 합니까?

필요 시설, 장비 및 재료

- 과업 수행에 필요한 시설이나 장비, 도구는 무엇입니까?
- 과업 수행에 필요한 물품이나 재료는 무엇입니까?
- 기타 과업을 수행하는 데 요구되는 조건은 무엇입니까?

■ 1차 과업명세서 작성

과업명세서(Task description)는 DACUM법에 의해 도출된 특정 과업에 관한 정보를 체계적으로 정리한 문서이다. 과업명세서에는 과업 명칭과 정의, 과업요소(수행준거), 그리고 과제 수행을 위한 요구능력(지식 · 기술 · 태도) 및 필요 시설, 장비, 재료 등의 정보를 기재한다.

■ 검증

현존자료분석과 SME 워크숍 결과를 토대로 도출한 1차 과업명세서에 대한 내용 검증을 위해 직무 관련 실행그룹(업무수행자, 선후배, 담당부서장)과의 협의 및 합의 절차를 진행한다.

- 책무 및 과업 검토와 수정: 책무 및 과업이 정확히 기술되었는지 검토하고 필요시 이를 수정한다.
- 책무 및 과업의 순서화: 일의 진행 순서에 따라 책무와 과업들이 올바르게 배열되었는지 검토하고 필요시 이를 수정한다.
- 출발점 수준의 과업 확인: 도출된 책무와 과업 중에서 교육 대상자들이 이미 알고

있거나 수행하고 있는 것(출발점 수준)들을 밝혀낸다. 이 출발점 수준은 학습내용에서 제외한다.

1차 과업명세서의 내용 중에

- 누락된 활동이 있습니까? 무슨 활동이 첨가되거나 수정 · 보완되어야 합니까?
- 불필요하거나 지나치게 세부적인 활동으로 삭제해도 되는 것은 무엇입니까?
- 과업 수행에 필요한 KSA 중 첨가, 수정 · 보완하거나 삭제할 것은 무엇입니까?
- 과업 수행에 필요한 시설이나 장비, 도구, 재료 중 추가하거나 제거할 것은 무엇입니까?
- 과업을 수행하는 데 어려운 점이나 건의하고 싶은 내용은 무엇입니까?

■ 최종 과업명세서 작성

1차 과업명세서에 대한 검증 결과를 반영하여 [표 5-7]의 최종 과업명세서를 작성한다.

[표 5-7] 과업명세서(예시)

과업 명칭	교육과정 개발하기	
과업 정의	교육과정 개발을 위한 콘텐츠를 개발한다. 교재와 교수자료, 전달매체, 교육평가 자료 등에 대한 세부사항을 설계한다. 설계 결과를 바탕으로 아웃소싱 또는 내부 개발활동을 수행한다.	
과업요소 (수행준거)	① 교과목별 학습목표를 개발한다. ② 교과목별 평가문항을 개발한다. ③ 교과목별 콘텐츠를 개발한다. ④ 교과목별 교수 · 학습전략을 수립한다. ⑤ 교재와 교수자료, 전달매체를 개발한다. ⑥ 과정개발보고서를 작성한다.	
요구능력 및 필요시설/장비		
요구능력	지식	• 교육과정 콘텐츠 관련 지식 • 미시 교수설계이론 지식 • 교수 · 학습방법 지식 • 교수매체 지식 • 평가이론 지식 • 보고서 작성 지식

	기술(기능)	• 학습목표 작성 능력 • 평가문항 작성 능력 • 교수 · 학습방법 개발 능력	• 교수매체 개발 능력 • 보고서 작성 능력 • 프레젠테이션 능력
	태도	• 분석적 사고 • 비판적 사고	• 상호존중 • 세밀함
필요시설/장비		• 컴퓨터, 빔프로젝터	• 동영상 편집 소프트웨어

■ **직무 교육과정 개발을 위한 의견 수렴**

직무 교육과정 개발을 위한 SME의 의견을 수렴하기 위해 추가적인 협의를 실시하고 정리한다.

- 해당 직무 부문의 최근 동향이나 핵심이슈는 무엇입니까?
- 해당 직무의 교육전문가라면 어떤 교육 프로그램을 편성하시겠습니까?
- 직무역량 개발을 위해 자체적으로 실행하고 있는 교육이나 기타 프로그램(스터디그룹 운영, 멘토링, OJT 등)이 있으면 말씀해 주십시오.

3) 직무분석과 DACUM 비교

직무분석은 채용, 배치, 전환, 평가, 보상제도 운영과 관련된 인적자원관리 목적의 활동인 반면 DACUM은 교육과정 개발과 관련한 인적자원개발 목적의 활동이다.

[표 5-8] 직무분석과 DACUM 비교

구분	직무분석	DACUM
목적	• 채용, 배치, 전환, 평가, 보상제도 운영과 관련된 인적자원관리 목적 • 객관적 인적자원관리 기준 정립	• 교육과정 개발 관련 인적자원개발 목적 • 교육과정 우선순위 결정 • 교육과정 구성 KSA 목록 도출
산출물	직무기술서(직무명세서 포함)	과업명세서
분석결과 검증	경영진, 인적자원관리위원회, HR부문	직무수행자, 전문가, HR부문, 설문조사

03

역량분석

역량분석은 조직에 소속된 고성과자들의 행동 특성을 문헌연구, 인터뷰, 워크숍, 설문 등을 통해 도출하는 것이다. 조직마다 고성과자의 행동 특성이 다르게 나타나므로 조직에 따라 동일한 역량이라 하더라도 다르게 정의된다.

1) 역량의 정의와 Skill Hierarchy

■ 역량 정의

역량(competency)은 “이 사람은 무엇을 할 수 있고 무엇이 될 수 있는가?”라는 물음에 대한 대답과 같다. 이와 같이 역량은 현재 관점뿐만 아니라 미래 관점까지 포함한 개념이다. 경영학에서는 역량을 개인이 우수한 성과를 내는 데 필요한 지식, 기술(기능), 태도 및 자아개념, 성격, 동기의 통합체라고 정의한다. 일반적으로 역량이 높은 사람은 조직이 지향하는 가치를 내재화하고 있으며, 직무에 대한 전문성을 갖추고 본인의 역할을 충실히 수행하여 높은 성과를 낸다. 이에 따라 역량을 ‘성과가 높은 사람(High performer)에게서 일관되게 관찰되는 행동 특성’이라고 정의한다.

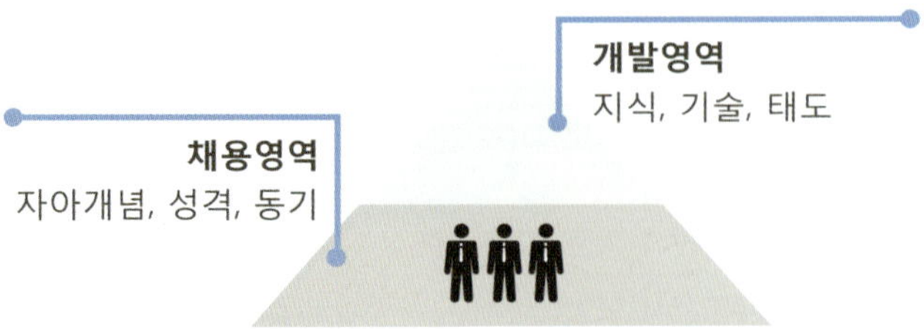

[그림 5-4] 역량의 구성요소

역량은 업무 현장에서의 경험, 코칭, 멘토링, 교육훈련 등의 방법을 통해 그 수준을 높이거나 수정할 수 있으므로 개발이 가능하다. 그런데 교육과정으로 개발할 수 있는 역량도 있지만 솔선수범, 도전, 성실, 책임감 등과 같이 추상적 개념이나 정의적 영역의 역량은 교육과정으로 전환되기 어려운 경우도 많다. 이와 같은 역량은 교육과정을 운영하면서 교수전략과 교수 · 학습방법을 통해 학습 현장에서 개발되도록 한다.

▪ 조직에서의 필요 능력과 Skill Hierarchy

카츠(R. Katz)는 현장관찰을 통해 얻은 연구 결과를 토대로 [표 5-9]에서와 같이 경영관리자들에게 필요한 세 가지 기본능력을 제시하면서, "리더십은 기술적 능력, 인간관계 능력, 그리고 개념적 능력의 세 가지 능력에 의하여 결정된다"고 하였다.

[표 5-9] 조직에서의 필요 능력

구분	내용
기술적 능력 (Technical skill)	• 업무수행능력으로 직무 수행에 필요한 기술이나 방법, 절차에 대한 지식과 경험 • 기계장비를 다룰 수 있는 능력, 설비 유지 · 보수 능력
인간관계 능력 (Human skill)	• 인간행동이나 상호작용에 대한 지식, 다른 사람의 감정 · 태도 · 동기를 이해하는 능력 • 명료하고 효과적으로 의사소통하는 능력, 상호협력 관계를 형성하는 능력
개념화 능력 (Conceptual skill)	• 복잡한 상황 · 사건 속에서 의미와 질서를 발견하여 구조화하는 능력 • 트렌트를 읽고 예측하는 능력, 방향을 설정하고 비전과 전략을 수립하는 능력 • 기회를 포착하고 잠재적 문제를 발견하는 능력 • 발상 · 분석 · 추론 · 판단 등의 종합능력

위의 세 가지 능력은 직위에 따라 상대적 중요성을 달리한다. [그림 5-5]에서 보는 바와 같이 기술적 능력은 직위가 높아짐에 따라 중요성이 점차 감소되지만 인간관계 능력과 개념화 능력은 점차 높아진다. 특히, 개념화 능력은 경영자와 같은 직위에서 그 중요성이 매우 높은 것을 알 수 있다. 이는 조직생활을 하면서 직위가 높아짐에 따라 역할과 책임이 변하고 그에 따라 요구되는 능력도 달라지는 것을 의미한다. 이를 Skill Hierarchy라고 한다.

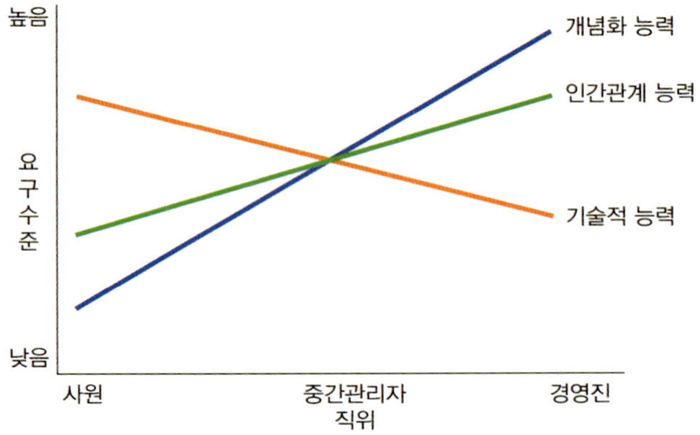

[그림 5-5] 직위에 따른 요구 능력의 변화

출처: Yukl(2013). 161.

카츠의 Skill Hierarchy는 교육체계 수립과 직급별 리더십 프로그램을 개발할 때 설계 단계에서 유용하게 적용할 수 있는 개념이다.

2) 역량 체계

역량 체계는 직무수행자가 업무 역할을 수행하는 데 요구되는 역량을 구조화한 것으로 역량군, 역량, 하위역량, 세부역량으로 구성된다. 그러나 역량 체계와 역량 정의 등은 기관마다 다르게 표현된다. 또한 역량과 능력, 스킬은 개념적으로 차이가 있음에도 현장에서는 이들 용어가 구분 없이 사용되고 있다.

■ 국가직무능력표준의 역량 체계

효과적인 직무 수행을 위해 대부분의 산업 분야에서 필요한 공통 능력으로 국가직무능력표준에서는 의사소통능력을 포함한 10개 영역의 능력과 문서이해를 포함한 34개의 하위능력을 제시하고 있다. 이를 직업기초능력이라고 한다.

[표 5-10] 국가직무능력표준 직업기초능력

능력	하위능력				
의사소통능력	문서이해	문서작성	경청	의사표현	기초외국어
수리능력	기초연산	기초통계	도표분석	도표작성	
문제해결능력	사고력	문제처리능력			
자기개발능력	자아인식	자기관리	경력개발		
자원관리능력	시간관리	예산관리	물적자원관리	인적자원관리	
대인관계능력	팀워크	리더십	갈등관리	협상	고객서비스
정보능력	컴퓨터활용	정보처리			
기술능력	기술이해	기술선택	기술적용		
조직이해능력	경영이해	조직체이해	업무이해	국제감각	
직업윤리	근로윤리	공동체윤리			

출처: 국가직무능력표준(2021).

■ 기업의 역량 체계

예시 기업의 역량 체계는 개인효과성(Personal Effectiveness) 역량군을 포함한 3개 역량군, 사고능력(Thinking Ability)을 포함한 9개 역량 그리고 분석적 사고를 포함한 21개 하위역량으로 구성되어 있다.

[표 5-11] 기업의 핵심역량체계(예시)

역량군	역량	하위역량		
Personal Effectiveness	Thinking Ability	분석적 사고	창의적 사고	
	Behavioral Ability	주도성	성취지향	도전/위험감수
	Work Attitude	책임감	주인의식	정직/윤리의식
Interpersonal Effectiveness	Leading People	관계형성	영향력	설득/협상
	Communication	구두 의사소통	문서 의사소통	프레젠테이션
	Supporting People	고객 지향		
Operation Effectiveness	Planning	계획수립	구조화	정보수집/활용
	Doing	모니터링	정확한 일처리	
	Seeing	품질지향		

출처: 기업 내부자료(비공개).

■ 국가과학기술인력개발원의 역량 체계

국가과학기술인력개발원의 역량 체계는 R&D, 리더십, 공감의 3대 역량군으로 구성되어 있다. R&D 역량군은 아이디어 창출 역량을 포함한 6개 역량과 인지능력을 포함한 40개의 하위역량 및 세부역량으로 구성되어 있다. 리더십 역량군은 사고능력을 포함한 5개 역량과 20개의 하위역량 및 세부역량으로 구성되어 있다. 공감 역량군은 사회적 가치를 포함한 3개 역량과 8개의 하위역량 및 세부역량으로 구성되어 있다.

[표 5-12] 국가과학기술인력개발원 핵심역량체계

역량군	역량	하위역량	세부역량				
R&D	아이디어 창출	인지능력					
		정보분석력	과학기술 정책 분석	연구개발 동향 분석	선행기술 분석	기술수요 분석	아이디어 도출
	연구 기획	연구설계	타당성 분석	연구목표 설정	연구전략 수립	성과활용 계획 수립	
		연구계획 제안					
	수행 관리	연구수행	실험설계	데이터관리	통계분석		
		연구관리	일정관리	연구자원 관리	위험관리	공동/협력 연구관리	
	성과 창출	연구결과 종합	연구보고서 작성	연구성과 분석	논문 작성		
		기술사업화	기술가치 평가	기술마케팅	기술사업화 선정	기술창업	기술이전
	성과 평가	평가계획 수립					
		평가대응					
	연구 필수	법규준수	연구윤리	연구실 안전관리	연구노트	연구보안	연구비 관리
리더십	사고 능력	전략적 사고					
		문제해결					
	업무	변화관리					

역량군	역량	하위역량	세부역량
	능력	성과지향	비전 제시
		조직운영	경영마인드 권한위임 의사결정
	관계 능력	동기부여	
		고객지향	
		조정통합	커뮤니케이션 인적 네트워크 갈등관리 팀워크 구축
	자기 관리	자기성찰	
		자기계발	
	글로벌 능력	글로벌의식	
		글로벌 소양	
공감	사회적 가치	소명의식	
		윤리의식	
	학제적 융합	융합적 전문성	
		융합적 사고	창의성
	감성	심미적 감성	
		인지적 감성	
		수용적 감성	

출처: 국가과학기술인력개발원(2017). 28, 76, 102.

■ 세계경제포럼의 Core Work-related Skills

세계경제포럼(2016)은 능력(Abilities)군을 포함한 3개 역량군과 인지능력(Cognitive Abilities)을 포함한 9개 능력, 그리고 인지적 유연성(Cognitive Flexibility)을 포함한 35개의 능력을 미래 인재가 갖추어야 할 핵심능력으로 제시하였다.

[표 5-13] 세계경제포럼의 Core Work-related Skills

Abilities	Cognitive Abilities	Cognitive Flexibility	Creativity	Logical Reasoning	Problem Sensitivity	Mathematical Reasoning	Visualization
	Physical Abilities	Physical Strength	Manual Dexterity and Precision				
Basic Skills	Content Skills	Active Learning	Oral Expression	Reading Comprehension	Written Expression	ICT Literacy	
	Process Skills	Active Learning	Critical Thinking	Monitoring Self & Others			
Cross-functional Skills	Social Skills	Coordinating with Others	Emotional Intelligence	Negotiation	Persuasion	Service Orientation	Training & Teaching Others
	System Skills	Judgement & Decision making	System Analysis				
	Complex Problem Solving Skills	Complex Problem Solving Skill					
	Resource Mgt. Skills	Mgt. of Financial Resources	Mgt. of Material Resources	People Management	Time Management		
	Technical Skills	Equipment Maintenance and Repair	Equipment Operation and Control	Programming	Quality Control	Technology & User Experience Design	Troubleshooting

출처: WEF(2016). 21.

MZ세대의 핵심역량체계

현재와 미래의 사회 주역인 MZ세대에게 요구되는 핵심역량체계를 토의를 거쳐 설계한다. 도출된 핵심역량 중에서 자신이 개발해야 할 역량이 무엇인지 생각하고 팀원들과 공유한다.

3) 역량사전과 역량기술서

역량사전은 역량기술서의 모음집이다. 역량사전과 역량기술서는 역량명과 역량 정의, 행동지표 및 관련 지식, 기술, 태도로 구성된다. 다음은 국가과학기술인력개발원의 역량사전 제작과정과 '직업윤리' 역량에 대한 역량기술서 예시이다.

■ 역량사전 제작 과정

역량사전은 역량에 대한 관련 문헌연구, 인터뷰, 워크숍, 설문, 벤치마킹을 통해 역량모델 초안을 개발한다. 직원 설문과 전문가 워크숍을 실시하고 역량모델 초안을 검증하여 역량사전을 개발한다. 최종적으로 도출된 역량에 대한 상세 정보(정의, 행동지표, 지식, 기술, 태도)와 역량 관련 교육, 도서, 자격 및 활용가이드를 담은 역량사전을 제작한다.

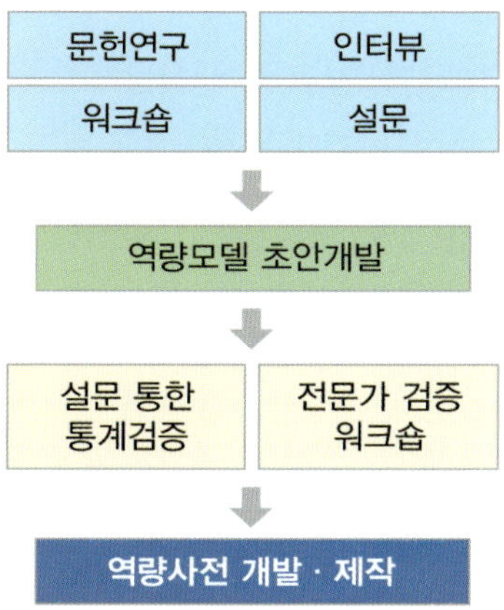

[그림 5-6] 역량사전 개발 방법

■ 행동지표

행동지표는 역량을 설명하는 대표적인 행동 양식으로서 해당 역량을 갖춘 사람이 나타내는 행동특성이다. 행동지표는 행동관찰 척도와 행동기술 척도의 2가지 유형으로 개발할 수 있다. 일반적으로 두 유형 중 하나의 행동지표로 표현한다.

행동관찰 척도

행동관찰 척도는 각 행위들의 빈도를 측정하여 점수를 평정하는 평가도구이다. 즉, 평가 대상자들이 측정할 행동들을 얼마나 자주 수행하는지 평가자가 관찰하여 그 빈도를 5~7점 척도로 평가한다. 그리고 모든 문항들에 대한 평가 점수를 합산하여 평가 대상자에 대한 총점을 결정하는 방법이다.

행동기술 척도

행동기술 척도는 핵심적이고 구체적인 행동을 수준별로 제시하여 점수를 평정하는 평가 도구이다. 즉, 수행수준(Lv1~Lv5)별로 각기 다른 행동지표들이 제시되고 평가대상자가 해당되는 수준을 체크하여 역량평가를 한다. 행동기술 척도는 직무수행에 대한 구체적인 진술문으로 구성되어 있어 평가의 신뢰성을 높일 수 있다.

[표 5-14] 역량기술서 예시

역량명	윤리의식
역량정의	사회와 조직이 기대하고 요구하는 기본적인 규범을 이해하고 도덕과 양심에 따라 이를 준수한다.
행동지표	행동관찰 척도
	주위에 지켜보는 사람이 없을 때에도 사회 규범과 질서를 지킨다.
	개인적인 불이익과 어려움이 있더라도 공정한 기준의 중요성을 인식하여 누구보다 솔선하여 이를 준수한다.
	사회와 조직이 요구하는 규범 준수를 중시하며, 동료의 비윤리적 행위 발견 시 잘못된 부분을 지적하고 개선하기 위해 노력한다.

	행동기술 척도			
	Lv5	사회적 가치와 규범을 준수하여 동료나 후배들의 모범이 된다.		
	Lv4	원칙과 공정한 기준의 중요성을 전파하고 누구보다 솔선하여 이를 준수한다.		
	Lv3	객관적으로 공정한 기준에 따라 업무를 처리하고 공적 자료나 데이터 활용 시 조직 가치와 기준을 준수한다.		
	Lv2	과학기술인으로서 사회적 기준과 절차를 준수하려고 노력하나 이를 종종 어길 경우도 있다.		
	Lv1	과학기술인으로서 지켜야 할 사회적 기준과 절차를 준수하지 않는 것에 대해 문제의식을 갖고 있다.		
KSA	지식(K)	기술(S)		태도(A)
	조직 내부 윤리규정	비윤리적 행위에 대한 판단		도덕성
	도덕철학	기업윤리 조직문화 조성		절차준수
	부당청탁 및 금품 등 수수의 금지에 관한 법률	자기반성		준법성
관련 교육	교육과정명	교육형태	시간(H)	교육주관
	세상을 바꾸는 힘, 공익신고	이러닝	8	KIRD
	Value-up을 위한 핵심가치와 윤리경영	이러닝	8	KIRD
	공직자를 위한 신목민심서	이러닝	7	KIRD
	Clean Touch 청탁금지법	이러닝	8	KIRD
관련 도서	도서명	저자	출판사	
	행동하는 양심	박현주	검둥소	
	시민의식 만세	실비 지라르데	초록개구리	
	현대인의 직업윤리	조남두	동문사	

역량사전에서는 행동관찰 척도, 또는 행동기술 척도 중 하나의 정보만 제시되는 것이 일반적이다. 또한 관련 교육과 관련 도서 정보도 제시되지 않는다. 역량기반 교육과정 개발은 조직에서 요구하는 역량과 행동지표를 추출하고 현재수준과 요구수준과의 차이를 조사·분석하여, 이 격차를 해소하기 위한 교육과정을 설계·개발하는 절차를 따른다.

자동차에 난 작은 스크레치나 미세한 흠집은 여간해서는 잘 보이지 않는다. 밝은 빛에서 자세히 들여다봐야 겨우 보인다. 그나마 스크레치나 흠집을 쉬이 발견하는 방법은 평상시에 차에 관심을 가지고 차체를 자세히 들여다보는 수밖에 없다. 사람의 관계 또한 이와 다르지 않다. 사람의 마음에 난 크고 작은 상처나 아픔은 상대방에 대한 관심과 바라봄이 없이는 알아차리기 어렵다.

04 교육니즈 우선순위 결정

■ 교육니즈 설문조사

DACUM과 역량분석을 통해 도출된 지식, 기술 목록은 설문조사를 통해 [표 5-15]와 [표 5-16]에서와 같이 현재수준과 요구수준(또는 필요수준)을 조사한다. 교육니즈 설문조사는 다수의 대상자를 통해 우선순위를 검증하므로 데이터의 객관성과 신뢰성을 높이는 데 중요한 역할을 한다.

[표 5-15] 현재수준과 요구수준 조사(DACUM)

필요 지식 · 기술	현재수준					요구수준				
교육과정 콘텐츠 관련 지식	1	2	3	4	5	1	2	3	4	5
미시 교수설계이론 지식	1	2	3	4	5	1	2	3	4	5
…	1	2	3	4	5	1	2	3	4	5
교수매체 개발 능력	1	2	3	4	5	1	2	3	4	5
보고서 작성 및 프레젠테이션 능력	1	2	3	4	5	1	2	3	4	5

[표 5-16] 현재수준과 요구수준 조사(역량분석)

필요 지식 · 기술		현재수준					요구수준				
윤리의식	조직 내부 윤리규정	1	2	3	4	5	1	2	3	4	5
	도덕철학	1	2	3	4	5	1	2	3	4	5
	…	1	2	3	4	5	1	2	3	4	5
	기업윤리 조직문화 조성	1	2	3	4	5	1	2	3	4	5
	준법성	1	2	3	4	5	1	2	3	4	5

■ 교육니즈 우선순위 결정

설문조사 결과를 바탕으로 보리치(Borich) 공식을 사용하여 교육니즈의 우선순위, 또는 교육과정 개발의 우선순위를 결정한다. 보리치 공식으로 계산한 값이 클수록 교육요구도가 높다.

[표 5-17] 보리치 공식

$$\text{교육요구도} = \frac{\Sigma(\text{요구수준} - \text{현재수준})}{\text{응답 수}} \times \text{요구수준 평균} = \text{불일치 평균} \times \text{요구수준 평균}$$

마무리 토의

학습내용을 중심으로 SAM 토의를 진행한다. 자유로운 분위기에서 편안하게 의견을 나눈다.

Summarize! 학습목표를 확인한 후, 각 학습목표에 대한 자신의 답을 정리한다. 이를 바탕으로 주요 개념과 용어 간의 위계와 연관성을 규명한다.

Adapt! 수행과제를 해결하기 위해 적용할 수 있는 지식과 기술은 무엇인지 토의한다. 직무수행이나 일상에서의 적용방안을 탐색한다.

Make Better! 보다 나은 학습을 위해 수정 · 보완할 내용에 대해 토의한다. '미리보기–학습내용–수행과제–쉬어가기'의 맥락 속에서 메시지를 발견하고 의미를 부여한다.

■ **리더십 역량과 역량 딜레마**

영화 '위 워 솔저스(2002)'에서 멜깁슨이 역할을 맡은 대대장의 리더십 역량을 분석하고 그 결과를 공유한다.

[다른 사례] 한성질 팀장은 H 조직 내에서 수년 동안 성과가 톱인 명실상부한 실세 팀장이다. 최고의 고성과자인 그의 행동은 한마디로 '안하무인'이다. 팀원들을 쥐 잡듯 몰아 부치고 명령조의 말투에다 아랫사람의 공을 가로채 자기 실적에 넣기도 한다. 폭주하는 그를 막는 사람은 아무도 없다. H 조직의 리더십 핵심역량은 무엇이라고 해야 하는지 토의하고 그 결과를 공유한다.

■ **팀 과제수행 활동**

팀 과제수행을 위해 강사양성 과정은 직무분석(DACUM) 툴을, 신입직원 과정은 역량분석 툴을 적용하여 요구분석을 실시하려고 한다. 그 이유에 대한 의견을 제시한다. 수행과제에 따라 요구분석을 실시한다. 과업명세서나 역량기술서의 내용 및 개수는 분석 결과에 따라 팀별로 차이가 난다.

- 성인교육 강사가 하는 과업과 행동(양식)을 직무분석을 통해 도출하고 과업명세서를 작성한다. 성인교육 강사가 학습해야 할 지식, 기술, 태도 목록을 도출한다.
- 성과가 높은 신입직원의 행동 특성을 역량분석을 통해 도출하고 역량기술서를 작성한다. 신입직원이 학습해야 할 지식, 기술, 태도 목록을 도출한다.

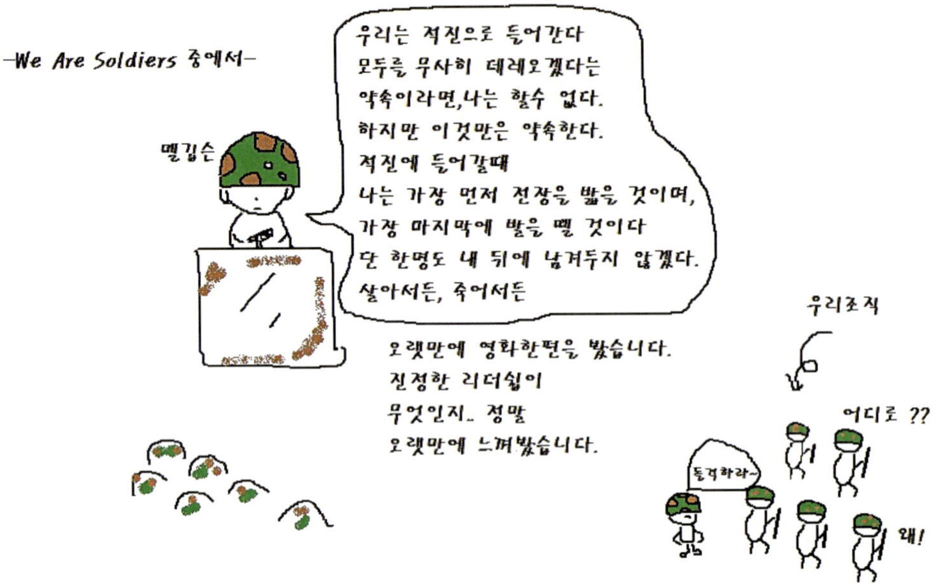

"지금 눈 나리고 매화 향기 홀로 아득하니
내 여기 가난한 노래의 씨를 뿌려라
다시 천고의 뒤에 백마 타고 오는 초인이 있어
이 광야에서 목놓아 부르게 하리라"

문득 이육사(1904~1944)님의 시 '광야'가 생각납니다.

Human Resources Development

Human Resources Development

Chapter

06

교수요구 분석

1. 교육요구 분석
2. 학습자 분석
3. 학습환경 분석

미리 보기

Albert Einstein

25세. 알베르트 아인슈타인(A. Einstein)이 시공간의 개념을 혁명적으로 뒤바꾼 특수상대성이론을 발표한 나이다. 같은 해 발표한 광양자 가설은 아인슈타인에게 노벨 물리학상을 안겨 줬다. 아이작 뉴턴(I. Newton)이 중력법칙과 운동법칙의 틀을 세운 것도 25세 전후다. 래리 페이지(L. Page)와 세르게이 브린(S. Brin)이 구글을 설립한 것이 25세 때며, 빌 게이츠(B. Gates)와 스티브 잡스(S. Jops)도 25세에 각각 마이크로소프트와 애플의 최고경영자였다. 이들이 25세에 큰 업적을 이룬 것이 우연일까.

사람이 가장 창의적으로 행동하는 나이가 25세라는 연구 결과가 나왔다. 니콜라 고브리 프랑스 고등연구실습원 연구원 팀은 4세에서 91세까지 3,429명을 대상으로 실시한 실험에서 이 같은 사실을 발견해 학술지에 발표했다. 연구에 따르면 창의성은 4세부터 서서히 증가해 25세에 정점을 찍은 뒤 40세까지 완만하게 감소했다. 40세부터 60세까지는 별다른 변화가 없다가 60세 이후 급격히 떨어진다.

연령별 뇌 기능 정점 시기

연령	능력	연령	능력
10대	글, 이미지 처리 속도	40대	귀납적 추리 능력, 공간지각 능력
20대	창의성, 계산능력, 기억능력	50대	다른 사람의 눈에서 심리상태를 읽는 능력
30대	반응속도, 기억용량, 얼굴 회상 능력	60대	어휘능력, 언어 기억 능력

인간의 계산 능력도 25세에 정점을 찍는다. 미국 워싱턴대 셰리 윌리스(S. Willis) 교수와 워너 샤이(W. Schaie) 교수가 1956년부터 50년 넘게 수천 명을 추적 조사한 시애틀 종단연구의 결과다. 이 연구에 따르면 반응속도는 39세, 귀납적 추리 능력과 공간지각 능력은 46세, 어휘 능력과 언어 기억 능력은 60세에 정점을 찍었다. 이 외에도 조슈아 하트숀(J. Hartshorne) 미국 하버드대 심리학과 연구원과 로라 저민(L. Germine) 미국 매사추세츠 종합병원 연구에 따르면 글과 이미지 처리 속도는 10대 후반, 기억 능력은 20대 초반, 기억 용량과 얼굴 회상 능력 및 암산은 30대, 다른 사람의 눈에서 심리 상태를 읽는 능력은 40, 50대에 최고조에 이른다.

변지민, 동아일보(2017. 4. 14.).

학습목표

교육과정의 성공 여부는 교육 프로그램과 학습자, 교수자 그리고 학습환경에 의하여 결정된다. 교육과정 개발을 위한 출발점인 분석 단계에서의 교육요구 분석과 학습자 분석 그리고 학습환경 분석은 향후 교육과정 개발에 영향을 미친다.

1. 교육요구 분석의 목적과 필요 정보를 설명할 수 있다.
2. 학습자 분석의 대상과 대상별 특성을 설명할 수 있다.
3. 학습환경을 분석하여 리스크 대책을 수립할 수 있다.

교수요구 분석은 요구분석 결과 수행문제(요구)를 교육적으로 해결하는 것이 적합하다고 판단되었을 때 실시한다. 교수요구 분석은 교육과정 개발을 위한 첫 단계로 교육요구 분석, 학습자 분석 그리고 학습환경 분석이 이루어진다.

01 교육요구 분석

■ DACUM과 역량분석을 통한 TNA

교육요구 분석(TNA, Training Needs Analysis)은 요구(문제)의 원인이 지식, 기술, 태도의 결핍이라고 판단되었을 때 수행문제해결을 위한 교육훈련계획 수립의 기초자료를 도출하기 위한 활동이다. DACUM과 역량분석 결과 도출된 지식, 기술, 태도 목록과 우선순위 결과가 있다면 TNA는 완료되었다고 볼 수 있다.

■ 벤치마킹과 의견조사를 통한 TNA

DACUM과 역량분석 과정을 거치지 않고 교육과정을 개발할 때는 먼저 수행문제와 관련된 사내/외 교육프로그램을 조사·분석한다. 그리고 현장전문가와 외부전문가는 물론 예비 학습자로부터 [표 6-1]의 정보를 포함하여 다양한 관점의 의견을 수렴한다.

[표 6-1] 교육요구 분석 단계에서의 필요 정보

구분	내용
최적	• 직무 목표는 무엇입니까? 직무를 잘 수행했을 때의 바람직한 상태는 무엇입니까? • '최적'의 업무수행에 요구되는 지식, 기술, 태도는 무엇입니까?
실제	• 현재의 업무수행 내용은 무엇입니까? 직무 수행의 '실제' 상태는 어떻습니까? • 현재 업무수행에 활용되는 지식, 기술, 태도의 수준은 어떻습니까?
느낌	• 문제(최적과 실제의 차이)를 대하는 업무담당자의 생각이나 '느낌'은 어떻습니까? • 문제(최적과 실제의 차이)를 대하는 관계된 사람들의 생각이나 '느낌'은 어떻습니까?
원인	• 문제의 '원인'은 무엇입니까? 다른 원인들은 무엇이 있습니까? • 현장에서 지식, 기술의 적용을 어렵게 하는 제약사항들은 무엇입니까?
해결	• 문제의 '해결책'은 무엇입니까? 다른 해결방안은 무엇이 있습니까? • 다른 조직에서는 어떻게 해결하고 있습니까? 실현 가능하고 적절한 방안입니까?

현장전문가와 외부전문가 의견 수렴

교육과정 개발을 위하여 수행문제와 관련이 높은 조직 내 현장전문가의 의견을 반듯이 수렴한다. 또한 외부전문가의 의견을 청취하여 그 결과를 과정개발에 반영한다.

예비 학습자의 의견 반영

교육과정 개발 후 실제 학습과정에 참여할 학습자 그룹의 특성을 갖춘 예비 학습자를 선정하여 그들의 의견을 수렴한다.

교육담당자 워크숍

수행문제와 관련된 사내/외 교육프로그램 조사 결과는 물론 현장전문가와 외부전문가, 예비 학습자로부터 수렴한 의견을 바탕으로 교육담당자 워크숍을 진행한다. 워크숍에서는 교육과정의 목적과 과정 개발계획을 포함한 교육훈련계획을 수립한다. 워크숍에서 기존에 운영되고 있는 외부 교육과정을 활용하여 수행문제를 해결할 수 있다고 판단되면 교육과정 개발계획을 보류하거나 취소할 수 있다.

02 학습자 분석

학습자 분석의 주요 대상으로는 출발점 행동과 학습자의 학습 단계 및 태도, 세대(연령), 성별, 학습자 수 등이 있다. 학습자 분석 결과는 콘텐츠 개발이나 교수·학습활동 설계, 교수매체 선택에 중요한 영향을 미친다. 교수자는 강의 이전에 학습자에 대한 정보 수집 결과를 토대로 예상되는 상황을 예측하고 이에 대한 대비를 하는 것이 안전하다.

■ 출발점 행동

출발점 행동은 학습 내용과 관련하여 학습자가 이미 알고 있는 지식이나 기술, 경험을 말한다. 선수지식 수준은 학력에 따른 교육 수준과 교육 내용에 대한 지식 수준으로 구분하여 분석한다.

■ 학습자의 학습 단계 및 태도

노엘 버크(N. Burch, 1970)는 의식과 능력의 두 가지 기준에 따라 학습의 단계를 [표 6-2]와 같이 '무의식-무능력, 의식-무능력, 의식-능력, 무의식-능력'으로 나누어 설명하였다. 사람이 새로운 지식과 기술을 습득할 때는 인식-이해-적용-습관의 네 단계에 따라 학습이 이루어진다. 그리고 교육과정 내용과 관련된 학습자의 학습 단계에 따라 학습 태도가 다르게 나타난다.

[표 6-2] 학습의 4단계

학습의 단계	학습 수준과 태도
무의식-무능력 (인식 단계)	자신이 무능하다는 사실을 인식하지 못하는 단계로 무엇을 배워야 할지 모를 뿐만 아니라 배워야 할 필요성 자체를 인정하지 않음. 학습의 필요성을 모르거나 부정함
의식-무능력 (이해 단계)	자신이 무능하다는 것을 인식(인정)하고 새로운 지식 · 기술을 습득하기 위한 학습활동에 나서는 단계. 새로운 것을 적용하는 데 의식적인 노력이 요구되며 어려움을 느낌
의식-능력 (적용 단계)	새로운 지식 · 기술을 지속적으로 적용하여 체화함에 따라 별다른 노력 없이 실행할 수 있는 단계
무의식-능력 (습관 단계)	지식 · 기술의 적용이 습관화되어 별 생각 없이 자연스럽게 실행할 수 있는 단계로 다른 사람을 가르칠 수 있음. 새로운 지식 · 기술을 접목하거나 발견할 수 있음

■ 세대(연령) 별 특성

사회는 다양한 세대로 구성되어 돌아간다. 사실 100년도 안되는 짧은 삶 같은데도 참 많은 사건, 사고와 변화를 경험하며 세대별로 각기 다른 특성을 나타내게 된다. 세상은 주역이던 세대가 그 자리에서 물러나고 다른 세대가 주역이 되면서 대를 이어 독특한 문화와 역사를 만들어 간다.

요즈음 MZ세대가 대세이다. 밀레니얼 세대와 Z세대를 합쳐서 MZ세대라고 한다. MZ세대는 사회의 주역이자 우리의 미래이다. 베이비부머 세대와 함께 Z세대까지 각 세대별 특성을 정리하면 [표 6-3]과 같다.

[표 6-3] 세대별 특성

베이비부머	X세대	밀레니얼 세대	Z세대
1955~1964년	1965~1979년	1980~1995년	1996~2010년
전후 세대, 이념적	물질주의, 경쟁사회	세계화, 경험주의	윤리중시, 현실주의
아날로그 중심	디지털 이주민	디지털 노마드	디지털 네이티브
새마을 운동	5 · 18, 6 · 29	IMF, 촛불시위, 취업대란	질병X, 취업절벽
성실, 인내, 경쟁	연대, 협력	자유, 행복, 표현	연결, 공유, 경험
얼굴 보며 대화	휴대전화로 통화	SNS	SNS, YOU아독존
타인으로부터의 인정	가족 · 친구 우선	개성	개인주의, 자유분방
평생직장	평생직업	잦은 직장 이직	직업은 인생의 일부

세대 차이

어떤 상황에서 세대 차이를 느끼는지 실제 경험을 바탕으로 의견을 나눈다. 세대 차이를 좁힐 수 있는 현실적인 방안에 대해 아이디어를 공유한다.

■ 성별 특성

여자와 남자는 다르게 행동한다. 여자는 대화를 시작하기 위해 공감대부터 찾는다. 침묵~"어제 그 음식점 잘하지?", "응" 침묵~ "날씨 덥더라", "응" 침묵~. 남자는 대화를 시작하기 위해 논쟁거리부터 찾는다. "그 영화 영 꽝이던데?", "그 녀석 깡패 아냐?", 일반적으로 나타나는 남녀 차이는 다음과 같다.

여자의 특성

- 여자는 사랑, 개인 간의 친밀한 관계, 대화, 아름다움 등에 높은 가치를 두며 관계 지향적이다. 그들은 서로 도와주고, 관심을 쏟고, 보살펴 주는 일에 많은 시간을 할애한다.
- 여자들은 어떤 목표를 이룩하고 성공하는 것보다 조화와 사랑으로 함께 어울려

사는 삶에 더 관심을 보인다.

- 여자들은 함께 이야기를 나누고 함께 느끼는 데서 만족감을 얻는다. 자신의 어려운 문제와 우울한 기분을 터놓을 수 있는 사랑하는 친구가 있다는 것에서 위로를 받는다.
- 여자가 자기 문제를 털어놓을 때는 가까워지고 싶기 때문이지 해결책을 원해서가 아니다. 해결책을 제시하지 않고 그냥 이야기를 들어주는 것이 중요하다.

남자의 특성

- 남자는 능력과 효율, 업적을 중요하게 여기며 목표 지향적이다. 그들은 목표 달성과 성취를 통해 자기존재를 확인한다.
- 남자는 사람들이나 느낌보다는 사물과 사실에 더 관심이 많다.
- 남자들은 좀처럼 '미안해'라고 말하지 않는다.
- 남자들이 원하는 것은 충고나 비판이 아니라 신뢰의 눈빛이다. 남자들은 문제를 해결하는 데 자기가 꼭 필요하다고 느낄 때 일에 동참한다.

남여 차이

어떤 상황에서 남여 차이를 느끼는지 실제 경험을 바탕으로 의견을 나눈다. 남여 차이를 좁힐 수 있는 현실적인 방안에 대해 아이디어를 공유한다.

메타(meta)는 그리스어로 '한 차원 높다'라는 뜻이다. 인지는 지각하는 모든 것으로 지식, 앎, 생각을 말한다 . 메타인지는 한 차원 높은 생각으로 자신을 객관화하여 바라볼 수 있는 능력이다. 자신의 생각을 바라보는 생각인 셈이다. 메타인지는 1970년대 발달심리학자인 존 플라벨(J. H. Flavell)에 의해 만들어진 용어로 사람의 무지함을 일깨우려 할 때 자주 사용되는 개념이기도 하다. "너 자신을 알라(델포이 신전)"는 글귀는 메타인지의 개념을 잘 표현하고 있다. 모르는 것을 아는 척하는 것도 위험하지만, 진짜로 위험한 건 내가 모르고 있다는 것조차 모르고 있는 것이다.

03 학습환경 분석

학습환경은 상황 특성과 교육과정(교과목) 특성 그리고 강의장 환경으로 나누어 분석한다.

■ 상황 특성

조직이 처한 상황 특성을 분석하여 그 결과를 학습목표 수립, 학습내용 선정 등의 교수계획 수립과정에 반영한다. 아울러 예상되는 문제 상황에 대한 대비책을 검토하는 것이 필요하다. 예를 들어, 경영악화 등으로 직원들의 사기가 저하되어 있거나 여유인력에 대한 인사상의 목적으로 교육이 이루어질 경우가 있다. 이와 같은 상황 특수성하에서는 학습자들이 교육 자체에 대해 비호의적이거나 분위기 자체가 침체될 가능성이 높으므로 이에 대한 대책(리스크 대책)을 미리 염두에 두어야 한다.

■ 교육과정(교과목) 특성

기술교육이나 기능교육, 법정교육 등과 같이 일반 교육과 다른 특성을 갖는 교육과정의 경우에는 그 특성을 분석하여 결과를 교수설계 단계에 반영한다. 예를 들어, 엑셀이나 코딩 등과 같은 정보화 교육은 다음과 같은 특성이 있다.

- 실습의 비중이 높다.
- 단계별 학습이 요구된다.
- 학습자의 수준 차이에 따른 실습 지연으로 시간관리가 어렵다.
- 학습자들이 모니터에 집중하게 되므로 교수자와의 상호작용이 어렵다.
- 학습자들이 인터넷을 검색하거나 다른 프로그램을 실행하기도 한다.

이와 같은 교육과정(교과목)의 특수성 역시 콘텐츠 개발과 교수·학습 활동 설계, 교수매체 선택에 영향을 미친다.

■ 강의장 환경

강의장 환경은 분석 단계에서 고려할 사항이지만 강의 전에 교수자가 꼭 확인하고 점검해야 할 사항이기도 하다. 강의장에서의 사소한 실수나 오류가 강의 성패에 영향을 미치는 경우가 심심찮게 발생한다.

교육장소

업무현장과 분리된 외부 연수 시설을 이용하는 경우와 작업현장이나 사무실에서 가까운 회의실, 강의장을 이용하는 경우의 학습자 태도와 분위기는 사뭇 다르다. 교육장소는 교육효과에 큰 영향을 미치므로 가능한 외부 연수 시설을 이용하는 것을 권고한다.

[그림 6-1] 교육장소

강의실

강의실의 크기와 학습자 수가 적정한지 점검한다. 강의실이 학습자 수에 비해 너무 크거나 작으면 수업에 장애요인으로 작용한다. 강의실이 너무 크면 분위기가 산만해지고, 너무 협소하면 불편하다. 이동이 가능한 책상일 경우 강의 전개에 적합한 형태로 좌석을 배열한다. 일반적으로 학습자가 동일한 방향으로 나란히 앉는 일자형 배열보다는 상호작용이 가능한 팀 토의 배열이 바람직하다. 책상은 정면을 기준으로 약간 비스듬하게 배열하여 학습자와 교수자가 마주 보기 쉽게 하는 것이 좋다.

[그림 6-2] 강의실

기자재 배치

이동식 프로젝터나 스크린을 사용할 경우 이들을 어디에 배치하는 것이 좋은지를 점검한다. 교수자는 학습자의 자리에 앉아 본 후 시선의 사각지대가 없는지를 직접 확인한다. 노트북과 빔프로젝터를 연결하는 케이블의 적합성도 미리 확인한다.

[그림 6-3] 케이블

마이크

마이크의 성능을 시험해 본 후 소리 크기를 조정한다. 크기는 강의실 맨 뒤편의 학습자가 들을 수 있는 정도가 적정하다. 무선 마이크와 핀 마이크는 편리하기는 하나 유선 마이크에 비해 잡음이 많은 편이고, 특히 건전지를 제대로 관리하지 않으면 사용에 불편하다. 장시간 강의하는 경우 유선 마이크가 편리하다.

벽시계

강의실에 벽시계가 있는지 여부를 반드시 확인한다. 시계가 없을 경우 손목시계라도 교탁 위에 올려놓고 강의를 시작한다. 강의 시간을 관리하기 위해서 시계는 반드시 필요하다.

교육준비물

교육에 필요한 준비물이 제대로 구비되어 있는지를 체크한다. 전지, 포스트잇, 색지, A4용지, 컬러펜, 네임펜, 스카치 테이프, 스티커, 볼펜 등의 교육준비물이 필요하다.

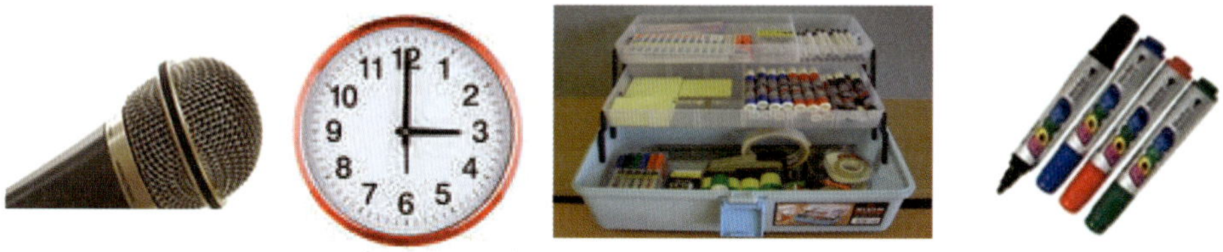

[그림 6-4] 교육준비물

보드마카펜

화이트보드를 사용할 경우 보드마카펜의 상태를 확인한다. 잘 나오지 않는 보드마카펜은 새 것으로 교체한다. 칠판을 쓸 경우 분필 상태도 점검한다. 지우개가 깨끗한지 여부도 점검한다.

학습내용을 중심으로 SAM 토의를 진행한다. 자유로운 분위기에서 편안하게 의견을 나눈다.

Summarize! 학습목표를 확인한 후, 각 학습목표에 대한 자신의 답을 정리한다. 이를 바탕으로 주요 개념과 용어 간의 위계와 연관성을 규명한다.

Adapt! 수행과제를 해결하기 위해 적용할 수 있는 지식과 기술은 무엇인지 토의한다. 직무수행이나 일상에서의 적용방안을 탐색한다.

Make Better! 보다 나은 학습을 위해 수정 · 보완할 내용에 대해 토의한다. '미리보기–학습내용–수행과제–쉬어가기'의 맥락 속에서 메시지를 발견하고 의미를 부여한다.

■ **학습단계 탐색**

자동차 운전이라는 기능을 예시로 하여 노엘 버크의 4단계 학습모델을 설명한다. 본인의 운전 실력은 몇 단계에 있는지 근거를 가지고 판단한다.

■ **팀 과제수행 활동**

지금까지 과정개발을 위해 수집한 자료를 바탕으로 교육프로그램 개발을 위한 분석을 한다. 학습팀의 협의를 거쳐 교육과정에 포함되어야 할 지식, 기술 목록을 결정한다. DACUM법과 역량분석에 따른 KSA 목록과 차이가 있는지 확인한다. 이와 함께 학습자 특성과 학습환경을 분석한다.

- 학습자의 연령 특성을 분석한다. 연령에 따른 교수전략 기본방향을 토의한다.
- 학습자의 성별 특성을 분석한다. 성별에 따른 교수전략 기본방향을 토의한다.
- 강의에 부정적 태도를 가진 학습자에 대한 대처방안을 토의한다.
- 교육과정을 운영하기에 가장 적합한 학습환경을 분석한다. 교육 과정을 운영할 때 자주 발생하는 오류가 무엇인지 확인한 후 이에 대한 리스크 대책을 수립한다.

하루하루 열심히 사는것 같은데..
나아지지 않는거 같은 느낌..

5년전의 내 모습에서 변하지 않았다고 느낀다면..

이젠 달라져야 할 시간..

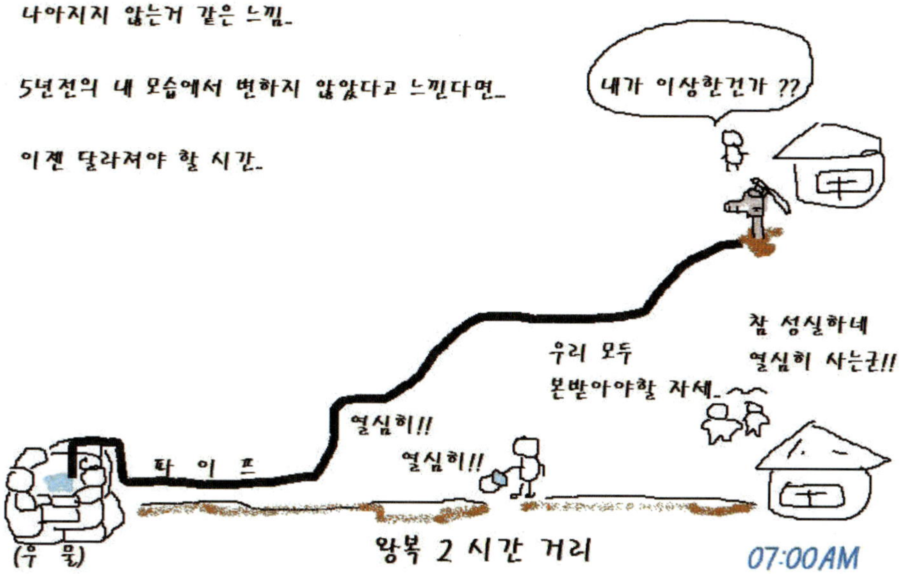

Human Resources Development

Chapter

07

교수설계

1. 내용요소전시이론
2. 학습동기 설계와 ARCS 모델
3. 교육과정 개발 지침서

미리 보기

피트 닥터(P. Docter) 감독이 제작한 소울은 미국 뉴욕 최고 재즈 클럽에서 연주할 기회를 얻게된 중학교 음악선생님 '조 가드너'가 맨홀에 빠지면서 영혼이 지구로 오기 전 단계인 '태어나기 전 세상'에 이르고, 그곳에서 다시 자신의 몸으로 돌아가는 과정에서 '인생에서 중요한 것이 무엇인지'를 발견하는 이야기다.

1990년 픽사 애니메이터로 입사한 뒤 2020년 디즈니 · 픽사의 크리에이티브 총괄책임자 자리에 오르기까지 쉬지 않고 작업해 온 닥터 감독에게 '삶이란 무엇인가'라는 고민이 찾아왔다. "제대로 사는 삶이란 무엇인지, 지금의 우리를 만든 건 뭔지, 같은 부모에게서 태어난 아이들도 각기 다른 성격을 갖는 건 왜인지를 고민한 것이 영화의 출발점이었습니다."

디즈니 · 픽사 역사상 처음으로 흑인을 주연으로 내세웠고 제이미 폭스(J. Foxx)가 조의 목소리 연기를 맡았다. 조뿐만 아니라 현실세계에 등장하는 모든 캐릭터는 흑인이다. 그는 "재즈 뮤지션을 꿈꾸는 사람을 주인공으로 설정했고, 재즈가 흑인 음악이라 흑인을 주인공으로 하는 게 자연스러울 것이라고 생각했다"고 말했다. 소울 팀은 영화 속 캐릭터에 흑인들의 체형, 머리 스타일, 피부 등의 특성을 제대로 녹이기 위해 회사 내 흑인 직원들, 뉴욕 퀸스 공립학교의 흑인 선생님, 맨해튼 재즈클럽의 흑인 음악가들을 만났다. 조는 마른 몸에 큰 키, 긴 얼굴에 콧수염을 기른 흑인으로 탄생했다.

인간의 감정을 의인화한 '인사이드 아웃'부터 어떻게 살아야 하는지에 대한 질문을 던지는 '소울'까지 철학적 메시지를 지닌 영화를 제작해 온 닥터 감독은 자신의 내면을 들여다보는 것이 철학의 시작이라고 믿는다. "스토리텔링의 기본은 내면의 믿음에 기반해 캐릭터의 행동을 생각해 보는 것입니다. 조는 왜 재즈를 그토록 원할까? 그 목표를 성취하지 못하면 조는 불행한 걸까? 여러 질문에 스스로 답하는 과정이 캐릭터에 그대로 묻어났습니다. 관객 역시 소울을 본 뒤 평소 생각하지 않았던 주제에 대해 고민하고 '영화에 대해 얘기해 보자'는 생각이 들게 하는 게 제 바람입니다."

김재희, 동아일보(2020. 10. 27.).

학습목표

메릴의 내용요소전시이론은 미시교수설계원리로서 교육과정 개발에 중요한 이론적 틀을 제공한다. 켈러의 ARCS 모델은 학습동기 촉진을 위한 기본요소와 전략을 제시한다. 이 두 가지의 지식과 기술 목록은 교육전문가가 갖추어야 할 기본 중의 기본이론이므로 완전 정복해야 한다.

1. 내용요소전시이론과 블룸의 학습목표 분류에 기반한 학습목표를 작성할 수 있다.
2. 내용요소전시이론의 1차 제시형과 2차 제시형을 적용할 수 있다.
3. 학습동기 촉진을 위한 ARCS 모델을 적용할 수 있다.
4. 수업 흐름과 콘텐츠 개발 가이드라인을 담은 교육과정 개발 지침서를 작성할 수 있다.

교수설계는 학습목표를 달성하기 위하여 콘텐츠 개발과 평가계획 및 교수전략에 대한 계획을 수립하는 것이다. 교수설계 단계에서는 학습목표와 학습내용, 평가계획 및 교수전략을 설계하고 교육과정 개발 지침을 수립한다. 교수설계는 거시적인 설계안(도입, 전개, 마무리 부분의 요소별 학습주제와 핵심 키워드)을 우선 만들고, 세부 활동과 시간, 방법 등을 구체화하며 미시적으로 설계해 간다. 교수설계이론은 학습자의 바람직한 변화를 위한 최적의 교수전략을 수립하기 위해 고안된 이론으로 메릴의 내용요소전시이론, 켈러의 ARCS모델 등이 있다.

01
내용요소전시이론

메릴(D. Merrill)의 내용요소전시이론(CDT, Component Display Theory)은 가네의 교수설계이론을 바탕으로 하는 미시적 교수설계이론이다. 메릴은 수행×내용 매트릭스, 1차 제시형, 2차 제시형으로 대표되는 내용요소전시이론을 통해 학습상황에 따른 적절한 교육적 처방을 제시하고 있다.

1) 수행×내용 매트릭스

수행×내용 매트릭스는 수행의 수준을 기억, 활용, 발견의 세 단계로 나누고, 학습내용을 사실, 개념, 원리, 절차의 네 가지로 구분하여 이들의 관계를 [그림 7-1]과 같이 매트릭스로 나타낸 것이다.

수행 수준		사실	개념	원리	절차
	발견	**없음**	예 특정 집단을 분류하기 위한 새로운 기준을 발견할 수 있다.	예 메릴의 교수설계원리와 다른 교수설계원리를 개발할 수 있다.	예 코칭을 위한 새로운 절차와 방법을 제시할 수 있다.
	활용	**없음**	예 리더십 개념을 활용하여 리더십 유형을 판단할 수 있다.	예 교수설계원리를 적용하여 교수전략을 수립할 수 있다.	예 실험계획법 수립절차를 활용하여 실험계획을 작성할 수 있다.
	기억	예 B1 화재폭발 사고를 기억할 수 있다.	예 t-test의 정의를 기억할 수 있다.	예 반도체 설계의 기본원리 세 가지를 기억할 수 있다.	예 실험계획법 수립절차를 기억할 수 있다.
		내용 범주			

[그림 7-1] 수행×내용 매트릭스

■ 수행 수준

메릴의 세 단계 수행 수준에서 기억은 이미 저장되어 있는 지식과 정보(사실, 개념, 원리, 절차)를 재생하기 위해 탐색하는 활동을 말한다. 활용은 지식과 정보를 특정 사례와 결합하여 결과(물)를 만들어 내는 활동을 말한다. 발견은 학습자가 그(녀)가 가진 지식과 정보를 바탕으로 새로운 개념과 원리, 절차를 만들어 내는 것이다.

■ 내용 범주

메릴의 네 가지 내용 범주에서 사실은 실제로 있었던 일이나 현재에 있는 일을 말한다. 또한 특정한 사물이나 사건, 명칭, 기호 등을 말한다. 개념은 특정한 사물, 사건이나 상징적인 대상들의 공통된 속성을 추상화하여 종합화한 보편적 관념이다. 원리는 사물의 근본이 되는 이치를 말한다. 또한 사건이나 현상을 이해하고 해석하는 데 요구되는 인과관계나 상관관계를 말한다. 절차는 어떤 목적을 달성하거나 특정한 문제를 해결하는 데 필요한 단계를 순서화한 것이다. 절차에는 방법이나 기법 등의 구체적 툴도 포함한다.

■ 학습목표와 수행×내용 매트릭스

학습목표는 교육 종료 이후의 학습자의 수행 수준과 상태를 제시해 주며 학습목표 달성 정도를 평가할 수 있는 기준이 된다. 메이거(R. Mager)는 목표란 교수의 바람직한 결과를 진술하는 것이라 전제하고, 좋은 목표 진술의 세 가지 구성요소로 조건, 기준, 수행(행동)을 제시하였다.

[표 7-1] 목표 진술의 세 가지 구성요소

• 행동: 학습자가 달성할 수 있는 목표 행동으로서 관찰 가능한 행동 동사로 표현한다. • 조건: 바람직한 행동이 일어날 수 있는 조건을 나타낸다. • 기준: 학습자가 어느 정도까지 성취행동을 수행해야 만족할 것인가에 대한 기준을 나타낸다.

이 구성요소들을 사용하여 학습목표를 진술한 사례는 다음과 같다. "학습자는 교수자의 도움 없이(조건) 훌륭한 리더의 특성 다섯 가지(기준)를 기억할 수 있다(행동)."

바람직한 목표가 갖추어야 할 세 가지 구성요소를 모두 포함하여 학습목표를 기술하기도 하지만 행동, 조건, 기준 요소 중에서 행동 동사만을 사용하여 학습목표를 진술하는 것이 일반적이다. 결국 "훌륭한 리더의 특성을 기억할 수 있다(행동)"와 같이 "~을(를) ~할 수 있다."라는 형식으로 학습목표를 수립한다. 메릴의 수행×내용 매트릭스는 [그림 7-1]의 예에서 보듯이 학습목표 진술과 직접적 관계가 있다.

2) 블룸의 학습목표 분류

메릴의 수행수준과 함께 블룸의 학습목표 분류(Bloom's Taxonomy)에 대해 이해하는 것이 필요하다. 블룸(B.S. Bloom)은 [그림 7-2]에서와 같이 인지영역의 학습목표를 그 복잡성에 따라 '기억하기－이해하기－적용하기－분석하기－평가하기－창조하기'의 6단계로 구분하고 각 단계의 학습목표를 진술하기 위한 행동동사들을 제시하고 있다. 이들 행동동사는 메릴의 수행수준과 함께 학습목표를 진술할 때 주로 사용된다.

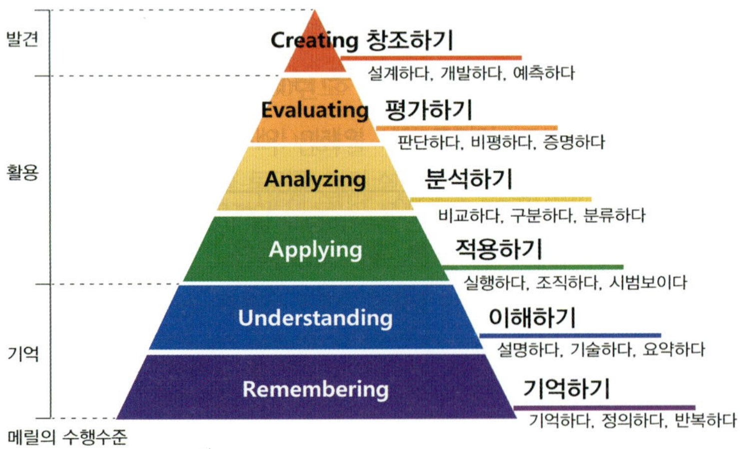

[그림 7-2] 블룸의 학습목표 분류_인지영역

메릴과 블룸의 행동 동사를 적용한 학습목표 진술 사례는 다음과 같다.

- B1 화재폭발 사고를 기억할 수 있다.
- 리더십 개념을 활용하여 리더십 유형을 판단할 수 있다.
- 메릴의 교수설계원리와 다른 교수설계원리를 개발할 수 있다.

3) 제시형

제시형은 교수자에 의한 설명이나 학습자의 탐구 등을 통하여 학습자에게 학습내용이 전달되고 체화되는 교수 형태를 말한다. 메릴은 1차 제시형과 2차 제시형으로 구분되는 제시형을 통해 학습상황(학습목표 수준 및 교육내용)에 따른 교수방법을 처방하고 있다.

■ 1차 제시형

1차 제시형은 학습목표를 달성하기 위해 반드시 이루어져야 하는 기본적 교수 형태로 [그림 7-3]에서와 같이 학습내용과 전달방법에 따라 네 가지 형태로 나눌 수 있다.

학습내용		전달방법: 설명	전달방법: 탐구(질문, 지시)
학습내용	일반성	**법칙**	회상
	특수성(사례)	예	연습

[그림 7-3] 1차 제시형

학습내용

학습내용은 일반성과 특수성(사례)의 두 가지 차원으로 나누어진다. 일반성은 어떤 교수자가 강의를 하더라도 같거나 비슷한 설명(주장)을 해야 하는 내용이다. 한편 특수성은 개념, 절차, 원리 등을 설명하기 위해 제시하는 특정한 '예'들을 말한다. 이와 같이 학습내용은 일반성 아니면 특수성(사례) 중 하나의 형태를 띠게 된다.

전달방법

학습내용을 전달하는 방법도 두 가지 차원으로 나누어진다. 먼저 교수자가 학습자들에게 일방적으로 설명하는 방식이 있는데, 이는 내용을 단순히 진술하거나 해설 또는 보여 주는 것을 말한다. 두 번째로 교수자가 학습자들에게 질문을 하거나 어떤 지시를 함으로써 학습자들이 내용에 대해 탐구하게 하는 방식을 활용할 수 있다. 이와 같이 학습내용을 전달하는 방법도 교수자가 설명하거나 학습자들로 하여금 탐구하게 하는 둘 중 하나의 형태를 띠게 된다.

여기서 학습내용과 전달방식의 두 차원을 [그림 7-3]에서와 같이 X, Y축으로 나누어 교차시키면 교수자가 활용할 수 있는 교수 형태를 네 가지로 분류할 수 있다. 즉, 일반성을 띤 학습내용을 교수자가 일방적으로 설명하거나 질문을 통해 학습자들로 하여금 탐구하게 할 수 있다. 한편 특수한 사례를 교수자가 일방적으로 설명하거나 지시를 통해 학습자들로 하여금 탐구하게 할 수도 있다. 메릴은 교수자가 활용할 수 있는 각각의 교수 형태에 대해 [표 7-2]에서와 같이 법칙, 회상, 예, 그리고 연습이라는 이름을 붙였다.

[표 7-2] 1차 제시형

법칙	• 개념, 원리, 절차와 같이 일반성을 띤 학습내용(핵심 포인트)을 교수자가 설명함 • 학습내용과 관련된 이론 체계와 구조를 명확히 함
회상	• 일반성에 대한 질문을 통해 학습자의 지적 자극을 촉진하고 학습내용 이해도를 확인함 • 주의를 집중시키고 장기기억으로의 전이를 촉진함
예	• 주장이나 메시지의 타당성과 신뢰성을 뒷받침하기 위하여 사례나 사실, (통계)자료를 인용함 • 예시, 예화, 경험담, 비유, 은유, 직유, 대조(비교) 등을 통해 쉽게 설명함
연습	• 사례나 사실, 상황 등을 제시한 후 문제 해결 또는 의미(시사점)를 탐색하도록 함 • 토의, 사례연구, 실험실습, 역할연기 등의 자기주도적 협동학습을 실시함

교수자가 강의 현장에서 활용할 수 있는 교수 형태는 이 네 가지 범주(교수 형태)를 벗어나지 않는다. 교수자는 강의 주제에 따라 이 네 가지 범주의 다양한 조합, 즉 교수전략을 통해 자신의 주장과 지식 · 정보를 공유하고 설득하는 것이다.

예를 들어, 리더십에 대한 강의를 할 때 법칙, 예1, 예2, 예3 식으로 전개하였다면 이것은 하나의 일반성(리더십에 대한 정의나 개념)을 제시한 후 세 가지의 리더십 사례를 제시하는 설명식 교수전략을 구사한 것이다.

한편 회상, 예1, 예2, 연습, 법칙식으로 강의를 전개하였다면 교수자는 먼저 일반성에 대해 질문(리더십이란 무엇이라 생각합니까?)을 한 후 리더십 적용 사례를 두 가지 제시하고, 다음으로 하나의 사례를 학습자들이 탐구(연습)하게 한 후 최종적으로 일반성(리더십 정의나 개념, 주장, 메시지)에 대해 설명하는 교수전략을 구사한 것이다.

이와 같이 교수자는 법칙, 회상, 예, 연습의 네 가지 교수형태의 다양한 조합을 통해 변화무쌍한 교수전략을 전개해 나갈 수 있다. 한마디로 유능한 교수자란 '이 네 가지 범주의 다양한 조합을 얼마나 자유자재로 활용할 수 있느냐'에 달려 있다고 해도 과언이 아니다.

■ 2차 제시형

2차 제시형은 1차 제시형과 함께 활용할 경우 학습의 효과를 높일 수 있는 보조적 교수활동이다. 2차 제시형에는 맥락, 선수학습, 피드백, 암기, 표현정교화 그리고 도움의 여섯 가지가 있다. 이들 중 맥락, 선수학습, 피드백은 학습내용의 이해를 촉진하기 위한 보조 활동이며, 암기, 표현 정교화, 도움은 학습자가 오래 기억할 수 있도록 하기 위한 보조 활동으로 구체적 내용은 [표 7-3]과 같다.

[표 7-3] 2차 제시형

목적	2차 제시형	
학습내용의 이해 촉진	맥락	이론이나 사례와 연관된 역사적 배경이나 이면에 감추어진 스토리 제시, 전후관계, 인과관계 설명 등을 통해 학습내용에 대한 이해를 촉진함
	선수학습	일반성을 형성하는 개념이나 구성요소를 설명하여 학습자의 이해를 촉진, 단계별 학습내용의 경우 전 단계의 내용을 요약 설명함
	피드백	학습자의 이해 정도에 따라 추가적으로 필요한 정보를 제공하거나 보충 설명, 특정 문제나 상황에 대하여 옳은 답을 제시함
장기기억으로 전이	암기	첫 글자 등을 이용해 중요 내용을 외우기 쉽도록 함(태정태세문단세) 줄임말을 통해 세대 문화를 공유(취존, 인싸, 현타, 존버, 소확행, 복세편살)
	표현정교화	말, 글 대신에 그림, 표, 공식, 기호, 모형, 실물 등으로 시각화하여 제시함 예) $f=ma$, $E=MC^2$, $B=f(P,E)$
	도움	주의 환기를 위한 도움장치, 즉 밑줄 긋기, 별표하기, 색 달리하기, 힘 주어 말하기, 제스처 크게 하기, 갑자기 아무 말 안하기 등의 강조 활동을 통해 중요한 초점을 파악하도록 함

교수전략은 지금까지 설명한 1차 제시형(법칙, 회상, 예, 연습)과 2차 제시형(맥락, 선수학습, 피드백, 암기, 표현정교화, 도움)의 다양한 조합을 통해 학습목표를 효과적으로 달성하기 위한 교수·학습활동이라 할 수 있다.

02 학습동기 설계와 ARCS 모델

■ 학습동기 설계 요소

켈러(J. Keller)의 동기설계이론은 구체적인 학습동기 전략을 수립하기 위한 이론적 틀을 제공한다. 사람은 어떤 일을 할 때 그 일에 대한 기대나 흥미와 함께 그 일을 해낼 수 있다는 자신감 그리고 그 일을 통해 자신이 원하는 가치(경제적 보상, 사회적 보상, 심리적 보상 포함)를 이룰 수 있다는 판단이 설 때 동기가 발현되고 유지·강화된다. 켈러의 ARCS 모델은 학습동기를 유발하고 유지시키기 위한 구체적인 전략을 주의집중, 관련성, 자신감 그리고 만족감의 네 가지 학습동기 요소로 제시하고 있다.

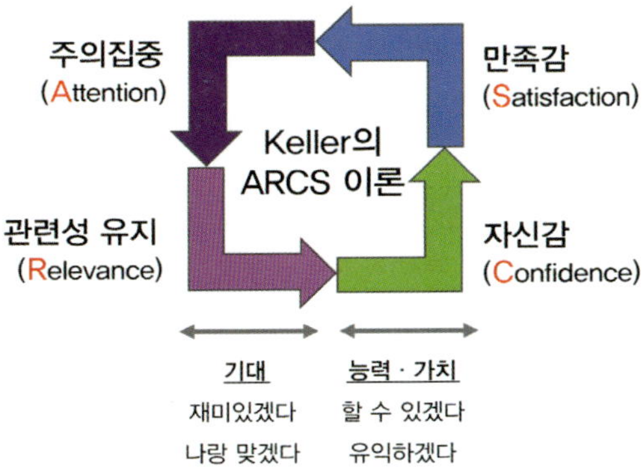

[그림 7-4] ARCS 모델

■ 학습동기 전략

켈러는 네 가지 학습동기 요소들을 기본으로 하여 각 요소별로 3가지 하위 범주들을 제시하였다. 교수자와 교수설계자가 활용할 수 있는 학습동기 전략을 정리하면 [표 7-4]와 같다.

[표 7-4] 학습동기 전략(ARCS 모델)

학습동기 요소	학습동기 전략	
주의집중	학습자의 주의를 어떻게 집중시킬 수 있을까?	
지각적 주의환기	학습자의 오감(감각)을 자극하여 관심 유도	• 새롭고 기존과 다른 유익한 정보 제공 • 시청각, 멀티미디어, 모형, 실물 활용
탐구적 주의환기	문제의식과 정보 탐색 같은 지적 자극으로 주의집중	• 질문, 응답, 피드백의 상호작용 촉진 • 학습과제 제시로 문제해결 활동 장려
다양성	교수 · 학습활동과 교수자 행동 변화를 통해 주의환기	• 다양한 교수법 적용(강의법, 참여식 교수법) • 교수자의 목소리와 동작 변화 주기

관련성 유지	학습자의 목적과 관심사, 흥미 등을 학습내용과 어떻게 연관지을 수 있을까?	
친밀성	학습자의 경험과 수업내용을 연계하여 친밀감 증진	• 친숙한 경험, 사례를 활용한 내용 설명 • 학습자와의 라포 형성과 상호교류 촉진
목적지향성	학습자의 목표와 학습내용을 연계하여 기대감 충족	• 구체적이고 실용적인 학습목표 제시 • 학습내용의 중요성과 효용가치 인식시키기
동기부합성	학습자의 사회적 욕구와 성취욕구 충족	• 인정, 배려, 상호존중의 학습분위기 유지 • 성공사례 학습과 과제해결을 통한 성취욕구 자극
자신감	**학습자의 자신감과 자존감을 어떻게 높일 수 있을까?**	
학습필요조건 제시	성공적 학습조건과 평가기준제시	• 학습목표 및 학습평가기준 공지 • 선수학습 검토와 명확한 학습체계 제시
성공기회 제시	적절한 난이도의 과제와 도전기회 제공	• 수평적, 수직적 계열화를 통해 학습의 흐름 인식 • 수준별 다양한 사례 제시
개인적 조절감 증진	학업성취 여부는 개인의 노력에 달려 있음을 인식(책임감)	• 학습성찰을 통한 변화와 성장 경험 체험 • 피드백, 코칭을 통한 '아하!' 경험 인식
만족감	**학습활동을 통해 학습자의 만족감을 어떻게 높일 수 있을까?**	
내적 동기 유발	학습활동을 통한 성취감을 통해 도전과 실행의지 자극	• 학습한 지식과 기술의 적용기회 제공 • 연습, 시뮬레이션, 게임 등을 통한 적용기회 제공
외적 동기 유발	성공적 학습결과에 대한 긍정적 보상 제공	• 성취수준별 평가 및 보상 • 칭찬샤워, 쿠폰 발행, 작은 선물, 피드백
공정성 강조	학습 성취에 대한 기준과 평가의 일관성 유지 및 공정성 인식	• 학습목표와 내용, 평가 간의 일관성 유지 • 결과공정성, 정보공정성, 상호작용공정성 유지

이상에서 같이 ARCS 모델은 네 가지 학습동기 요소를 기초로 하여 학습현장에서 적용할 수 있는 처방적인 학습동기 전략들을 제시하고 있다.

학습동기 촉진방안

켈러의 ARCS 처방 외에 수업 중에 학습자들의 동기를 유발하고 지속시킬 수 있는 방안에 대하여 의견을 나누고 공유한다.

뇌과학자들에 따르면 메타인지는 훈련으로 얼마든지 향상시킬 수 있다고 한다. 메타인지를 증진시키기 위해 학습자 스스로 '무엇을 공부했고 어떤 점을 깨달았으며, 어떤 점을 개선해야 하는지'에 대한 자기성찰을 할 수 있도록 수업설계를 하는 것이 중요하다.

예를 들어, 옆사람에게 학습내용 중에서 핵심포인트를 요약하여 설명하도록 한다. 어떤 것을 말로 설명해 보면 특정 주제에 대한 자신의 '알고 모름'의 상태를 명확하게 인식할 수 있다. 말로 명확하게 설명할 수 있을 때 진짜로 이해하고 있는 것이며 설명할 수 없는 지식은 제대로 아는 것이 아니다. 메타인지는 곧 자신이 아는 것과 모르는 것을 구분하는 능력이다.

03 교육과정 개발 지침서

교육과정 개발 지침서는 전체 교육과정을 교과목 단위로 세분화하여 교과목(레슨)별로 수업의 전개 과정과 각 단계별 구성요소에 대한 안내 및 콘텐츠 개발을 위한 가이드라인을 제시하는 문서이다. 이는 개발단계에서의 기본 지침으로 작용한다.

■ 교육과정 구성 체계

교육과정 개발 관련 개념들 간의 위계를 나타내면 [그림 7-5]와 같다. 교육과정은 하나 또는 두 개 이상의 모듈로 구성되며, 하나의 모듈은 역시 한 개 이상의 교과목으로 구성된다. 교과목은 학습내용들을 세 개 내외의 학습목표를 갖는 학습단위로 조직화한 것을 말한다. 교육과정 개발 지침은 교과목 단위로 적용한다.

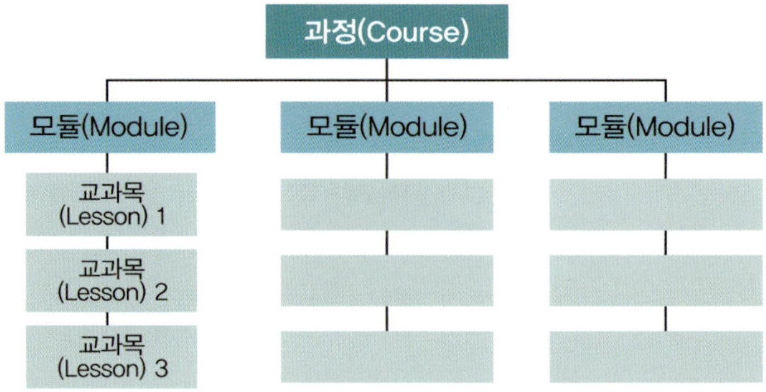

[그림 7-5] 교육과정 구성 용어 체계

■ 교육과정 개발 지침

교육과정 개발 지침을 수립하여 콘텐츠 개발 및 교수전략 수립을 위한 가이드라인을 제시한다. 수업의 기본 흐름은 [그림 7-6]에서와 같이 도입, 전개, 마무리의 세 단계이다. 서론, 본론, 결론의 구성체계이다.

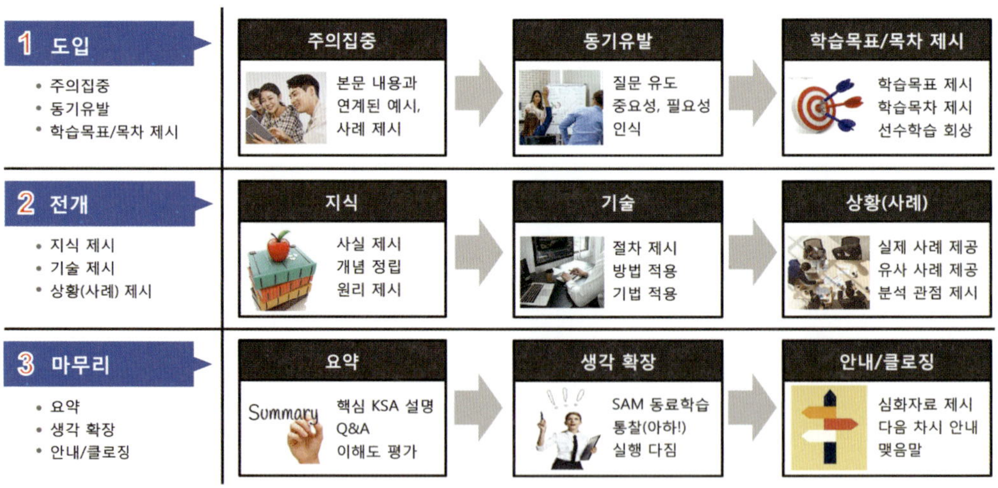

[그림 7-6] 수업 흐름의 기본 구조와 구성요소

도입

도입 단계는 학습자들의 학습동기를 촉진하고 학습의 목적과 활동을 명확히 제시하는 단계이다. 전체 강의 시간의 5~10% 정도를 할애한다. 도입 단계는 주의집중, 동기유발, 학습목표/목차 제시의 세 가지 요소로 구성한다.

- **주의집중** 학습내용과 연계된 예시나 사례, 경험담을 제시하고 간단히 설명하거나 탐구토록 함으로써 주의를 집중한다.
- **동기유발** 질문, 퀴즈와 피드백의 상호작용을 통해 학습의 중요성과 필요성을 인식시키고, 이와 함께 학습자의 주제에 대한 이해 수준을 진단한다.
- **학습목표/목차 제시** 학습목표는 학습내용 및 평가 문항과의 연계성을 고려하여 작성한다. 강의 진행순서(목차)와 주요 학습활동, 주제별 예정 소요시간을 안내한다. 선수학습에 대하여 간략하게 설명(회상)하여 학습자들이 이전 시간이나 다른 관련 교과 등에서 배운 내용과 이번 시간의 학습내용을 연결한다.

전개

전개는 도입 단계에서 제시된 학습목차에 따라 학습내용을 구체적으로 설명, 입증하고 연습을 통하여 내용을 내재화시키는 단계로서 전체 강의 시간의 75~85%를 할애한다. 전개 단계는 교수자의 교수전략에 따라서 다양한 형태의 교수 · 학습활동이 가능하다. 질의 · 응답을 통해 학습자를 지적으로 자극하고 학습내용을 적용해 볼 수 있는 연습 기회를 제공한다. 전개 단계는 지식, 기술, 상황(사례)의 세 가지 요소를 중심으로 구성한다.

- **지식** 사실, 개념, 원리 등 인지적 영역에 대한 학습내용을 제시한다. 핵심내용 중심으로 간략하게 제시한다. 표 또는 이미지를 활용한다.
- **기술** 절차(방법, 기법) 등 관찰 가능한 행동영역에 대한 학습내용을 제시한다. 핵심내용 중심으로 간략하게 제시한다. 표, 플로우차트, 실물, 모형 등을 활용한다.
- **상황(사례)** 학습목표를 달성하기 위해 앞서 제시된 지식, 기술을 적용할 수 있

는 최신 사례 또는 현실성 있는 유사 사례를 제시한다. 상황사례를 통해 적용(연습)하고자 하는 지식과 기술 메시지를 제시한다. 사례는 성공사례(Good case)와 실패사례(Bad case)를 함께 제시한다. 사례연구를 위한 분석 관점과 질문을 제시한다.

마무리

마무리는 전개 단계에서 제시된 내용을 종합적으로 정리하고 다음 수업과의 연결을 짓는 단계로 강의시간의 10~15% 정도를 할애한다. 마무리 단계는 요약, 생각 확장, 안내/클로징의 세 가지 요소로 구성한다.

- **요약** 학습한 지식, 기술, 상황사례의 핵심내용을 요약 · 정리하여 제시한다. 요약 내용은 학습목표와 연계하여 제시한다. Q&A를 통해 학습이해도를 평가한다.
- **생각 확장** SAM 활동지를 제시하여 학습자들의 상호학습을 촉진하고 생각을 확장할 수 있는 기회를 제공한다. 학습내용을 업무 현장에서 적용하도록 마음 다짐의 시간을 갖는다.
- **안내/클로징** 학습내용 적용을 위한 과제 부여 및 심화학습을 위한 자료원을 제시한다. 다음 시간(교과목)에 대한 간단한 안내를 하고 인사말로 맺음을 한다.

[그림 7-7]은 수업 흐름의 기본 구조와 구성 요소에 따라 콘텐츠를 개발하며 적용한 사례이다. 화살표는 내용의 맥락(연계성)을 피드백 한 것이다. 간단한 보완사항도 명기되어 있다.

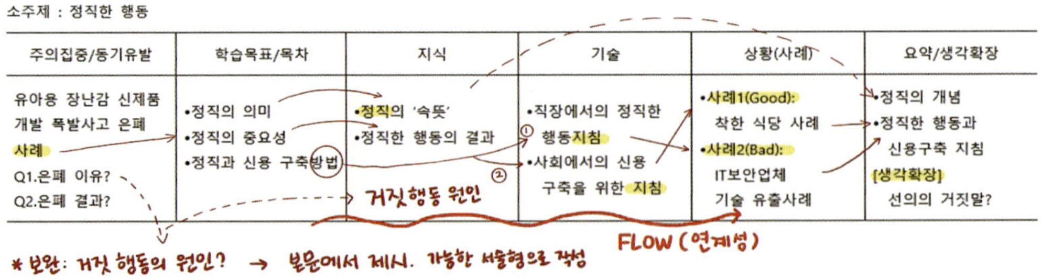

[그림 7-7] 콘텐츠 개발 기본 체계 및 구성 요소

학습내용을 중심으로 SAM 토의를 진행한다. 자유로운 분위기에서 편안하게 의견을 나눈다.

Summarize! 학습목표를 확인한 후, 각 학습목표에 대한 자신의 답을 정리한다. 이를 바탕으로 주요 개념과 용어 간의 위계와 연관성을 규명한다.

Adapt! 수행과제를 해결하기 위해 적용할 수 있는 지식과 기술은 무엇인지 토의한다. 직무수행이나 일상에서의 적용방안을 탐색한다.

Make Better! 보다 나은 학습을 위해 수정 · 보완할 내용에 대해 토의한다. '미리보기–학습내용–수행과제–쉬어가기'의 맥락 속에서 메시지를 발견하고 의미를 부여한다.

■ 팀 과제수행 활동

- 메릴의 수행×내용 매트릭스와 블룸의 학습목표 분류를 적용하여 개발 중인 교육과정의 학습목표를 작성한다.
- 메릴의 1차 제시형(법칙, 회상, 예, 연습)을 교육과정에 어떻게 적용할지에 대하여 협의하고 그 결과를 정리한다.
- 메릴의 2차 제시형(맥락, 피드백, 선수학습, 암기, 표현정교화, 도움)을 교육과정에 어떻게 적용할지에 대하여 협의하고 그 결과를 정리한다.
- 켈러의 ARCS 모델을 교육과정에 어떻게 적용할지에 대하여 협의하고 그 결과를 정리한다.
- [교육과정 개발 지침서] 메릴의 내용요소전시이론(학습목표, 1차 제시형, 2차 제시형)과 켈러의 ARCS 모델에 대한 협의 결과를 '도입, 전개, 마무리'의 기본 강의 흐름과 구성요소에 맞추어 정리한다.

1969년 인류 최초로 달 착륙에 성공한 아폴로11호의 승선 우주인 3명 중 한 명인 마이클 콜린스(M. Collins)는 닐 암스트롱(N. Armstrong)과 버즈 올드린(B. Aldrin)이 달에서 걷고 있을 때 모함에서 달 상공을 돌고 있었다. 그는 지구로 귀환한 후 인터뷰를 통해 머나먼 달에서 지구를 본 소회를 이야기했다. "멀리서 본 지구는 너무나 아름다웠습니다. 파란색의 바다와 하얀색의 구름만 보였죠. 달 상공에서 지구는 정말 작게 보였습니다. 팔을 뻗어 보면 엄지손톱에 겨우 걸릴 정도의 크기였지요. 우주에서 본 지구는 곧 깨질 것만 같이 연약해 보였습니다."

이후 시간이 흘러 1990년 2월 14일 지구에서 6억km(지구와 달의 거리의 2만 3,000배) 떨어진 곳에서 보이저 1호 위성은 태양계 행성의 사진을 보내왔다. 이 사진에서 지구는 자세히 봐야만 겨우 보일 정도로 아주 작은 점으로 보인다. 천문학자 칼 세이건(C. Sagan)은 한탄했다. 깜깜한 우주에 홀로 떠 있는 이 창백한 작은 점에 사는 인류가 서로 돕지는 못할 망정 반목하고 미워하며, 전쟁의 위협 속에 살아가고 있다고.

인류 과학기술의 업적을 상징적으로 보여 준 우주로의 진출 프로젝트는 역설적으로 우리가 살고 있는 지구 그리고 이에 의존하고 있는 인간들이 얼마나 약한 존재인지를 확인해 준다. 이렇게 깨질 것 같은 창백한 푸른 점 지구의 구성원 한 명 한 명이 서로에게 좀 더 친절했으면 한다. 이 작은 점에 78억 명이 살고 있다.

김세웅, 동아일보(2021. 1. 18.).

Human Resources Development

Chapter
08

콘텐츠 개발과 교수전략

1. 콘텐츠 개발
2. 교수매체 개발
3. 교수계획서 개발

미리 보기

제가 콘텐츠 마케터로서 얻은 3가지 노하우를 알려 드리고자 합니다. 1차적으로 3가지 방법을 통해 생각하고, 그 후 아이디어를 디벨롭하거나 또 다른 방법을 통해 아이디어를 도출하곤 합니다. 첫번째, 일단 상품에 대한 콘텐츠나 광고소재가 필요하다면 상품에 대한 상세 페이지를 10번 이상 읽어 봅니다. 읽다 보면 고객사에서 원하는 이미지나 상품의 차별점 등에 대한 키워드를 확인할 수 있습니다.

예를 들어, '샤론 6의 시그니처 아이폰 케이스'의 상세 페이지를 보면 여러 가지의 상품에 대한 키워드를 확인할 수 있습니다. 일단 메인 메시지는 '아이폰의 감성을 보호하다'로 확인할 수 있으며, 드랍 테스트 합격, 에어쿠션, 완벽한 방진 설계, 버튼 터치감, 고속 무선충전기 호환 등의 키워드가 보입니다. 이러한 키워드 속에서 소비자들이 원하는 키워드를 선택하여 카피 메시지를 작성하거나 새로운 아이디어와 결합시킬 수 있습니다.

두번째, 상품에 대한 소비자들의 후기를 확인합니다. 후기를 '10분? 10개?'를 확인하는 것이 아니라 후기 페이지가 11페이지라면 11페이지까지 다 읽어 보고, 블로그 글이 20페이지라면 20페이지 전체를 확인해야 하죠. 몇 시간 동안 소비자의 후기를 읽다 보면 생각지도 못한 상품에 대한 USP(unique selling proposition)나 인사이트를 확인할 수 있습니다.

마지막 방법이 제일 중요한데요, 키워드를 찾거나 메시지를 찾는 것 못지않게 기획하거나 아이디어와 결합시키는 것이 제일 중요합니다. 어떻게 기획하는지 결합시키는지를 모르는데 아무리 상세 페이지를 봐도 후기를 봐도 어려울 수밖에 없죠. 그래서 저는 늘 페이스북과 인스타 광고를 지나치지 않고 보이는 광고마다 다 읽어 봅니다. 그리고 캡처를 하여 레퍼런스를 모아 둡니다. 어떤 브랜드에서 어떤 카피를 가지고 어떤 이미지를 주었는지, 레이아웃은 어떻게 되었는지, 브랜드 페이지에서 광고를 하였는지, 서브 페이지에서 광고를 하였는지 등을 확인하여 레퍼런스를 모아 둡니다. 레퍼런스를 모아 둔 후 나는 어떤 방식으로 나의 상품을 전달할지 아이디어를 결합시켜 봅니다. 위와 같은 방법으로도 찾아지지 않는다면 다른 상품군을 구글링해 보거나 다른 혜택을 광고소재로 이용한다거나 하는 방법을 찾아봅니다. 우리 모두 힘내자구요! 답은 없으니까.

나만 알고 있던 콘텐츠 기획 방법(2019. 7. 14.), http://opinno.co.kr/

학습
목표

학습내용을 체계적으로 제시할 때 학습자들이 쉽게 이해하고 오래 기억한다. 콘텐츠 개발 단계에서 구조화, 서열화 원리와 스토리보드 기법을 적용하는 것이 중요하다. 콘텐츠를 효과적으로 전달하기 위한 교수매체를 개발하고 실제 강의 진행을 위한 교수계획서를 작성한다.

1. 구조화 프레임과 서열화 원리, 스토리보드 기법을 적용하여 콘텐츠를 개발할 수 있다.
2. 교수매체의 유형과 선택 기준을 설명할 수 있다.
3. 교육내용 개발 지침에 따라 교수계획서를 작성할 수 있다.

개발 단계에서는 교수설계 단계에서 제시된 교육과정 개발 지침에 따라 콘텐츠를 개발하고 교재, PPT 자료, 교수자용 매뉴얼, 보조자료, 동영상자료 등의 교수매체와 교수계획서 그리고 평가도구를 개발한다. 일부 교수매체는 아웃소싱한다.

01 콘텐츠 개발

콘텐츠 개발은 학습내용 추출, 학습내용 체계화, 내용 선정 및 스토리보드 작성의 순서로 이루어진다.

1) 학습내용 추출

기본적으로 분석과 설계 단계에서 결정된 지식, 기술, 상황(사례)을 기반으로 콘텐츠를 개발한다. 여기에서는 교수자가 강의 의뢰를 받고 콘텐츠를 개발하는 경우를 생각하여 참고로 제시한다. 먼저 교육과정(강의 주제)과 연관된 아이디어나 자료를 수집한다. 이때 포스트잇을 활용하면 편리하다. 포스트잇에 강의할 내용에 대해 생각나는 대로 적는다. 하나의 포스트잇에는 하나의 아이디어만 적는다. 교육과정과 관련하여 더 이상 생각나지 않을 때까지 적는다. 강의 내용을 포스트잇에 기록해 나가다 보면 아이디어가 꼬리에 꼬리를 물고 새로운 것이 생각나기도 한다.

머릿속에 있는 지식과 정보를 모두 적은 다음에는 본인이 소장하고 있는 각종 자료를 참고하여 내용을 추가한다. 도서나 유사한 내용의 다른 교재 및 정기간행물을 참고한다. 그리고 인터넷을 통해 관련 전문연구기관이나 주요 신문사의 자료를 검색한다. 키워드 검색을 통해 개인 블로그 등에 게시된 자료도 참고한다. 주제와 연관된 논문 및 저널을 통해 이론 부문을 보완하고 최신 정보를 수집한다. 가능하다면 실무 종사자의 자문을 구하는 것도 좋은 방법이다.

[그림 8-1] 콘텐츠 개발 자료 원천

2) 학습내용 체계화

학습자의 기존 지식이 새로운 정보와 연관되도록 개념이나 원리를 체계화하여 전달할 때 학습효과가 높아진다. 학습내용 체계화는 "선정된 내용을 어떤 틀에 따라 어떤 순서로 전개할 것인가?"에 대한 결정을 하는 것으로 구조화 원리와 서열화 원리에 따른다. 이와 같이 체계적이라 함은 구조(틀, 프레임)가 명료하고 일정한 기준에 따라 순서대로 배열되어 있다는 것을 의미한다.

■ 구조화 프레임

구조화는 특정 프레임이나 틀에 따라 내용의 전체 그림(큰 그림)을 구상하는 것이다. 구조화를 위해 학습내용이 적힌 포스트잇을 소주제별로 내용의 유사성에 따라 분류한다. 즉, 비슷한 내용끼리 그룹화한다. 유사한 것끼리 분류된 포스트잇 묶음을 일정 기준(구조화 틀, 프레임)에 따라 배열한다. 저자는 강의 콘텐츠를 구상할 때 기본적으로 KSCA 프레임과 3W1H 프레임, PERT 프레임을 즐겨 사용한다.

[그림 8-2] 포스트잇을 활용한 콘텐츠 개발

KSCA 프레임

교과목을 구성하는 전체적인 학습내용 체계를 한눈에 알아볼 수 있다. 꼭 모든 칸을 다 채우려고 하지는 않는다.

[표 8-1] KSCA 프레임

Knowledge	사실, 개념, 원리 등의 구체적 학습내용
Skill	현장 적용을 위한 구체적 절차와 방법, 기법 등의 교육적 해결방안
Condition	지식과 기술을 적용할 수 있는 상황 사례
Attitude	학습한 지식과 기술, 상황 사례를 적용하고자 하는 마음가짐, 가치관, 신념, 태도

[표 8-1a] KSCA 프레임 정리 결과

	Knowledge	Skill	Condition	Attitude
소주제 1				
소주제 2				
소주제 3				

3W1H 프레임

교과목의 학습목표와 학습내용 체계를 한눈에 파악할 수 있다.

[표 8-2] 3W1H 프레임

Why	학습목표(교수자 입장)와 학습의 필요성 및 중요성(학습자 입장)
What	사실, 개념, 원리 등의 구체적 학습내용
How	현장 적용을 위한 구체적 절차와 방법, 기법 등의 교육적 해결방안
Why not	학습내용을 현장에서 적용하고자 할 때 이를 방해하는 개인적, 조직적 장애요인

[표 8-2a] 3W1H 프레임 정리 결과

	Why	What	How	Why not
소주제 1				
소주제 2				
소주제 3				

PERT 프레임

교수전략 개발을 위한 전체적인 구조를 한눈에 규명할 수 있다.

[표 8-3] PERT 프레임

Point	학습목표와 연계된 강의의 핵심 포인트(개념, 원리, 절차와 방법, 기법)
Example	핵심 포인트를 보강할 수 있는 사실이나 사례, 경험담, 통계자료, 비유, 대조(대비)
Recall	학습자의 학습달성도(이해도)를 점검하기 위한 질문
Training	학습자의 적용능력을 높이기 위한 토의, 사례연구, 문제해결, 실습 등의 연습형 학습활동

[표 8-3a] PERT 프레임 정리 결과

	Point	Example	Recall	Training
소주제 1				
소주제 2				
소주제 3				

구조화 틀 탐색

KSCA 프레임과 3W1H 프레임, PERT 프레임 외에 학습내용 체계화를 위한 구조화 틀을 공유한다. 특정 프레임으로 체계화할 수 없는 학습내용은 '어떤 기준에 따라 분류 및 배열'하는 것이 합리적인지에 대한 의견을 나눈다.

■ 서열화 원리

세부 내용 등이 추출되었으면 서열화 원리에 따라 이들을 배열하여 콘텐츠 체계를 완성한다. 일반적으로 다음의 원칙에 따라 콘텐츠 내용을 배열한다.

- 전체적 내용에서 부분적 내용의 순서

- 중요한 내용에서 사소한 내용의 순서
- 단순한 내용에서 복잡한 내용의 순서
- 친숙한 내용에서 생소한 내용의 순서
- 구체적 내용에서 추상적 내용의 순서
- 긍정적 내용에서 부정적 내용의 순서
- 쉬운 내용에서 어려운 내용의 순서

이 밖에 내용을 서열화하는 기준으로 연대기적 배열, 공간적 배열, 그리고 문제해결식 배열 등이 있다.

연대기적 배열

내용들이 시간적 속성을 가지고 있을 때는 연대기적 배열을 사용한다. 즉, 내용들이 역사적 전개과정이나 사건의 진행과정 등으로 이루어졌을 때는 시간의 흐름에 따라 배열한다.

공간적 배열

내용들이 공간적 속성을 가지고 있을 때는 지리적 분포에 따라 배열한다. 이를테면 각국의 제도, 또는 지역 특성을 논의할 때 가장 중요한 지역을 중심으로 해서 인접한 지역의 순서로 배열한다.

문제해결식 배열

문제에 대한 원인을 분석하고 해결책을 모색하기 위한 내용일 경우 문제해결식 배열을 사용한다. 즉, 문제의 명확화, 자료의 수집 · 분석, 원인분석, 해결방안 모색, 의사결정, 리스크 대책의 순서로 배열한다.

콘텐츠를 체계화할 때는 먼저 학습주제들 사이의 체계를 잡는다. 학습주제의 체계화가 끝나면 학습주제 안에서 세부 내용들 사이의 체계를 결정한다. 이 작업이 끝나면 콘텐츠의 구성체계는 일단 완성되는 셈이다.

3) 학습내용 선정

학습내용을 선정할 때 가장 중요하게 고려할 요소는 학습자와 효과성 그리고 시간이다. 이 세 가지를 종합적으로 고려하여 실제 콘텐츠를 선정한다.

■ 학습자

학습자의 내용에 대한 사전 이해수준, 학습자의 태도, 연령, 성별, 직무, 직위, 학습자 수는 학습내용 선정에 영향을 미친다.

■ 효과성

개발자(교수자)는 'So What?(그래서 결론이 뭐야? 정말 가치가 있다고 판단해?)'이라는 궁극적 질문을 달고 살아야 한다. 이는 "교육과정 콘텐츠가 '학습자에게 어떤 도움을 줄 수 있는가?'라는 질문에 답할 수 있어야 한다"는 것이다. 구체적으로 다음 질문에 대한 개발자(교수자) 자신의 답이 있어야 한다.

- 강의를 통해 제시되는 지식과 정보를 알고, 모르는 것의 차이는 무엇인가?
- 강의를 통해 습득하게 될 기술 · 기능을 할 수 있을 때와 할 수 없을 경우의 차이는 무엇인가?
- 강의를 통해 인식하는 마음가짐에 따라 어떤 변화가 올 수 있는가?

개발자(교수자)는 앞의 질문에 대한 답을 제시할 수 있도록 다른 교육과정에서는 접할 수 없는 뭔가 새롭고 차별화된 내용을 탐색하고 고민하여 선정한다.

■ 시간

교육 시간은 학습내용과 교수·학습방법 선정에 절대적 영향을 미친다. 학습내용은 교육 시간에 다룰 수 있는 내용보다 조금 많은 분량을 준비하는 것이 좋다. 최근에는 MZ세대의 특성과 ICT 발달에 따른 매체의 영향, 마이크로 러닝 확산 등으로 교육 시간이 점차 짧아지고 있다. 그만큼 내용 선정이 어려워지고 중요해졌다.

4) 스토리보드 작성

스토리보드는 콘텐츠를 개발할 때 교재나 PPT 자료 작성에 앞서 수업의 전체 흐름을 그림과 글로 표현하는 문서이다. A4 용지(또는 전지), 포스트잇, 연필, 지우개, 색연필 정도만 있으면 스토리보드를 활용해 수업 스케치를 할 수 있다.

스토리보드를 활용할 때 포스트잇 한 장을 PPT 1장이라 생각하고 내용을 정리한 후 내용 제시 순서를 고려하여 A4 용지에 붙인다. 포스트잇을 활용하면 학습주제와 세부 내용 간의 순서를 바꾸거나 새로운 내용으로 대체할 때 편리하다.

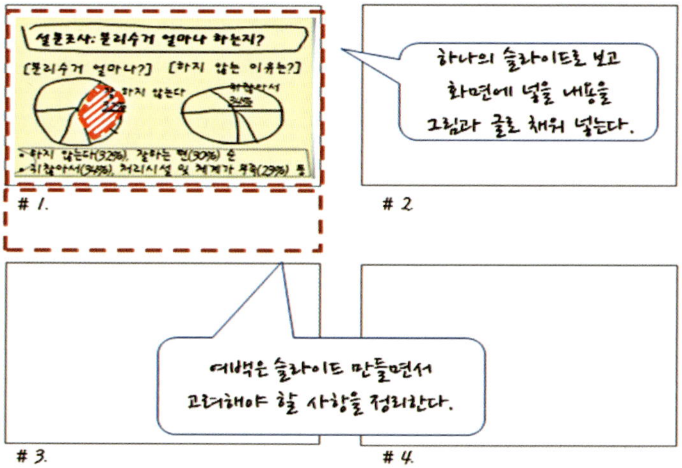

[그림 8-3] 스토리보드 활용

[그림 8-4]에서와 같이 A4 용지의 스토리보드를 보면서 전체 흐름을 이야기로 표현해 보고 어색한 부분은 수정한다. 수정을 여러 차례 반복할수록 좋은 강의 자료를 만들 수 있다.

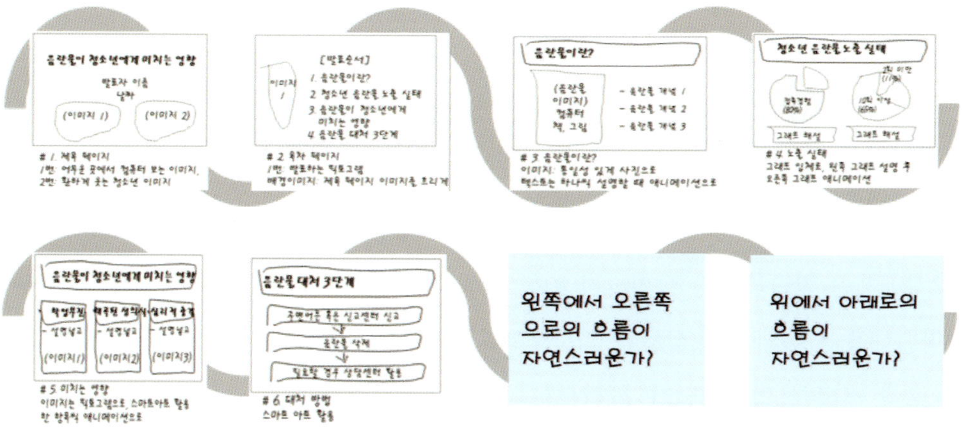

[그림 8-4] 스토리보드법 적용

강의하듯 스토리보드를 보면서 하는 이야기(스토리텔링)가 어색함이나 끊김없이 물흐르듯 자연스럽게 연결되면 콘텐츠 개발을 위한 준비가 완료되었음을 의미한다. 최종적으로 강의 시간 내에 소화할 수 있는 내용(포스트잇)만을 남기고 '필요하지만 중요하지 않은 내용(포스트잇)'은 제거한다. 이 스토리보드를 기반으로 교재와 PPT 자료를 개발한다.

'아는 게 힘이다'와 '모르는 게 약이다'라는 대립 속담 중에서 어느 것이 맞는 걸까. 사실 둘 다 맞다. 다만 '아는 게 힘이다'의 경험 단계를 지나야 '모르는 게 약이다'를 이야기할 수 있다. 전자의 경험 없이 후자를 받아들이게 되면 늘 '그 자리'에 머무른다. 발전이 없다. '아는 게 힘이다'는 경험이 세월과 함께 켜켜이 쌓여 축적의 힘이 발휘될 즈음 '모르는 게 약이다' 싶을 때가 올 듯하다. 지혜가 깊어지면 고민도 깊어진다. 세상에 정해진 답이 없기 때문이다. 이제 훌쩍 다 커 버린 딸들에게 아빠로서 해 줄 말이 없다. 교훈이란 말에 자신이 없다.

02 교수매체 개발

교수매체는 학습목표를 달성하기 위하여 교수자와 학습자, 학습자와 학습자, 학습자와 학습내용 사이의 상호작용과 의사소통을 촉진하기 위한 다양한 형태의 매체 또는 자료로서 정확한 정보전달을 목적으로 한다.

1) 교수매체의 유형과 선정기준

■ 교수매체의 유형

교수매체는 [표 8-4]에서와 같이 시각 매체와 청각 매체, 시청각 매체 그리고 상호작용 매체로 구분할 수 있다.

[표 8-4] 교수매체의 유형

유형		교수매체
시각 매체	교육용 자료	교재, 워크북, PPT 자료, 교수 매뉴얼, 보조자료(Job Aids), 실물, 모형
	전자 매체	빔프로젝터, 실물화상기, 전자칠판, 스마트폰
청각 매체		라디오, 녹음기, 마이크, 스피커
시청각 매체		동영상자료
상호작용 매체		줌(Zoom), 유튜브, 구글 Hangout.Meet, MS.Teams, Cisco Webex, EBS 온클

■ 교수매체 선정기준

교수매체를 선정할 때는 [표 8-5]에서 보듯이 학습목표와의 적합성, 학습동기 유발, 학습자 특성 등을 고려하여 선정한다.

[표 8-5] 교수매체 선정 기준

선정 기준	평가사항
학습목표와의 적합성	학습목표 달성과 학습내용 전달에 도움이 되는 정도
학습동기 유발	학습자의 주의집중과 흥미 유발 및 학습참여 촉진 정도
학습자 특성	연령, 성별, 수준, 경험 등의 학습자 특성 및 학습자 수와의 적합성
교수자 특성	교수자의 매체 활용능력
효용성	매체 준비에 요구되는 시간, 비용, 노력의 정도
환경 적합성	교육장의 시설, 좌석 배치와 이동가능성, 공간, 강의시간 등의 환경

2) 시각 자료 개발

시각 자료는 KISS(Keep it Short & Simple)와 KILL(Keep it Large & Legible)의 원칙을 적용하여 단순하고 간결하게, 그리고 크고 읽기 쉽게 작성한다. 색상은 하나의 슬라이드에 세 가지 색 이내로 사용한다. 부득이하게 여러 가지 색을 사용하여야 할 경우에는 한 가지 색상의 명도와 채도를 다르게 하여 안정감을 주도록 한다. 즐겨 사용하는 아이콘이나 도형은 '즐겨 쓰는 아이콘' 등의 파일로 별도 관리한다.

[그림 8-5] 즐겨 쓰는 아이콘

슬라이드 화면을 구성할 때 내용은 전체 슬라이드의 90% 이하로 하며, 10% 정도의 여백을 두는 것이 좋다. 슬라이드에서 사용하는 글자체는 [표 8-6]과 같이 굴림체나 돋음체, 윤고딕체, 맑은고딕체 등의 각진 글자체를 사용하는 것이 좋다. 영어에 있어서도 마찬가지로 Arial, Helvetica 서체를 쓰는 것이 시각적으로 분명하게 보인다. 서체는 두 가지 이하로 사용하는 것이 간결하다.

[표 8-6] 서체

굴림체	돋음체	맑은고딕체	Arial	Helvetica

시각자료에서는 마침표를 사용하지 않는 것이 좋다. 표나 그래프, 도형, 그림 등의 제목은 간결하게 하고, [표 8-7]에서와 같이 데이터나 정보의 특성에 적합하게 사용하는 것이 중요하다.

[표 8-7] 정보의 시각화

<table>
<tr><td>개별 데이터를 확인하고 비교분석</td><td>표</td><td>
<table>
<tr><th>구분</th><th>20xx</th><th>20xx</th><th>20xx</th><th>20xx</th></tr>
<tr><td>A사</td><td>1,250</td><td>2,300</td><td>2,350</td><td>3,000</td></tr>
<tr><td>B사</td><td>578</td><td>780</td><td>1,120</td><td>1,780</td></tr>
<tr><td>C사</td><td>2,320</td><td>1,870</td><td>1,725</td><td>2,100</td></tr>
</table>
</td></tr>
<tr><td>변수 간의 비교, 변수(들)의 추세, 시간에 따른 변수들 간의 관계 분석</td><td>막대그래프
꺾은선그래프</td><td>
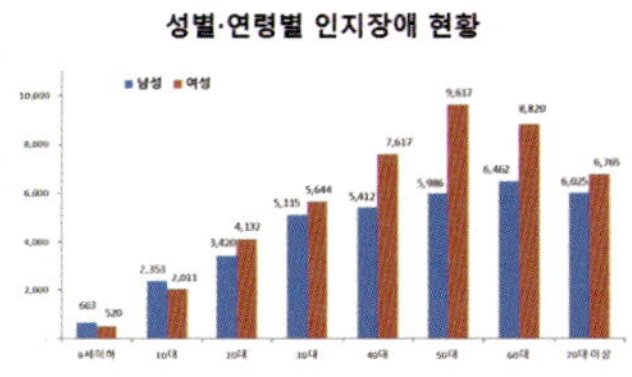

</td></tr>
<tr><td>요소별 빈도나 분포 분석</td><td>원그래프</td><td>
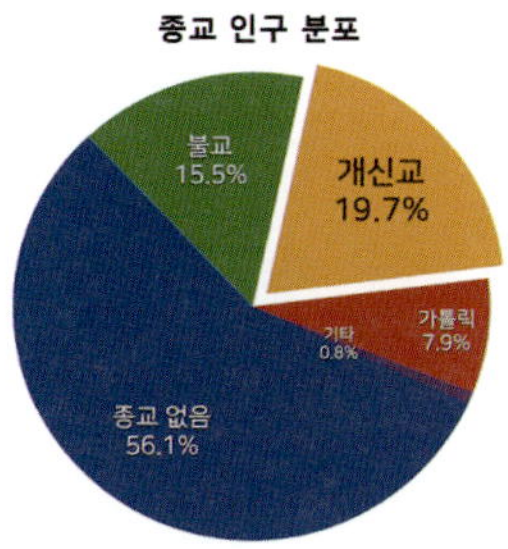

</td></tr>
<tr><td>두 요인을 기준으로 요소들의 분포나 크기, 위치, 추세를 분석</td><td>매트릭스</td><td>
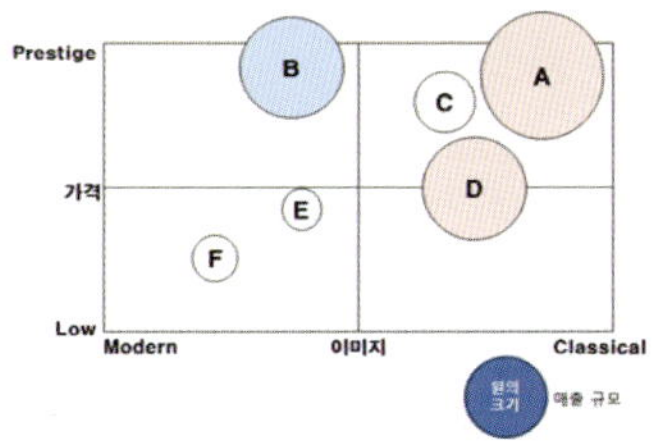

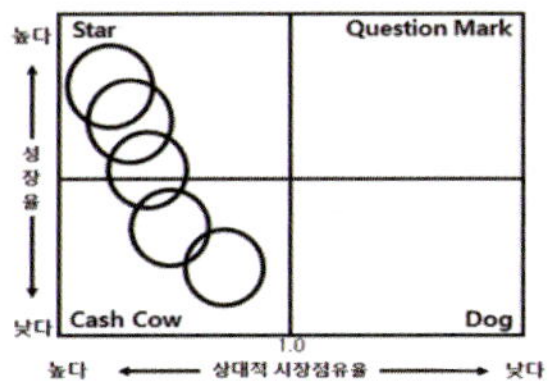

</td></tr>
<tr><td>일의 진행단계와 단계별 요소 분석</td><td>Flowchart
다이어그램</td><td>
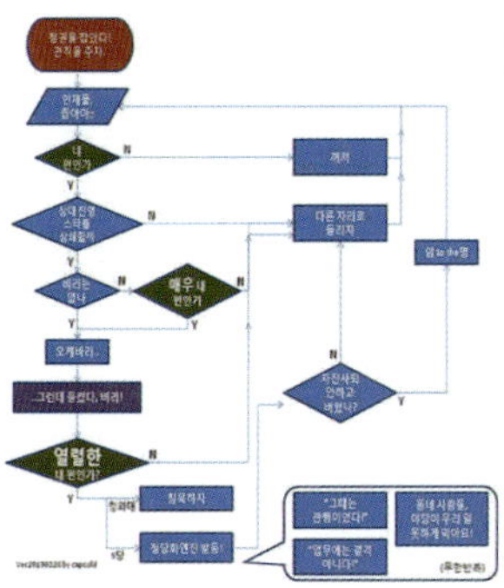
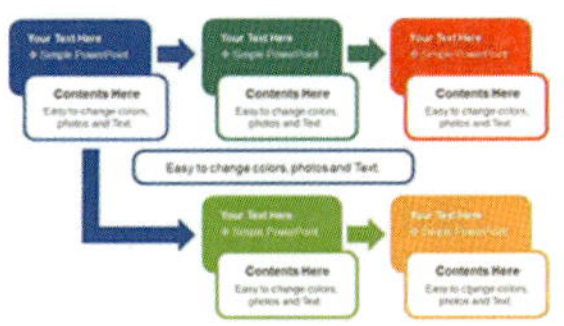

</td></tr>
</table>

적절한 애니메이션 효과를 사용하는 것은 내용 이해에 도움이 되지만 화려한 효과는 사용하지 않는다. 유튜브 등의 영상자료는 5분 내외로 편집하거나 자체 제작하여 활용한다.

3) 교수매체 활용

■ 이젤스탠드

이젤스탠드는 학습내용을 확인하거나 이전에 기록한 내용을 다시 보면서 교육 내용 간의 연계성을 높여 설명할 수 있다는 장점이 있다. 소집단 활동의 경우 여러 개의 이젤스탠드를 활용해서 집단 간 학습경험을 공유하고 비교할 수도 있다.

■ 전지, 색지 및 포스트잇

전지와 색지, 그리고 포스트잇은 대부분의 강의에서 활용되고 있는 유용한 교수매체이다. 색지를 활용할 때는 임시고정용 스프레이 접착제(No.75)를 활용하면 편리하다. 스프레이 접착제를 사용하면 스카치 테이프 없이도 전지에 학습 결과물을 자유자재로 떼었다, 붙였다 할 수 있다. [그림 8-6]은 다양한 교수매체들이다.

[그림 8-6] 다양한 교수매체

특히 강의 중의 교수매체 작동 오류는 흔히 발생하는 문제이므로 문제 발생 시의 대안을 준비해 두는 것이 필요하다.

03 교수계획서 개발

교수계획서는 교수·학습활동의 전체 흐름과 학습내용을 체계적으로 정리한 강의 설계도이다. 즉, 강의를 어떻게 실행할 것인가에 대한 진행계획을 정리한 문서로 교수지도안 또는 교안(Lesson Plan)이라고도 한다. 교수계획서를 작성함으로써 다음과 같은 효과를 기대할 수 있다.

- 학습목표에 적합한 수업을 할 수 있다.
- 학습내용을 향상·개선시킬 수 있는 자료가 된다.
- 교수자와 학습내용을 평가할 수 있는 근거가 된다.

- 강의의 일관성을 유지할 수 있다.
- 강의시간을 관리할 수 있다.

교수계획서는 교육과정 개발 지침에 따라 '도입, 전개, 마무리'의 3단계 흐름에 기초하여 작성한다. 단계별 구성요소 또한, 개발 지침에 따른다. 교수계획서 사례를 제시한 후 실제 강의에서 활용하기 편리한 Learning map형 교안, 슬라이드형 교안을 제시한다.

■ 교수계획서

교수계획서에는 도입, 전개, 마무리 단계별 학습내용과 교수 · 학습활동을 간략하게 제시한다. 단계 및 학습주제별 시간계획을 포함한다.

[표 8-8] 4란식 교안

과정명	신임 팀장의 리더십 역량 개발		
교과목명	변화관리를 위한 리더의 역할과 스킬		
교육대상	신임 팀장		
교육시간	6H	작성일	20**.10.25(ver_3.0)
학습목표	1. 변화의 개념과 변화 성공요인 네 가지를 정의할 수 있다. 2. 권력과 영향력의 원천을 설명할 수 있다. 3. 영향력 행사 기술과 리더 탈락 방지 기술을 적용할 수 있다.		
학습환경	팀 활동이 가능한 30명 수용 규모의 강의장 5개 팀으로 Lay-out(1개 팀 5~6명)		
교수매체 및 학습준비물	빔프로젝터, 화이트보드, 이젤스탠드 , 전지(팀별 5매), 색지(팀별 10매), 포스트잇(1팀 1세트), 컬러펜(6색 1세트, 1팀 1세트), 네임펜(6색 1세트, 1팀 1세트), 스프레이 풀(No.75), 스카치 테이프, 칼, 가위(각 팀 1개씩), 타이머		
참고도서	이재희(2016), 리더십 프레임, 한올. 이재희 외(2018), 리더스 커뮤니케이션, 양성원. 이재희(2021), 소통리더십 개발을 위한 비즈니스 커뮤니케이션(4판), 한올.		
교수학습전략	팀 토의 사례연구	하브루타법 동료학습	

단계	주요과제	학습내용		교수 · 학습활동
도입 (30“)	주의집중 (10″)	인사말 및 교수자 소개 CEO M의 의사결정 동영상***		PPT 자료 시청 포인트 안내
	동기유발 (15″)	M이 속한 조직의 상황 조직의 변화관리 관점과 리더십 행사 관점		동영상 시청 후 1:1동료학습 질문: 당신의 선택은?
	학습목표/ 목차 제시 (5″)	변화관리 권력과 영향력*** 리더 탈락		주제별 간략 설명 주요 학습활동 안내
전개 (5H)	변화관리 (2H)	지식	변화의 개념과 성공요인	질문 후 설명
		기술	변화저항 대처 기술***	팀별 대처방안 토의 대처 기술 제시
		상황	변화 성공사례(개인과 조직) 변화 실패사례(개인과 조직)*	팀별 과제 탐구 및 발표 성공과 실패요인 제시
	권력과 영향력 (2H)	지식	권력과 영향력의 개념 차이 권력과 영향력의 원천***	질문 후 예시 제시 → 설명 민주당 180석은 권력? 영향력?
		기술	사례 제시를 통한 권력행사 기술 사례 제시를 선한 영향력 행사 기술***	조직정치와 권모술수 기술(Q&A) 전문성 확대와 네트워킹 사례 설명
		상황	권력 남용 A 팀장 사례(독극형 상사)*** 영향력 행사 B 팀원 사례(무보직 리더)	사례연구 후 팀 발표(동시) 공통점 확인 후 F&R체계 적용
	리더 탈락 (1H)	지식	리더 탈락의 개념 리더 탈락의 6가지 원인***	Q1.리더십 성과? → 통합 Q2.리더십 탈락의 제1요인? → 분열
		기술	리더 탈락에서 살아남는 방법 전략 부재와 의존성향 탈피 기술	영상자료
		상황	서울시장 보궐선거 결과와 원인*	사례연구 → 일반화(분열, 확증편향, 공정성 결여와 이념 · 행동의 불일치)
마무리 (20“)	요약 (10″)	변화의 개념과 성공요인 권력과 영향력의 원천 리더 탈락의 원인		설명 Q&A
	생각 확장(5″)	사회문화적 관점에서 본 리더 부재의 원인*** 리더를 육성하는 문화 특징*		설명, 은유: 반복되는 역사, 반복되는 일상(모순)
	안내/클로징 (5″)	독극형 리더와 리더십 실패 자료 공유 OER 리스트 공유		구글드라이브 공유 웹사이트 주소 공유

예측하지 못한 사정으로 강의를 단축시켜야 하는 경우가 발생할 수 있으므로 학습내용의 중요도에 따라 미리 우선순위를 설정해 두는 것이 좋다. 예를 들어, 별표 세 개(***)는 핵심내용으로 반드시 다뤄야 할 내용, 별표 하나(*)는 삭제해도 되는 것 등으로 구분하여 표시하는 것이다. 중요도를 스티커의 색깔을 구분하여 나타낼 수도 있는데 빨간색은 중요, 노랑색은 보통 등으로 약속하는 것이다. 중요도에 따른 우선순위를 미리 정해 놓으면 실제 상황에 따라 탄력적으로 수업을 운영할 수 있다.

■ Learning map형 교안

Learning map형 교안은 교과목, 학습주제, 학습내용과 세부내용을 기본용어 중심으로 기술한 교안이다. 전체 수업의 체계와 내용을 일목요연하게 파악할 수 있다.

[표 8-9] Learning map형 교안

<table>
<tr><th>교과목</th><th>학습주제</th><th>학습내용</th><th colspan="5">세부 내용</th></tr>
<tr><td rowspan="13">교수 내용 개발 (8H)</td><td rowspan="2">교수설계 (2H)</td><td>ADDIE 모델</td><td>Analysis</td><td>Design</td><td>Development</td><td>Implementation</td><td>Evaluation</td></tr>
<tr><td>교수설계 단위</td><td>Course</td><td>Module</td><td>Lesson</td><td>Subject</td><td>Contents</td></tr>
<tr><td colspan="2">교수계획 수립 절차(1H)</td><td>학습자 분석</td><td>학습목표 · 평가</td><td>내용선정 · 조직</td><td>교수방법 · 매체</td><td>교수자료 개발</td></tr>
<tr><td rowspan="5">교수계획 요소 (1H)</td><td rowspan="3">나침반</td><td>학습목표</td><td colspan="4">~을 ○○할 수 있다. (기억, 활용, 발견)</td></tr>
<tr><td rowspan="2">평가방법</td><td>진단평가</td><td>형성평가</td><td>총괄평가</td><td>추수평가</td></tr>
<tr><td>반응평가</td><td>학습평가</td><td>활용도평가</td><td>기여도평가</td></tr>
<tr><td>시계</td><td>학습단위 세분화</td><td>Logic Tree</td><td>시간계획</td><td></td><td></td></tr>
<tr><td>거울</td><td>학습성취도 평가</td><td>질문</td><td>Quiz</td><td>C · C 테스트</td><td>적용 실습</td></tr>
<tr><td rowspan="3">학습환경 분석 (1H)</td><td>상황 특수성</td><td colspan="5">사업장 내 강의장 좌석 배치 변경 불가</td></tr>
<tr><td>학습자 특수성</td><td>전임 사내강사</td><td>기술전문가</td><td>비판적, 분석적</td><td></td><td></td></tr>
<tr><td>과목 특수성</td><td colspan="5">기술교육</td></tr>
<tr><td colspan="2" rowspan="2">교수내용 선정 및 계열화 (3H)</td><td>U-oriented</td><td>DNA</td><td>So what?</td><td>Why so?</td><td>MECE</td></tr>
<tr><td>Magic #5</td><td>Priority</td><td></td><td colspan="2">KJ법 실습</td></tr>
</table>

■ 슬라이드형 교안

발표할 PPT 자료를 용지 한 매에 여러 장 나오도록 출력하여 교안 대신으로 활용할 수 있다. 강의 중간에 전후 맥락을 파악하기가 쉽고, 다음 슬라이드에 무슨 내용이 있는지 미리 확인할 수 있어 내용의 자연스러운 연결이 가능하다. 각 슬라이드에서 반드시 설명해야 할 중요 개념이나 내용이 있을 경우 교안의 여백에 관련 핵심용어를 기재해 놓으면 잊지 않고 수업을 할 수 있다. 이 유형은 짧은 시간에 끝나는 특강 시에 효과적으로 사용할 수 있다.

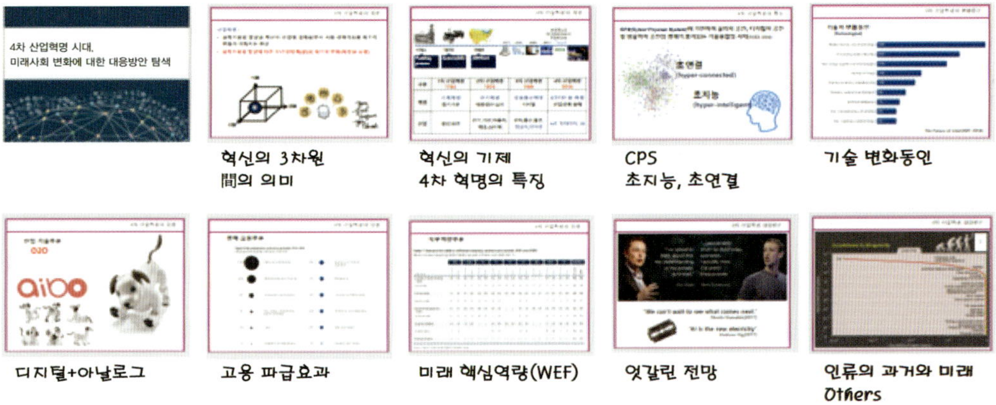

[그림 8-7] 슬라이드 자료형 교안

학습내용을 중심으로 SAM 토의를 진행한다. 자유로운 분위기에서 편안하게 의견을 나눈다.

Summarize! 학습목표를 확인한 후, 각 학습목표에 대한 자신의 답을 정리한다. 이를 바탕으로 주요 개념과 용어 간의 위계와 연관성을 규명한다.

Adapt! 수행과제를 해결하기 위해 적용할 수 있는 지식과 기술은 무엇인지 토의한다. 직무수행이나 일상에서의 적용방안을 탐색한다.

Make Better! 보다 나은 학습을 위해 수정 · 보완할 내용에 대해 토의한다. '미리보기-학습내용-수행과제-쉬어가기'의 맥락 속에서 메시지를 발견하고 의미를 부여한다.

■ 팀 과제수행 활동

- 콘텐츠 개발에 유용한 웹사이트나 각종 자료 원천에 대한 정보를 공유한다. 각자 북마크 목록을 공유한다.
- 이전 단계에서 정리한 '전개' 부문의 KSA 목록을 콘텐츠 개발 프레임(KSCA, 3W1H, PERT 중 선택)을 적용하여 배치한다.
- 이를 토대로 포스트잇을 사용하여 스토리보드를 작성한다. 작성한 스토리보드를 자연스러운 흐름으로 배열한다. 스토리텔링하듯 막힘이 없을 때까지 배치를 바꿔 본다.
- 스토리보드 중에서 팀 수행과제 발표 시에 사용할 SB는 PPT로 작성한다. 발표하지 않을 내용은 PPT로 작성하지 않는다.
- 발표 시에 사용할 교수계획서를 교육과정 개발 지침에 따라 작성한다.

쉬어가기

우리는 우리가 생각하는 것보다

훨씬 더 멋진 존재라고 생각합니다

단지 알아차리지 못할 뿐이지만…

도저히 사자를 그릴수가 없네요. (TT)

참고: 당나귀, 사자

Human Resources Development

Human Resources Development

Chapter

09

교수전략 실행

1. 교수 · 학습방법
2. 기본 강의기법
3. 학습 촉진기법

미리 보기

교육부의 개정 교육과정은 '지식주입'이 아닌 '역량 향상'에 목표를 두고 있다. 새 교육과정은 교수자들에게 학습자들의 참여를 높이고 협력을 도모할 수 있는 여러 가지 수업방식을 활용하도록 권고한다. 재미있고 생활 속 경험과 연계되는 교수 · 학습활동들이 많다.

미디어 활용 수업(MIE, Media In Education)

참여형 수업에서 가장 많이 활용하는 방식이다. EBS 지식채널e나 유튜브 동영상 등 수업 주제와 연계된 다양한 배경지식 동영상 등을 틀어 주고 학습자들의 관심을 끈 뒤 발표를 통해 각자의 지식 및 궁금증을 공유한다. 교재의 지식을 보충하고, 비판하며, 내면화할 수 있는 영상 미디어 매체가 활용된다.

사진 활용 학습(PIE)

자유롭게 찍은 사진에 대해 글과 설명으로 표현하면서 창의력, 관찰력, 비판력, 발표력을 기르게 하는 방법이다. 생활 주변에서 나타나는 다양한 현상들을 사진으로 기록한 후 사진에 나타난 사실을 파악해 보는 활동을 통해 인간과 자연과의 관계에 대한 인식을 넓히도록 한다.

신문 활용 수업(NIE)

신문을 교재로 하는 다양한 수업활동을 말한다. 찾기, 이해하기, 평가하기, 창조하기 순으로 난이도가 높아진다. 기사 제목 만들기, 기사 추가하기, 인터뷰 기사로 바꾸어 쓰기 등 교수자의 아이디어에 따라 사회와 밀접한 수많은 연계활동이 가능하다.

포토 스탠딩(photo standing) 활용 탐구

신문이나 잡지 속 사진이나 그림, 광고지 같은 자료를 활용해 탐구 주제에 대해 이야기하는 방법이다. 기초적인 아이디어를 만들어 내거나 의견 모으기를 할 때 주로 이용된다.

임우선, 동아일보(2018. 1. 11.).

학습
목표

같은 내용이라 해도 어떻게 전달하느냐에 따라 학습자의 이해도는 크게 달라진다. 교수자는 강의법을 기본으로 하여 토의법, 사례연구법, 실험실습법, 역할연기법, 자기주도학습, 협동학습, PBL 등의 다양한 참여식 교수법을 함께 활용함으로써 교육효과를 높이고 학습자의 몰입도 역시 향상시킬 수 있다.

1. 강의식 교수법을 적용할 수 있다.
2. 참여식 교수법 운영절차에 따라 협동학습 교수법을 적용할 수 있다.
3. 강의 노하우와 학습 촉진기법을 적용하여 학습효과를 높일 수 있다.

01 교수 · 학습방법

교수 · 학습방법은 [그림 9-1]에서와 같이 강의식 교수법과 참여식 교수법으로 대별된다. 즉, 교수자가 주로 설명하는 교수방법을 강의식 교수법이라 하고, 학습자의 탐구활동이 주가 되는 교수방법을 참여식 교수법이라 한다. 참여식 교수법에는 토의법, 사례연구법, 실험실습법, 역할연기법, 명목집단법, 자기주도학습법, 협동학습법, 액션러닝 등이 있다.

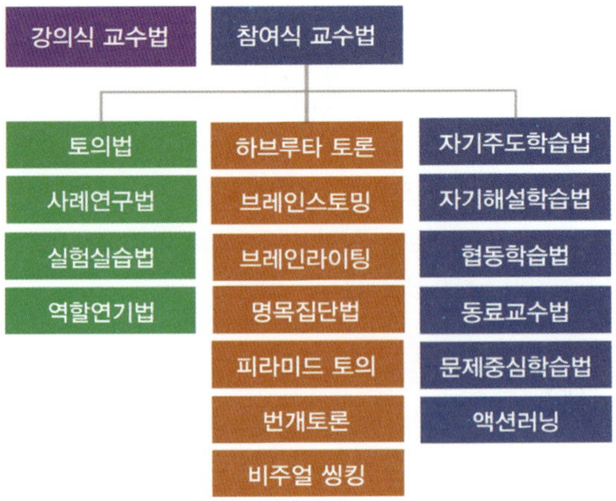

[그림 9-1] 교수방법의 유형

교수 · 학습방법을 선정할 때는 [표 9-1]과 같은 기준을 고려한다.

[표 9-1] 교수 · 학습방법 선정 기준

학습목표	기초(기억), 중급(활용), 고급(발견, 예측, 종합) 등 학습목표 수준을 고려
교육내용	지식 전달, 기술 습득, 태도 변화 등 주가 되는 학습내용에 따라 적합한 교수방법을 고려
학습자 특성	지식수준, 학습능력, 학습경험, 태도, 연령, 성별, 직무, 직위, 학습자 수 등의 특성을 고려
학습환경	강의실 환경, 교수매체와 자료 지원, 강의시간을 고려
기타	조직문화와 업무 특성, 교수자의 운용능력을 고려

1) 강의식 교수법

강의식 교수법은 교수자가 학습내용을 언어로 전달하는 가장 보편적인 교수법이다. 즉, 교수자가 일반성을 띤 개념, 원리, 절차 등에 대해 설명하거나(법칙), 사실이나 사례 등의 특수성을 띤 내

용을 설명하는(예) 방식으로 짧은 시간 내에 많은 학습자들에게 학습내용을 전달하는 방법이다. 강의법은 학습자의 개인차를 고려하기 어렵고 교수자 개인의 자질에 따라 교육 효과가 좌우되기 쉽다. 강의법을 사용할 때는 질문을 통하여 학습자들의 내용 이해 여부를 평가하고 토의나 사례연구와 같은 참여식 교수법을 보조적으로 활용하는 것이 바람직하다.

제4장에서 설명한 바와 같이 가네는 학습자의 내적인 인지 과정을 촉진하기 위해 교수자가 행해야 하는 활동(교수사태)을 9가지로 제시했다. [표 9-2]에서 보는 바와 같이 가네의 수업사태에서 주의획득(집중), 학습목표 제시, 선수학습 회상 자극은 '도입' 단계에, 학습내용 제시, 학습안내(학습지침) 제공, 수행 유도, 피드백 제공은 '전개' 단계에, 그리고 수행(성취행동)평가, 파지와 전이 향상은 '마무리' 단계와 대체로 일치한다고 볼 수 있으며, 이를 지침으로 교수계획서를 작성할 수 있다. 가네의 이론은 대표적인 강의식 교수법을 위한 모형으로 강의를 설계하는 데 유용한 지침을 제공한다.

[표 9-2] 가네 교수사태

흐름	교수사태(교수자)	
도입	주의 획득(집중)	질문이나 시청각 자극을 통해 학습자의 흥미를 유발한다.
	학습목표 제시	실용적 학습목표를 제시하여 기대감을 갖도록 한다.
	선수학습 회상 자극	새로운 정보 제시 전에 관련된 선수학습 수준을 점검한다. 선수학습이 미진할 경우 이를 설명한다.
전개	학습내용 제시	유익한 정보를 강의, 시청각 자료 등을 활용하여 전달한다.
	학습안내(학습지침) 제공	내용과 연관된 예시, 시범, 도표 등을 통하여 정보를 통합하고 장기기억에 저장될 수 있도록 안내한다.
	수행 유도	질문, 실험, 연습, 과제 해결 등의 활동을 통해 학습내용을 수행할 수 있는 기회를 제공한다.
	피드백 제공	수행이 성공적이면 긍정적인 피드백(강화)을 제공하고, 개선이 필요하면 보충학습이 이루어지도록 한다.
마무리	수행(성취행동) 평가	다음 단계의 학습이 가능한지를 판단하기 위해 성취행동을 평가한다.
	파지와 전이 향상	새로운 학습내용을 오래 기억하고(파지, retention), 다른 상황에서도 적용(전이, transfer)할 수 있도록 경험을 제공한다.

2) 참여식 교수법

참여식 교수법은 교수자가 질문이나 지시 등을 통하여 학습자들의 탐구활동을 촉진하고 학습과정에 주도적으로 참여하게 하는 교수·학습방법을 의미한다. 참여식 교수법은 학습자들의 상호작용을 통한 정보공유 및 팀워크 증진을 기대할 수 있다. 반면, 강의법에 비해 많은 시간이 소요될 뿐 아니라, 학습자의 적극적 참여가 요구되며 참석 인원에도 제한을 받는다. 또한, 교수자의 적절한 피드백 없이 운영되면 단순히 교육시간만 허비하고 학습효과를 달성하지 못할 위험성이 있다. 참여식 교수법을 잘못 적용하면 '시간 떼우기'식 수업을 했다는 불만을 들을 수 있다. 따라서 참여식 교수법을 적용할 때는 다음 세 가지 질문에 대한 명확한 답을 제시할 수 있어야 한다.

- 참여식 교수법을 통해 어떤 주장과 메시지를 전달하고자 합니까?
- 교수자의 주장과 메시지를 전달하기 위하여 학습자의 정보 공유와 경험 공유가 중요합니까?
- 많은 시간을 할애해도 될 만큼 선택한 참여식 교수법이 최적입니까?

■ 참여식 교수법의 운영 절차

참여식 교수법은 [그림 9-2]에서와 같이 '개요, 체험, 발표, 분석, 일반화'의 운영 절차에 따라 진행하는 것이 중요하다.

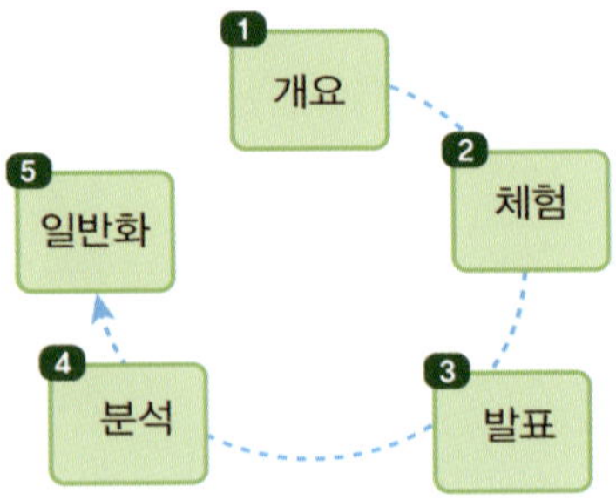

[그림 9-2] 참여식 교수법의 운영절차

개요

학습활동의 목적, 주제 및 주요 내용, 팀 활동 요청사항(과제)과 최종결과물, 팀 활동 종료 후의 학습자 수행사항 및 마감시간 등에 대하여 안내한다. 발표 내용에 대한 평가표를 배포하거나 체크 포인트를 안내한다.

체험

과제해결 학습활동에 참여한다. 교수자는 체험활동 시간 중 학습팀을 다니며 학습활동을 촉진하고 질문사항에 대해 답변한다.

발표

팀 학습활동 결과를 발표하여 전체가 공유한다.

분석

교수자는 각 팀의 발표내용을 분석, 요약하여 학습자들과 공유한다.

일반화

팀 학습활동을 통해 달성하고자 의도한 교수자의 주장과 메시지를 근거와 함께 제시한다.

참여식 교수법 운영 절차 중에서 상황에 따라 발표나 분석 단계는 생략하거나 축소하여 운영할 수 있지만 개요, 체험 및 일반화는 반드시 이루어져야 한다. 특히 교수자가 가장 중점을 두어야 할 것은 일반화 단계에서의 '주장과 메시지, 그리고 근거'이다. 또한 시간관리가 중요하므로 참여식 교수법을 적용할 때는 타이머를 사용한다.

발표는 학습활동의 결과를 공유하고 정리하는 측면에서 중요한 역할을 하므로 가능한 실시한다. 학습자가 많을 경우 팀별 발표에 많은 시간이 소요될 수 있으므로 이럴 경우에는 모든 팀이 동시에 발표하기도 한다. 예를 들어, 다섯 개 팀이 있을 경우 팀토의 결과를 모두 발표케 하고 싶은데 수업시간이 제한된 경우가 있을 수 있다. 이때

[그림 9-3]에서와 같이 각 팀의 발표자와 보조 팀원 한 명이 각기 다른 팀으로 가서 자기 팀의 토의 결과를 발표하는 것이다. 1팀은 2팀으로 가서 발표하고, 2팀은 3팀에서 발표하는 방식이다. 이런 식으로 하면 5팀은 1팀에 가서 발표하게 된다. 이렇게 하면 한 팀의 발표 시간에 모든 팀이 발표할 수 있다.

[그림 9-3] 동시 발표

교수자는 사전에 설명을 듣는 팀이 상대 팀의 발표를 보면서 체크할 포인트에 대하여 설명하고, 발표가 끝난 후 상대 팀의 발표 내용에 대한 피드백 의견을 제출하도록 요청한다. 교수자는 각 팀의 피드백 내용을 분석하여 공유한 후 자신의 주장과 메시지를 제시한다.

■ 참여식 교수법의 유형과 적용방법

토의법

토의법은 특정 주제에 대하여 교수자와 학습자, 또는 학습자 상호 간에 언어를 매체로 하여 자신들의 의견과 사실, 정보 등을 교환하는 교수방법이다. 토의법은 학습자들을 수업에 능동적으로 참여케 함으로써 다

양한 아이디어와 의견을 도출하게 할 수 있고, 논리적인 의사소통 능력의 향상뿐 아니라 수업에 활력을 주고 동기를 유발한다. 그러나 학습자들이 토의법에 익숙하지 못할 경우 학습내용과 전혀 관계가 없는 토의를 하거나, 일부 학습자에 의해 토의가 주도되어 활동에서 제외되는 사람이 발생하기도 한다.

토의법을 사용할 경우에 교수자는 토의 주제 및 내용에 대한 사전 준비를 철저히 해야 하며, 토의 결과 산출될 결과물을 명확히 제시하여 효과적인 토의가 이루어지도록 한다. 또한, 토의 중간중간에 적절히 개입을 하여 토의가 논외로 흐르지 않도록 주의한다. 그리고 무엇보다 모든 학습자들이 토의에 참여할 수 있도록 토의 규칙을 적용하고, 활기차고 재미있는 분위기를 유도한다.

하브루타 토론법

하브루타 토론법은 둘씩 짝을 지어 질문하고, 대답하고, 토론하고, 논쟁하는 유대인들의 전통 학습방법을 일컫는다. 끝없는 질문과 답의 연속과정을 통해 깊이 있는 사고로 들어가는 것이 핵심이다. 진행방식은 다음과 같다.

- 하나의 주제에 대해 두 명이 각자 찬성과 반대 입장에서 1차로 의견을 제시하고 토론한다.
- 1차 토론 후 찬성과 반대 입장을 바꾸어 2차 토론을 진행한다. 즉, 1차에서 찬성 입장이었던 사람은 반대 입장에서, 반대 입장이었던 사람은 찬성 입장에서 각각 의견을 제시하고 토론한다. 하나의 주제를 가지고 찬성과 반대 입장을 바꾸어 토론하면서 새로운 시각을 갖게 되고, 역지사지로 다른 사람의 입장을 이해할 수 있게 된다.
- 1차 토론과 2차 토론을 마친 후 토론 과정에서 나온 의견을 종합하여 3차 토론을 진행한다.
- 3차 토론을 통하여 토론 결과를 도출하고 토론 과정에서 새로 알게 된 지식이나 정보와 함께 느낀 점 및 실행할 내용(통찰)을 공유한다.

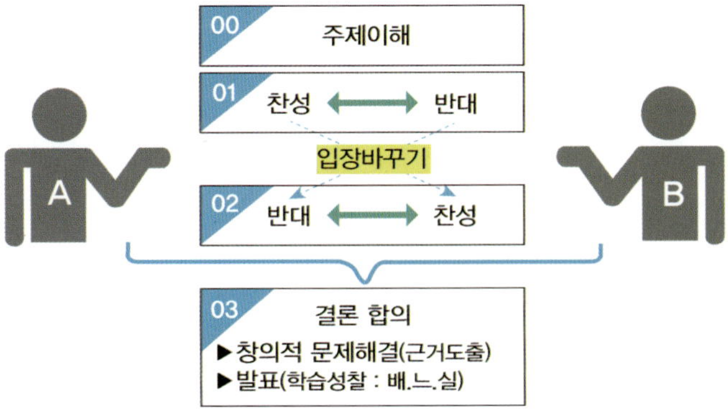

[그림 9-4] 하브루타 토론법

하브루타 토론법을 실습할 때마다 상대방을 다르게 한다. 매번 상대방을 바꿔서 다른 사람과 토론함으로써 각기 다른 새로운 지식과 정보, 경험, 지혜를 접할 수 있다. 이를 통해 학습자들은 개인적 시각을 동료학습자와 공유하고 비교함으로써 자기성찰의 기회와 비판적 사고력을 가지게 된다. 또한, 사람에 따라 어떻게 소통해야 하는지에 대해서도 배울 수 있다.

하브루타 토론법을 개인이 아니라 집단 단위로 활용할 수도 있다. 1:1 짝 토론이 아니라 1:1 집단 토론의 형식이다. 예를 들어, 어떤 법안을 놓고 첨예하게 대립하는 여야가 처음에는 자기들의 주장을 제시하다가 두 번째는 완전히 입장을 바꿔서 다시 토론을 하는 것이다. 여가 야가 되고 야가 여가 되어 토론을 진행한 후 마지막 단계에서 결론을 도출하는 것이다.

하브루타 토론

초등학교에서 나타나고 있는 '여교사 비율 증가 현상'에 대한 의견을 하브루타 토론법을 적용하여 교환한다. 토론이 끝난 후 각자의 느낌을 공유한다(토론 주제는 변경 가능).

브레인스토밍

제시된 자료의 연관성을 찾는 모둠 활동을 할 때 다양한 의견을 제시하는 것이다. 브레인스토밍(Brainstorming)에서 나온 아이디어에 대해서는 비판을 하지 않는 게 기본이다. 가능한 한 새롭고 참신한 아이디어를 생각할 수 있도록 자유분방한 분위기 속에서 대화한다.

브레인 라이팅

브레인 라이팅(Brain writing) 기법은 아이디어를 만드는 과정에서 개별적으로 아이디어를 생각해 종이에 기록하는 것이다. 다른 사람의 생각을 방해하지 않도록 침묵을 지킨다. 이후 종이를 서로 돌려 보며 아이디어를 추가해 나간다.

명목집단기법

명목집단(Nominal Group)은 이름만 집단이라는 뜻이다. 즉, 상호작용을 전제로 하는 일반적 집단과 달리 의사소통을 허용하지 않기 때문에 명목상의 집단이라 한다. NGT의 진행방법은 다음과 같다. 먼저 익명으로 종이에 아이디어를 작성 · 제출한다. 제출 받은 아이디어를 칠판에 기록한 후 아이디어에 대한 토론을 한다. 이때부터 상호작용이 있으나 누구 아이디어인지는 모른다. 비판은 하지 않는다. 마지막으로 투표를 실시하여 안을 확정한다.

피라미드 토의

피라미드(Pyramid) 토의는 일종의 의견수렴 및 합의 방식이다. 주어진 논제에 대한 개인 의견을 브레인 라이팅 기법을 활용해 1인당 4장의 빈 카드에 적는다. 이후 옆 사람과 1 대 1 토의를 거쳐 둘이 합친 카드를 4장으로 줄인다. 다시 다른 팀과 만나 2 대 2 토의 과정을 거친 뒤 카드를 총 4장으로 줄인다. 다시 그 4명이 다른 4명과 함께 토의한 뒤 카드 장수를 계속 줄여 나가는 식이다. 최종적으로 남은 마지막 카드

4장은 전지에 붙이거나 칠판에 기록해 대표자가 전체 앞에서 발표한다.

번개 토론

진행자가 참가자들에게 번개처럼 생각나는 질문을 갑자기 묻고, 참가자 역시 한 단어 또는 한 문장 정도로 짧게 대답하는 방식으로 진행된다. 답변을 할 학습자는 무작위로 선정된다. 대답에 대해 비판해선 안 되고 대답이 없으면 빠른 진행을 위해 바로 '통과'를 외칠 수 있다.

비주얼 싱킹

비주얼 싱킹(Visual thinking)은 학습 내용을 이미지로 만들어 표현하는 학습활동이다. 모둠 활동을 통해 상호협력할 수 있고 학습 내용을 정리하는 데도 효과적이다. 핵심 주제를 선정하고 이미지, 말풍선, 화살표 등으로 핵심 주제와 관련된 시각언어를 만들어 각자의 생각을 표현 및 공유할 수 있다.

사례연구법

사례연구법은 문제해결식 교수방법으로서 실제 발생했던 사건이나 발생 가능한 상황을 집단토의를 통하여 관련 자료를 분석하고, 원인을 규명함으로써 문제에 대한 해결방법이나 대책을 결정해 가는 교수방법이다. 사례연구법은 벤치마킹의 한 방법으로 교육뿐 아니라 문제해결 방법으로도 널리 사용되고 있다. 사례는 특정한 사건, 사실이나 상황을 구체적으로 기록한 것으로서 그 가운데 무엇인가 해결을 필요로 하는 문제가 포함되어 있다.

실험실습법

실험실습법은 시범과 실험, 그리고 실습을 통하여 이미 알려진 지식을 객관적으로 예증하거나, 기능을 숙달시키기 위한 교수법이다. 이 교수법은 학습자의 자기주도적

학습능력과 문제해결 능력을 향상시키는 데 효과적인 방법이다. 시범이나 실험에 쓰이는 장비나 시설을 필요로 하고, 교수자 및 조교의 시범이 요구되기 때문에 이들은 재료 및 장비를 능숙하게 다룰 수 있어야 한다. 실험, 실습 과정에서 발생할 수 있는 문제상황에 대처할 수 있는 안전대책이 중요하다.

역할연기법

역할연기법은 실제 상황이나 이와 유사한 상황을 인위적으로 설정하여 학습자마다 역할을 부여하고 연기를 통해 경험해 봄으로써 학습이 이루어지도록 하는 교수방법이다. 예를 들어, 취업준비생을 대상으로 실시하는 모의 면접이나 대학에서 학습자들이 주최하는 모의주주총회 등이 이에 해당한다. 역할연기법은 현실 세계에 대한 간접경험을 통하여 실제적인 문제해결능력을 향상시키는 교수법이다.

■ 구성주의적 교수 · 학습방법

구성주의적 지식관에 기반한 학습자 중심의 다양한 교수 · 학습방법이 확산되고 있다. 자기주도학습, 협동학습, 동료교수법, 문제중심학습, 액션러닝(실천학습) 등이 그것이다.

자기주도학습

SDL(Self-Directed Learning)은 학습자 스스로 학습 참여 여부에서부터 학습목표 수립과 교육 프로그램의 선정, 학습계획 수립과 실행, 평가에 이르기까지 교육의 모든 과정을 자발적 의사에 따라 결정하고 실행하는 학습방법이다. 자기주도학습에서 교수자는 탐구의 과정을 도와주는 학습촉진자의 역할을 한다. SDL의 절차는 [그림 9-5]에서와 같이 학습욕구 진단과 과제선정, 학습목표 설정, 학습자원 파악, 학습전략 수집 및 실행, 학습결과 평가의 순서로 진행된다.

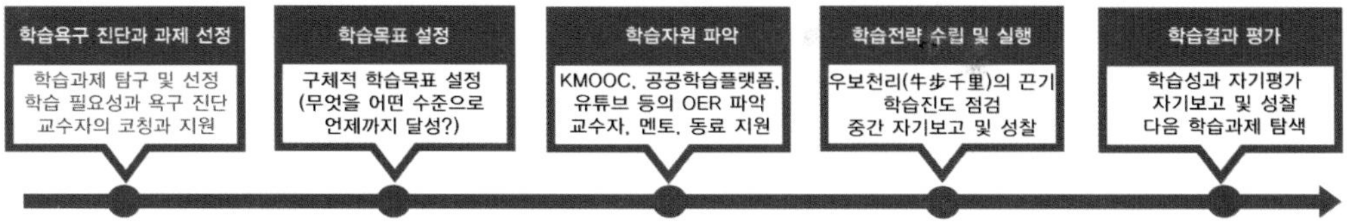

[그림 9-5] 자기주도학습 절차

자기해설학습

SEL(Self-explanation Learning)은 자신에게 '이것은 무슨 의미이고, 왜 중요하지?'라고 질문하며 스스로 답을 찾아가는 학습법이다. 이 학습법은 속으로만 하지 않고 실제 목소리를 내어 자신과 대화하듯 말할 때 더 효과적이다. "방금 읽은 내용은 무엇인가?, 핵심과 원리는 무엇인가?, 이전에 제시된 개념과는 어떤 관계가 있는가?' 내가 이해했다는 사실을 어떻게 증명할 수 있는가? 내가 모르는 내용은 무엇인가?" 이와 같이 새로운 정보와 자료를 읽으면서 끊임없이 스스로에게 다양한 질문을 하고 답한다. 자기 자신과의 지적대화이다.

협동학습

협동학습은 공동의 학습목표를 달성하기 위하여 소집단 형태로 학습하는 구조화된 수업방법을 의미한다. 학습팀은 4~8명으로 구성되는 것이 바람직하다. 연구에 따르면 구성원이 4명 미만일 경우에는 다양성, 창조성 및 도전적인 관계가 형성되지 않으며, 8명이 넘으면 수동적 참여자가 생기고, 각 개인별 발표 시간이 제한되는 등의 단점이 발생한다. 일반적으로는 5명 내외로 구성한다.

모둠은 학습 능력, 성별, 연령, 직무 등의 특성을 고려하여 이질적 집단으로 구성한다. 이는 다양한 생각과 의견, 경험을 학습자원으로 활용하기 위해서이다. 또한 모둠은 수준에 따라 상 · 중 · 하 학습자들을 비슷한 비율로 구성한다. 상위 수준의 학습자들이 하위 수준의 학습자들의 학습 결손을 보완해 주고 상위학습자들은 동료 학습자들을 도와주는 과정에서 스스로 배우도록 한다.

협동학습절차는 [그림 9-6]에서와 같이 소주제 및 모둠 구성, 탐구계획 수립 및 역할 분담, 모둠별 협동학습, 모둠별 발표 준비, 모둠별 발표 순서로 진행한다.

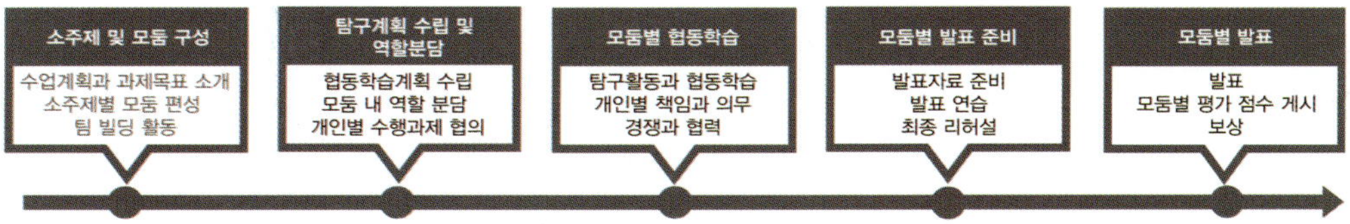

[그림 9-6] 협동학습 절차

동료교수법

동료교수법은 학습자들 서로가 서로에게 설명하고 가르쳐 주면서 자신이 아는 내용과 모르는 내용을 자각하며 학습성과를 높이는 방법이다. 서로가 서로에게 자신들이 공부한 내용을 설명하고 각자 정리할 수 있도록 계기를 마련해 주면 학습에 큰 도움이 된다. 교학상장(教學相長)은 교육과 학습이 동시에 일어나는 것을 말한다. 가르침과 배움(깨우침)의 상호작용을 통해 서로 성장하고 발전하는 것으로 바로 동료교수법의 근간이다.

문제중심학습

PBL(Problem-Based Learning)은 소집단 협동학습을 통하여 학습문제를 해결하는 실천적이며 자기주도적인 학습방법이다. 배로우(Barrows, 1985)는 PBL은 '학습자에게 제시된 실제적인 문제를 해결하기 위해 학습자들이 개별학습과 협동학습을 통해 공통의 해결안을 마련하는 일련의 상호작용 과정에서 학습이 이루어지는 교수방법'이라고 정의했다. PBL은 [표 9-3]과 같이 크게 7단계로 이루어진다.

[표 9-3] PBL 운영단계

내용	구체적인 사항
문제 제시하기	교수자는 실제적 문제를 제시하고 문제상황을 설명
문제 파악하기	학습자는 팀 활동을 통해 문제의 내용을 파악하고 관련 정보를 분석하여 문제의 구조와 원인을 규명
학습계획서 작성하기	파악한 문제에 대해 알고 있는 사실, 더 알아야 할 사항 등에 대한 협의를 통해 정보수집계획을 포함한 학습계획서를 작성
자기주도학습 및 팀 활동하기	문제를 해결하기 위한 다양한 아이디어를 수집 · 분석하고 정리하여 과제를 수행(개별학습 및 팀 활동), 가능한 해결책들을 도출
해결책 완성하고 점검하기	팀 토론을 통해 실현가능성, 중요성, 시급성에 따른 우선순위를 고려하여 최종 해결책을 완성, 완성된 해결책 점검
실천계획서 작성 및 실행하기	문제해결책을 실제 현장에서 적용하기 위한 실천계획서를 작성하고, 이에 따라 문제해결활동을 실행
평가하기	PBL과정을 성찰하여 잘한 점, 보완할 점, 지속할 점 등을 파악(자기평가, 팀 평가, 동료평가, 교수자 피드백), 성찰일지 활용

액션러닝

AL(Action Learning)은 '실천학습'이라고도 하며, 조직차원의 실제적인 문제를 해결하기 위하여 소규모 팀을 구성하고 학습자 간 지식공유와 질문 및 성찰을 통해 문제를 해결하는 과정에서 학습과 문제해결이 동시에 이루어지는 학습방법이다. 문제(과제)는 [표 9-4]의 AL 운영단계에 따라 학습팀이 학습코치와 함께 정해진 시점까지 해결한다. 액션러닝은 과제, 학습팀, 질문과 성찰, 실행의지, 학습의지, 그리고 학습코치(촉진자)의 여섯 가지 구성요소로 운영된다.

[표 9-4] AL 운영단계

내용	구체적인 사항
문제 탐색하기	교수자는 현장(현실)의 실제적인 문제를 제시하고 문제상황을 설명, 학습자는 제시된 문제의 내용을 파악
문제 명료화 하기	학습자는 문제해결을 위한 정보를 수집 · 분석하여 다양한 원인을 탐색, 교수자는 문제의 근본적 원인에 대한 탐색질문을 통해 학습자가 핵심원인을 찾도록 지원
해결책 도출하기	학습자는 아이디어를 공유하면서 가능한 해결책을 도출, 교수자는 질문을 통해 문제해결을 위한 다양한 관점을 제시
우선순위 결정하기	교수자는 우선순위 결정의 기준과 평가방법 제시, 학습자는 평가기준(실현가능성, 중요성, 시급성)에 따라 해결책의 우선순위를 결정
실천계획서 작성하기	교수자의 가이드라인에 따라 학습자는 문제해결책을 현장에 적용하기 위한 실천계획서를 작성
실행하기	실천계획서를 바탕으로 현장 문제해결을 위한 활동을 실행, 교수자는 실행에 필요한 정보와 장비, 도구를 지원하고 실행행동을 촉진
평가하기	AL과정을 성찰하여 수정, 보완, 지속할 점을 파악, 교수자는 성찰일지를 작성하도록 하여 실효성 있는 피드백 활동이 되도록 지원

큰딸에게 "아는 건 많은데 재미없는 교수랑 재미는 있는데 남는 게 없는 강사랑 누가 낫지?"라고 물었다. 큰딸 왈, "다 별루야" … 당연히 둘 중 하나를 고를 줄 알았는데 예상을 빗나간 반응이었다. 옳고 그름, 좋고 싫음, 강함과 약함, 길고 짧음, 이기고 짐, 잘남과 못남, 선함과 악함, 사랑과 미움, 창과 방패, 지혜로움과 어리석음 … 수없이 많은 대립 개념들 속에서 암묵적 선택을 스스로 강요해 왔던 건 아닌가 하는 그림자 느낌을 받았다. 사실 우리들 안에는 이 대립되는 두 가지들이 개인적 차이가 있을 뿐 모두 다 내재되어 있다. 전적으로 옳고 전적으로 그른 건 없다. 더욱이 나만 정의롭고 옳다는 건 오만이자 기만이다. 강의식, 참여식 교수법 역시 선택의 문제는 아니다. 삶에도 흑과 백의 명확함보다는 회색의 애매모호한 지대가 더 많다는 것을 일상생활을 통해 경험한다. 때로 파스텔 톤의 은은한 그레이 컬러나 낮도 밤도 아닌 저녁노을 질 즈음의 어슴푸레함이 고요와 안식의 평안한 느낌을 선물한다.

02

기본 강의기법

1) 도입은 재미있게

도입부는 교수자와 학습자 간에 신뢰를 형성하고 학습분위기를 조성하는 것뿐 아니라 교육의 성과를 결정하는 데 커다란 역할을 한다.

■ 인사 및 교수자 소개를 한다

교수자는 강의에 앞서 친근한 인사말과 함께 자신을 소개한다. 자기소개는 미리 시각자료를 만들어 제시한다. 자기소개는 권위, 전문성 및 경력을 중심으로 한다. 지나친 자화자찬이나 장황한 설명은 바람직하지 않다.

■ 팀 빌딩 활동을 한다

간단한 팀 활동을 통해 교수자와 학습자 간, 그리고 학습자 상호 간에 우호적인 관계를 형성하는 것이 중요하다. 수업의 성패가 학습분위기에 의해 좌우되는 경우가 의외로 많기 때문이다. 이와 함께 서로 지켜야 할 기본 규칙(Ground rule)을 공유한다.

[그림 9-7] 팀 빌딩 활동

■ 교육 요구사항을 파악한다

학습동기를 유발하기 위하여 학습자들의 교육요구를 파악한다. 이를 위해 [그림 9-8]에서와 같이 수업을 통해 얻고자 하는 바가 무엇인지 포스트잇을 활용하거나 질문을 통해 파악한다.

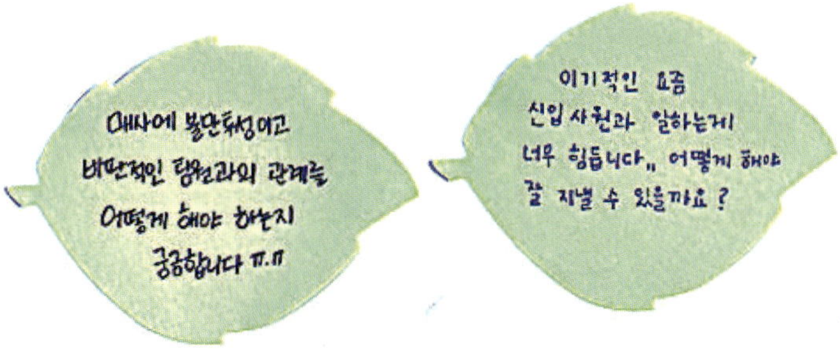

[그림 9-8] 교육 요구사항 파악

■ 학습내용을 안내한다.

강의 시간이 짧은 경우에는 핵심 주제(목차)를 제시하는 것만으로 족하지만 강의 시간이 길 경우에는 핵심주제를 밝힌 후에 각 주제별 내용에 대하여 간단한 설명을 함으로써 내용 전체에 대한 예고를 하는 것이 좋다.

2) 전개는 유연하게

전개 단계는 강의의 핵심부문에 해당하므로 다양한 교수 · 학습활동을 통해 학습목표가 효과적으로 달성되도록 한다.

■ 학습자와 친밀한 관계를 만든다

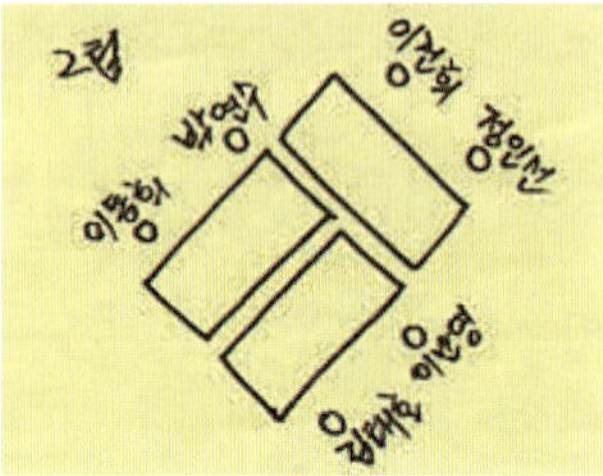

교수자용 테이블에 학습자의 좌석 배치도와 함께 학습자의 이름을 기재해 놓는다. 가능한 빨리 학습자의 이름을 기억한다. 이름을 부른 후 얼굴을 보며 이야기하면 호감이 급상승한다.

■ 학습상황에 따라 유연하게 대응한다

학습자의 수준이나 태도, 연령, 성별 등과 같은 학습자 특성에 따라 교수전략을 달리한다. 학습상황을 고려할 때 교재 순서대로 수업하는 것이 어렵다고 판단될 경우 강의순서를 바꿔도 관계없다.

■ 휴식시간에는 다음 시간의 교수전략을 점검한다

휴식시간에는 다음 시간에 다룰 내용에 대하여 점검하고 교수전략을 검토한다. 즉, 휴식시간에 강의 슬라이드를 넘겨 가며 다음 시간에 강의할 부분에 대한 논리적 관계를 점검하고, 체계적이고 자연스러운 전개 순으로 슬라이드를 조정한다.

■ 수업시간을 철저히 관리한다

화이트보드 활용

화이트보드의 좌측 상단에는 [그림 9-9]와 같이 학습주제를 기록하고 윗부분에는 주요 학습내용을 순서대로 기재한 후 이를 중심으로 강의한다. 이 방법은 교수자는 물론 학습자도 내용의 전체 맥락과 핵심내용을 쉽게 파악할 수 있을 뿐 아니라 마무리 단계에서 학습이해도 평가 및 요약 · 정리할 때도 유용하다. 이는 강의시간을 관리하는 데도 많은 도움이 된다.

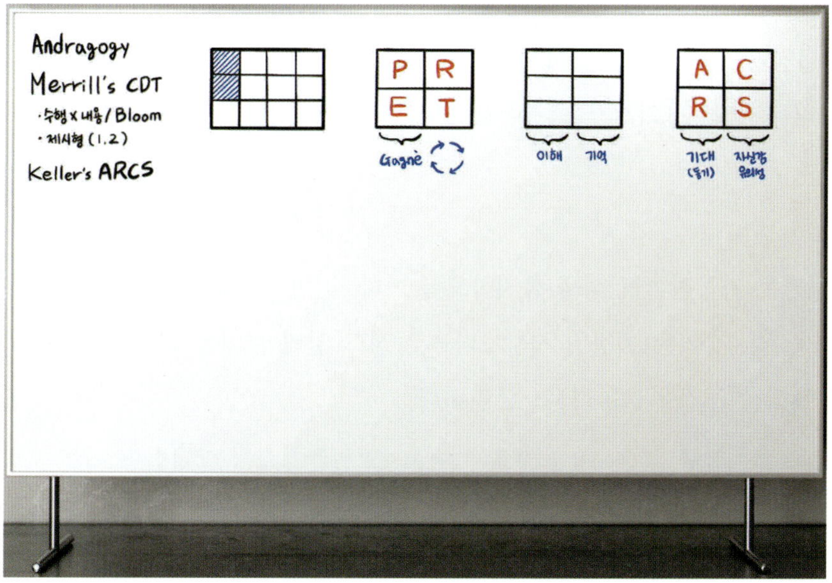

[그림 9-9] 화이트보드 활용

주어진 강의 시간에 다른 교수매체의 도움 없이 화이트보드에 기록한 학습주제와 핵심내용 위주로 전달하고자 하는 메시지를 전달할 수 있다면 그보다 더 효과적인 교수방법은 없다고 생각한다.

시간 세분화

강의시간을 관리하기 위하여 수업을 할 때는 시간을 작은 단위로 쪼개어 진행한다. 기본적으로 20, 30분 단위로 학습내용이나 교수방법, 교수매체에 변화를 주어 학습자의 주의를 집중하고 학습 몰입도를 높인다.

시간 배분

강의시간을 관리한다는 것은 끝나는 시간을 지키는 것뿐만 아니라, 정해진 시간 내에서 도입, 전개, 마무리 간의 시간을 적절하게 안배(10:80:10)하는 것도 포함한다. 교수자가 자신 있는 부분의 내용을 중심으로 강의하다 정작 다루어야 할 중요한 내용을 간단히 설명하거나 아예 언급하지 못하고 끝내는 경우가 많다. 이를 방지하기 위해서도 학습내용 간의 강의시간을 세분화하여 관리하는 것이 필요하다.

일관성

강의시간은 가급적 일관성을 유지하도록 한다. 일반적으로 50분 수업하고 10분 휴식시간을 가진다. 강의는 예정된 시간보다 5분 정도 일찍 끝내는 것이 좋다. 아무리 좋은 수업도 정해진 시간을 넘어서는 곤란하다.

3) 마무리는 깔끔하게

■ 학습내용의 실천을 강조한다

학습한 내용을 현장에서 실천하고자 하는 의지를 북돋을 수 있도록 경험담이나 비유, 고사성어, 메타포를 활용한다. 마무리 단계에서는 새로운 내용을 제시하지 않는다. 정해진 시간 내에 수업을 끝내지 못하거나, 강의 준비에 소홀하다는 인상을 줄 우려가 있다.

■ 예상 질문과 답변 자료를 준비한다

수업에 앞서 학습주제와 관련하여 제기될 수 있는 질문들을 예상하여 이에 대한 답변 자료를 미리 준비해 두는 것이 좋다. 학습자들이 궁금해할 만한 사항들을 정리해 두었다가 질문이 없을 경우 학습자들에게 거꾸로 질문을 하고 이에 대해 설명하는 것도 좋은 방법이다.

■ 연락처를 제시한 후 인상적인 인사말로 마무리한다

강의 종료 후 학습주제나 내용에 대해 질문할 사항이 있을 수 있으므로 교수자의 연락처를 제시하는 것이 좋다.

명 강의 탐구

명 강의는 "학습자가 ○○하지 않고 수업에 집중하여 ○○○○를 달성하도록 교수자가 ○○을 다 하는 것"이다. ○○에 들어갈 용어를 생각해 본다. 서로의 경험을 토대로 '명 강의'의 요건에 대해 토의한다.

03

학습 촉진기법

학습 촉진을 위한 다양한 학습도구들이 개발되고 있다. 에듀테크에 기반한 카훗과 같은 플랫폼은 물론 학습주제별 협동학습과 자기성찰을 위한 질문카드 등이 활용되고 있다.

1) 학습도구 활용

■ 카훗

카훗은 구글 기반으로 퀴즈, 토론, 설문을 생성하여 학습자들과 재미있게 교수 · 학습활동을 수행할 수 있는 플랫폼이다.

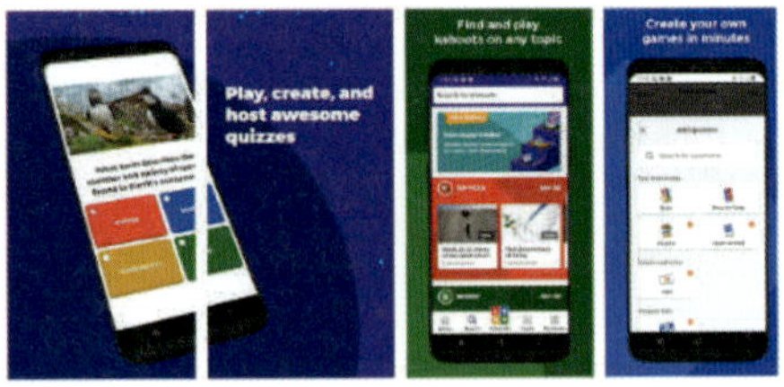

■ 질문카드

질문카드는 질문을 통해 자신과의 내면 대화는 물론이고, 다른 사람과의 소통을 돕는 학습도구이다. 시중에 다양한 유형의 질문카드가 판매되고 있다. 강의 주제에 따라 교수자가 직접 개발해 사용할 수도 있다. 사용법은 다음과 같다. 상황에 따라 적절한 방법을 선택하여 사용한다.

혼자 사용할 때

- 하루에 1장씩 카드를 뽑고 그 답을 기록한다.
- 틈틈이 시간 날 때마다 1장씩 뽑아 보고 마음속으로 답해 본다.
- 시간을 내어 전체 질문에 모두 답해 보고, 일정 시간이 지난 후 한 번 더 답해서 차이를 비교해 본다.

여럿이 사용할 때

- 전체 카드 중 1장을 뽑고, 그 질문에 대한 각자의 대답을 함께 나눠 본다.
- 전체 카드를 펼쳐 놓고, 각자 1장씩 자신의 카드를 뽑아 질문에 답한다.
- 자신이 뽑은 카드를 주고 싶은 사람에게 주고, 카드를 받은 사람이 대답한다.
- 질문에 바로 답하기 어려우면, 새로운 카드를 뽑는다.
- 자신만의 대답 노트를 준비해서 질문에 대한 답을 꾸준히 기록해 본다.
- 카드는 인생 편, 일상 편, 리더 편 등 유형별로 개발되어 있는데 각 유형별로 대개 52장의 카드로 구성되어 있다. 아마 1년이 52주라는 사실을 반영한듯 싶다.

2) SPOT기법

SPOT 기법은 짧은 시간 내에 간단히 실행하는 다양한 보조 학습활동으로 유머, 돌발 퀴즈, 음악, 영상자료, 의미가 담긴 그림, 초성으로 속담이나 사자성어 맞추기, 이야기 등을 사용한다. 간단한 게임이나 체조를 통해 피로를 풀기도 한다. 이는 재미와 주의 환기, 학습분위기 조성 등의 목적으로 사용한다.

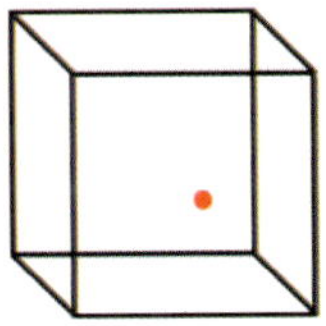

먼저 그림을 활용한 예이다. “왼쪽 그림에서 동그란 점은 어느 곳에 위치하고 있습니까?”라고 질문을 한 후 학습자의 답변을 듣는다. 점의 위치는 네 가지로 표현할 수 있다. “하나의 현상과 사물도 바라보는 관점에 따라 달라질 수 있다”는 의미부여를 할 수 있다.

다음은 이야기를 통한 메시지 전달 예이다. “세상에 가장 중요한 금 3가지가 있습니다. 황금, 소금, 그리고 무엇인지 아십니까?(대답을 기다린 후) 바로 지금입니다. 긴급한 통화가 있다고 하더라도 휴식시간이나 점심시간을 활용하시고, 교육 중에는 지금 이 순간에 집중해 주시기 바랍니다.” 학습자들에게 부드럽게 요청사항을 전달할 수 있다.

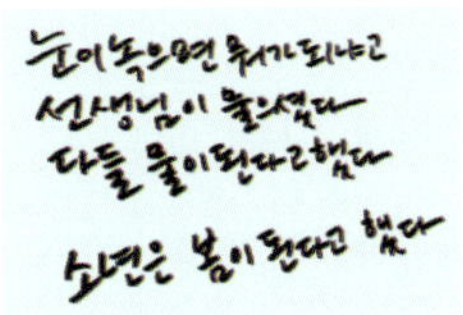

때로는 한 구절의 글이 마음을 따스하게 해 준다. 감동을 주는 문장을 접했을 때 기록해 두었다가 강의할 때 활용한다. 시(詩)를 보여 주는 것도 효과가 있다.

다음은 사자성어 맞추기 예이다. “다음 초성을 보고 사자성어를 맞춰 보세요. ‘ㅇㅅㅌㅂ’ 담긴 의미와 함께 서로 의견을 나눠 볼 수 있는 초성 게임 목록을 준비하는 게 좋다.

외모 vs 성격

학습자 둘이 짝이 되어 마주 본 상태에서 가치가 비슷한 두 개의 낱말을 교수자가 제시하는 순간, 동시에 하나를 소리 내어 말하도록 한다. 같은 낱말을 선택하면 점수를 얻는다. 이구동성 게임과 같은 간단한 게임을 통해서 학습분위기를 살릴 수 있다. 다른 게임이다. 다음 세 그림을 잘 배치해서 ‘질주하는 두 마리의 말에 두 사람의 기수가 각각 앉아 있는 모습’을 만들어 본다. 먼저 만드는 사람이 이긴다. 커피 한 잔 내기 게임을 하면 좋겠다(답은 부록에 있다).

스트레칭이나 건강박수, 국민체조 동영상 등을 활용하여 간단한 신체 활동을 함으로써 학습자의 피로를 덜어 준다.

이와 같이 수업상황에 따라 사용할 수 있는 다양한 SPOT 목록을 준비하여 필요시 활용하면 학습효과를 높이고 학습자의 참여를 유도할 수 있다.

학습내용을 중심으로 SAM 토의를 진행한다. 자유로운 분위기에서 편안하게 의견을 나눈다.

Summarize! 학습목표를 확인한 후, 각 학습목표에 대한 자신의 답을 정리한다. 이를 바탕으로 주요 개념과 용어 간의 위계와 연관성을 규명한다.

Adapt! 수행과제를 해결하기 위해 적용할 수 있는 지식과 기술은 무엇인지 토의한다. 직무수행이나 일상에서의 적용방안을 탐색한다.

Make Better! 보다 나은 학습을 위해 수정 · 보완할 내용에 대해 토의한다. '미리보기–학습내용–수행과제–쉬어가기'의 맥락 속에서 메시지를 발견하고 의미를 부여한다.

학습자들의 주의를 집중시킬 수 있는 SPOT기법에 대해 브레인스토밍법을 적용하여 가능한 많은 아이디어를 제시한다.

■ 팀 과제수행 활동

프로젝트 수행 중인 교육과정의 학습효과를 달성하고 학습자의 몰입도를 높이기 위한 교수 · 학습방법을 결정한다. 강의식 교수법을 기본으로 하되 학습내용의 유형에 따라 참여식 교수법을 병행하여 활용한다.

- 어느 주제에 대해 어떤 교수 · 학습방법을 적용할지에 대한 내용×방법 매트릭스를 작성하고 내용과 방법의 매칭 이유를 제시한다.

- 유튜브나 세바시, EBS e채널 등을 통해 대중의 지지를 받는 강의 동영상 자료를 시청하고 강의 노하우를 벤치마킹한다. 어떤 점을 벤치마킹할지에 대한 내용을 정리한다.

에세이 '겁내지 않고 그림 그리는 법'을 펴낸 유튜버 이연은 작업실에서 가진 인터뷰에서 "그림 그리기를 두려워하는 이들에게 용기를 주고 싶어 유튜브를 시작했다"고 말했다. 누구나 취미로 도전할 수 있도록 미술의 문턱을 낮추고 싶다는 것. 그녀는 대학에서 조형예술과 시각디자인을 전공했다. 이후 여러 기업에서 디자이너로 일했다. 마지막 직장은 스타벅스커피코리아. 스타벅스 텀블러에 들어가는 일러스트를 그렸다. 지난해부턴 직장을 관두고 유튜브 제작에만 몰두하고 있다. 그의 채널이 인기를 끄는 건 영상에서 전하는 위로 때문이다. 그는 자신이 그림을 그리며 겪은 일들을 솔직히 이야기한다. 그림 그리는 방법을 쉽게 가르쳐 주는 점도 인기의 이유다. 그녀는 유튜브에서 복잡한 풍경을 단순화해서 그리는 법이나, 얼굴과 표정을 간단히 묘사하는 노하우를 알려 준다. 사용하는 도구도 스프링 노트, 연필, 펜 정도다. 아이패드로 그림 그리는 법도 설명해 주는 덕에 10, 20대 팬도 적지 않다.

그녀의 영상은 화려하지 않다. 오직 그림 그리는 모습을 보여 줄 뿐이다. 자극적인 편집도 없다. 그녀는 "나이가 많든 적든 연습하면 누구나 그릴 수 있는 '전체 이용가' 그림을 가르치는 미술 선생님이 되고 싶다"고 했다.

원대연, 동아일보(2021. 4. 7.).

Human Resources Development

Human Resources Development

Chapter

10

교육평가와 과정개선

1. 교육평가 유형과 방법
2. 교육과정 평가와 CQI
3. HRD 성숙도 진단

미리
보기

서울과학기술대가 고품질 교육 보증제를 포함한 파격적인 제도를 시행하기로 했다. 총장과의 면담내용을 정리하였다.

['고품질 교육 보증제'는 무엇인가] "매 학기 강의평가에서 절대점수 70점 이하를 받은 강의 10개 내외를 대상으로 수강생에게 장학금 형태로 수업료 일부를 반환해 주는 제도이다."

[도입하려는 이유는] "지금도 강의평가에서 일정 점수 이하를 받은 교수는 강의 클리닉을 이수하지만, 그보다 더 강도 높은 변화를 이끌려고 한다. 해마다 수업료를 반환해 주는 강의평가 커트라인을 올릴 것이다. 학생들이 악의적으로 특정 교수를 망신 주는 일이 없도록 강의평가 방식은 보완하겠다."

[원격수업을 했는데도 강의 만족도가 높다던데] "1학기 강의평가 평균 원점수가 90.74점으로 직전 학기(89.46점)보다 1.28점 올랐다. 강의에 '매우 불만족'한 건수는 769건으로 지난해 1학기 1,124건, 2학기 968건에서 계속 줄고 있다."

[어떻게 원격수업을 지원했는지] "3년 전부터 온라인, 오프라인, 실시간 쌍방향 강의를 결합한 TBL(Triple Blended Learning) 수업을 도입했다. 올해 2월에 온라인 서버 확충과 줌(Zoom) 구입을 마쳤다. 또 33개 강의실을 줌 등 실시간 쌍방향 수업이 가능한 스마트 강의실로 변경했다. 새로운 대면수업을 위해 '스탠딩 렉처 강의실'도 2곳 구축 중이다. 이 강의실에서는 학생과 교수가 모두 서 있어야 한다. 칠판이 3면에 있고, 노트북이나 교재를 올려놓을 높은 테이블이 있어서 교수와 학생이 왔다 갔다 하며 수업을 듣고 토론한다."

['졸업요건 다양화'는 어떻게 시행하나] "산업체가 선호하는 학생을 배출하기 위해 2021학년도 신입생부터 졸업 요건을 강화한다. 현장실습, 교환학생, 외국어 성적, 공모전, 창업, 학술지 게재 등을 점수화해서 700점 이상 취득해야 한다. 취업을 위해 학생들이 준비해야 하는 것들인데 학교에서 할 수 있도록 환경을 만들어 줄 것이다."

최예나, 동아일보(2020. 11. 12.).

학습목표

교육평가는 교육전문가, 특히 교수자에게는 피하고 싶지만 피해 갈 수 없는 마치 굴레와도 같은 이슈이다. 모든 평가는 평가를 '왜 하는지'에 대한 성찰이 전제되어야 한다. 평가의 유형과 평가방법, 평가 결과의 활용이라는 평가체제 전반에 대한 이해가 필요하다.

1. 교육평가의 유형과 유형별 평가방법을 설명할 수 있다.
2. 교육과정 개선을 위한 Pilot Test 체크리스트를 설명할 수 있다.
3. CQI의 개념을 이해하고, 이를 바탕으로 CQI 보고서를 작성할 수 있다.
4. HRD 성숙도를 진단하는 정량지표와 정성지표를 설명할 수 있다.

01 교육평가 유형과 방법

교육과정 개선은 물론 교육효과를 높이기 위한 방안으로 교육평가 이슈는 늘 교육전문가의 핵심활동 중의 하나로 여겨져 왔다. 평가의 유형과 방법은 분류기준에 따라 몇 가지로 구분할 수 있다.

1) 평가목적 및 시기에 따른 분류

평가목적 및 시기에 따라 분류하면 진단평가, 형성평가, 총괄평가 및 추수평가로 나눌 수 있다. 진단평가는 교육 전에 실시하는 것으로 학습자의 수준이나 선수학습 정도를 진단하기 위해 실시한다.

형성평가는 교육 중에 실시하는 것으로 학습목표대로 교육이 진행되고 있는지, 또는 학습자가 학습내용을 명확하게 이해하고 있는지를 평가하기 위한 것으로 주로 질문이나 쪽지시험, 퀴즈 등을 활용한다. 평가 결과는 교육 프로그램의 개선이나 수정 · 보완을 위한 기초자료로 활용된다.

총괄평가는 교육이 종료된 시점에서 실시하는 것으로 교육 프로그램의 효과성을 평가하기 위해 실시한다. 즉, 교육을 통해 실제로 '학습자들의 지식과 기술, 그리고 태도가 얼마나 변화했는가?'에 초점을 두고 실시하는 평가이다.

추수평가는 교육 종료 후 일정 기간이 경과한 이후에 실시하는 것으로 학습한 내용이 현업에 얼마나 적용되고 있는지, 또 조직 성과에 얼마나 기여하는지 등을 평가하기 위해 실시한다.

2) 4단계 평가모델

기업교육에서 일반적으로 활용되고 있는 평가모델은 커크패트릭(D. L. Kirkpatrick)의 4단계 평가모델이다. 이 모델에 따르면 교육평가는 반응평가, 학습평가, 현업활용도 평가 및 조직기여도 평가의 4단계로 이루어진다.

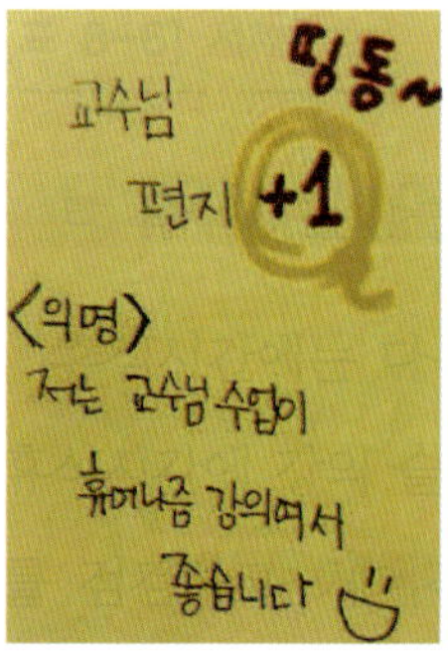

■ 반응평가

반응평가는 교육과정에 대한 학습자의 만족도를 평가하는 것으로 프로그램의 전반적인 질을 판단하여 추후 프로그램 개선을 위한 기초자료로 활용하기 위해 실시한다.

일반적으로 [표 10-1]과 같이 평가문항은 교육 전의 기대감 대비 교육 후의 만족감, 과정 전반에 대한 만족도 및 과목별 만족도 등 교육과정 자체에 대한 만족도 항목과 교수자의 전문성, 교수방법 및 스킬, 열정과 준비성, 질의 · 응답 등과 같은 교수자에 대한 만족도 항목, 그리고 진행자나 강의장, 편의시설, 식 · 음료, 숙박시설 등 교육환경과 관련된 평가항목 등으로 구성된다. 반응평가는 주로 질문지(주로 5점 척도)를 활용하거나 학습자에 대한 인터뷰를 실시하여 평가한다.

[표 10-1] 반응평가 항목

교육 만족도	교육 전 기대감 대비 교육 후 만족감, 과정 전반 만족도, 교과목별 만족도
교수자 만족도	전문성, 교수방법, 교수 스킬, 준비도, 열정, 질의 · 응답, 피드백
학습환경 만족도	진행(자), 강의장, 편의시설, 숙박시설, 식음료
기타	과정 추천 의사, 건의사항

[표 10-2]는 커뮤니케이션 교육과정 종료 후 학습자의 설문서를 바탕으로 작성한 교육결과 보고서이다. 반응평가 결과(5점 척도 기준)와 함께 학습자의 의견과 교육담당자(운영자)의 피드백 의견이 포함되어 있다. 이 교육결과 보고서는 한 사람의 교수자가 3일 24시간의 교육과정을 운영한 경우이다. 동일 과정에 대한 차시별 평가점수의 변동 추이를 그래프와 함께 제시하기도 한다. 한 교육과정을 여러 명의 교수자가 교과목별로 운영한 경우는 교수자 전체 평균점수와 개별 교수자의 평가점수를 함께 제시하기도 한다. 교육결과 보고서는 교수자에게도 통지되며, 추후 지속적 강의 의뢰 여부를 판단하는 결정적 자료로 활용한다.

[표 10-2] 교육결과 보고서

커뮤니케이션 교육과정 결과보고							
일정	20**.3.11.~3.13.	실시인원	20명	반응평가 만족도	학습내용	담당 강사	교육운영
차수	07(3일 24시간)	수료인원	20명		4.66	4.93	4.92

평가내용					
학습내용	평점	담당 강사	평점	운영자	평점
학습목표와 교육내용 일치성	4.75	전문지식 보유수준	4.80	교육 전 안내/OT	4.85
학습내용과 업무관련성	4.60	학습준비와 교재 충실도	4.90	학습촉진	4.95
새로운 지식 · 기술 습득	4.55	지식전달 및 교수스킬	5.00	친절도	4.95
학습내용 이해도	4.75	상호작용과 Q&A	5.00		

학습자 의견(좋았던 점)		
커뮤니케이션 이론과 구조	MBTI를 통한 성격유형과 특성 파악	질문사항에 대한 친절한 대답
AMPOS, GROW, PREP 기법	설득심리학, 고정행동유형	철저한 강의 준비와 충실한 교육
YA, IQ대화법, 사생감요 구조	적절한 동영상 자료 활용	전문성과 풍부한 경험

과정 피드백 및 개선과제

- 실습 위주의 교육과 다양한 실습 도구 활용으로 학습자들의 만족도가 높게 나타남
- 기술직 현장에서 발생하는 현실적 사례 보강 필요(현재 사례는 사무/관리직 중심으로 일반적이라 판단함)
- 1일차 오전 수업시간 조율 필요(본론으로 진입하는 시간 지연으로 지루함을 유발할 가능성)

■ 학습평가

학습평가는 학습목표 성취도를 판단하기 위한 것으로 주로 시험(필답고사, 구술시험)이나 실기 측정(역할연기, 사례탐구, 집단토론, 실습)을 통해 평가한다. 평가 결과는 교육과정의 수료 여부를 인정하는 기준이나 개인의 능력평가 등과 같은 인사평가의 기초자료로 활용된다.

[표 10-3] 학습평가 유형

구분	내용
단답형	커크패트릭의 4단계 평가모델에서 2단계 평가를 무엇이라 하는가? (　　　　　)
완성형	메릴의 교수설계 원리에 따른 제2차 제시형에는 맥락, 피드백, (　　　　　), 암기, (　　　　　), 그리고 학습촉진 도움이 있다.
연결형	ARCS 모델에 대한 다음의 설명을 읽고, 서로 관련된 부분을 연결하시오. ① Attention　　a. KAS를 변화시킨다. ② Relevance　　b. 칭찬, 격려의 학습분위기를 유지하라. ③ Confidence　　c. 질문-응답-피드백의 상호작용을 통해 능동적 반응을 유도하라. ④ Satisfaction　　d. 학습내용에 적합한 교수방법을 사용하라.
서술형	메릴의 교수설계 원리에 따른 기본 학습전략에 대해 설명하시오.
논술형	체험식 교수법의 운영절차에 대하여 기술하시오.
다지선다형	다음 설명 중 틀린 것을 모두 고르시오. ① 법칙: 특성이론은 위인이론으로 성공한 리더의 사회심리적 특성을 연구한다. ② 예: 박정희 전 대통령은 자신감, 결단력, 카리스마의 특성을 가지고 있다. ③ 회상: 김정은 체제유지 비결을 토론을 통하여 발표하시오. ④ 연습: 교육은 인간행동의 계획적 변화이다.
진위형	다음 문장을 읽고 옳은 것에는 O표, 틀린 것에는 X표 하시오. ① 피드백은 학습자에게 추가 정보나 옳고 그름에 대한 판별을 해 주는 것이다. (　) ② 맥락은 일반성 구성요소에 대하여 상세 설명하는 것이다. (　)
다짐형	HRD담당자 역량 개발 과정의 현장 활용계획(Action plan)을 작성하시오.

■ 현업활용도 평가

현업활용도 평가는 학습내용을 실제로 현업에서 활용하는지 여부를 판단하기 위해 교육이 종료되고 일정 기간(일반적으로 3~6개월)이 경과된 후 관찰이나 학습자 자신, 동료, 또는 상사와의 인터뷰 등을 통해 평가하게 된다. 3단계 평가는 직무수행 행동의 변화 정도를 측정하는 것이므로 프로그램 사전과 사후 평가를 모두 실행하는 것이 바람직하다. 이는 교육이 실제 업무수행 능력 향상에 기여하는지, 학습내용 중에 불필요한 사항은 없는지, 학습내용의 현업 적용을 저해하는 요인은 무엇인지 등을 파악하기 위해 실시한다.

[표 10-4] 현업활용도 평가 예시

본 질문지는 귀하의 팀원으로 있는 이원준 님이 지난 9.1~9.3일 수료한 'HRD전문가 양성 과정'에 참가하여 습득한 학습내용을 업무현장에서 어느 정도 활용하고 있는지를 평가하여 차기 교육과정 운영에 반영하고자 실시하는 것입니다.
본 설문 결과는 교육 이외의 어떤 용도로도 활용되지 않을 것입니다. 이원준 님의 업무수행 능력(교수기법 활용능력) 향상을 위하는 마음으로 진솔하고 성의 있는 답변을 부탁드립니다. 가능하다면 본 평가서 작성 시 본인과의 면담을 통하여 여러 근거자료를 바탕으로 평가해 주시기 바랍니다.
[평가 기준] O=언제나, △=가끔, X=전혀

평가항목	평가	의견(면담 내용 참조)
교재를 개발할 때 메릴의 교수설계 원리에 따라 법칙, 예, 회상, 연습을 적절하게 편성하는가?		
강의식 교수법과 참여식 교수법(토의법, 사례연구법, 역할연기법, 동영상 등)을 활용하여 학습자들의 몰입을 유도하는가?		
다양한 방법을 활용하여 학습 결과를 평가하고, 평가 결과를 차기 과정에 반영하여 교육 프로그램을 지속적으로 개선시키고 있는가?		

■ 조직기여도 평가

조직기여도 평가는 교육이 조직성과에 얼마나 기여하는지를 계량적으로 분석하는 것으로 투자대비 효과분석이라고도 한다. 여기서 조직성과는 일반적으로 매출액, 수익성, 생산성, 고객만족도, 이직율, 품질, 안전사고율, 납기준수, 불량률 및 직원만족도 등의 지표가 활용된다.

조직기여도 평가 결과는 경영자나 관리자의 입장에서 볼 때 교육효과를 판단하는 데 결정적 역할을 할 수 있는 자료이다. 그러나 조직기여도 평가에 따르는 현실적 한계점들로 인해 실제로 이 단계의 평가는 거의 이루어지지 않고 있다. 평가에 따르는 여러 가지 한계점 중에서도 조직성과에 영향을 미치는 변수가 교육 이외에도 많이 존재할 뿐 아니라, 평가의 기초가 되는 수년간에 걸친 정확한 자료의 확보 또한 쉽지 않다는 점이 대표적인 걸림돌로 인식되고 있다.

기타 평가 유형은 실시기준에 따라 상대평가 및 절대평가로 분류하기도 하며, 평가 문항의 종류에 따라 주관식 평가, 객관식 평가로 나누기도 한다.

3) NCS 평가방법

실시방법에 따른 교육 평가방법은 [표 10-5]에서와 같이 국가직무능력 표준(NCS)에서 제시하고 있는 12가지의 평가방법을 참고할 수 있다.

[표 10-5] NCS에서 제시하는 평가방법

평가방법	세부 내용
포트폴리오	자신이 작성하거나 만든 작품을 지속적, 체계적으로 모아 둔 개인별 작품집 혹은 서류철을 대상으로 평가
문제해결 시나리오	평가 대상자가 주체가 되어 문제해결을 위한 시나리오를 작성하여 해결에 이르는 과정을 평가(*시나리오: 문제해결을 위해 주어진 자료와 정보를 바탕으로 원하는 성과를 만들어 내기 위한 사고의 흐름을 구상한 것)
서술형 시험	주어진 질문에 대해 알고 있는 자신의 지식이나 생각을 직접 작성하게 하는 방식
논술형 시험	주어진 질문에 대해 자신의 견해나 주장을 논리적 과정을 통해 상대방에게 설득력 있게 전달토록 하는 방식
사례연구	현재 진행 중이거나 유사한 이전의 사례들 중 하나 혹은 그 이상을 선정하여 그 성공이나 실패요인을 분석 · 적용하여 평가
평가자 질문	평가 대상자들에 대하여 얻고자 하는 자료나 정보를 질의 · 응답을 통해 수집하여 평가
평가자 체크리스트	필요한 학습능력을 한눈에 알 수 있는 표를 만들어 평가 대상자의 학습과정이나 학습결과를 체크해 나가며 평가
피평가자 체크리스트	특정 주제에 대하여 학습자 스스로 학습과정이나 작업결과에 대해 자세하게 평가하도록 하고 그 결과를 평가
일지/저널	매일 또는 장기적으로 평가 대상자의 학습과정이나 결과를 기록하여 평가
역할연기	평가 대상자들에게 가상의 상황을 주고 주어진 상황 속에서 특정 인물의 역할을 수행토록 하여 평가
구두발표	특정 내용이나 주제에 대한 평가 대상자의 의견이나 생각을 발표하도록 하여 평가
작업장 평가	현장에서 일어나는 공정이나, 일의 순서 등 작업현장에서의 학습수행과 행동을 관찰하여 평가

교육평가

교육부와 교육청은 '평가=줄 세우기'라는 의견에 따라 기초학력 진단을 하지 않고 있다. 모든 평가는 학교나 교사의 자율이고, 교육당국은 결과를 취합하거나 분석하지 않는다. 교육정책 당국의 이와 같은 교육평가방침에 대한 의견을 나눈다. 이와 함께 '미리보기'의 서울과학기술대의 고품질 교육 보증제를 포함한 학사제도에 대한 의견을 나눈다.

삶을 구성하는 중요 요소인 공간(空間)과 시간(時間), 그리고 인간(人間)은 공통적으로 사이 간(間)을 쓰고 있다. 그 많은 간 자(근간 幹, 볼 看, 방패 干, 간절할 懇, 새길 刊 등 네이버 한자 사전을 찾아보니 무려 147개의 '간' 자(字)가 있다) 중에 "선현들은 '왜' 이 중요한 세 가지 용어에 사이 간(間) 자를 썼을까"에 대해 생각해 본다. 생각의 결과는 '여유'로 귀착된다. 공간의 여유(넓이뿐 아니라 자연친화적 환경과 분위기), 시간의 여유(휴게시간이나 쉼의 계획적 할당 포함), 그리고 마음의 여유를 포함하여 사람과 사람 사이의 적정한 거리 유지(지나치게 가깝고 밀착된 의존관계는 결국 갈등을 유발한다) 등이 평화롭고 행복한 삶에 중요한 역할을 하기 때문이라 결론 내린다. 무릇 삼 간의 여유가 있어야 평안하다.

02 교육과정 평가와 CQI

1) 교육과정 평가

개발한 교육과정을 실제 운영하기에 앞서 시범강의(Pilot test)를 통해 학습내용과 구성 체계, 교수 · 학습방법의 적합성 등을 평가하고 평가 의견을 반영하여 수정 · 보완한

다. 시범강의에는 예비 학습자, 교수자, 교육담당자 그리고 교육과정 개발자가 모두 참석하여 [표 10-6]의 Pilot Test 체크리스트를 참고하여 평가하고 [표 10-7]의 시범강의 평가서 양식에 따라 각자의 의견을 제시한다.

■ Pilot Test 체크리스트

시범강의는 학습내용, 학습구조와 기술방식의 두 부문으로 구분하여 평가한다.

[표 10-6] Pilot Test 체크리스트

구분	체크 항목
학습내용	• 학습내용은 교수설계 지침대로 구성되어 있는가? 교과목 단위별 시간 배정은 적정한가? • 학습목표를 달성할 수 있는 내용(지식, 기술, 상황)으로 구성되어 있는가? • 사례는 현실 직장 및 구체적 직무와 연계성을 가지는가? • 최신 자료(최근 3년 이내)를 인용하였는가? • 어떤 내용을 줄이거나 삭제해야(혹은 늘리거나 추가해야) 한다고 생각하는가?
학습구조와 기술방식	• 학습내용은 논리적, 체제적으로 구성되어 있는가? • 내용 전개가 막힘없이 자연스러운가? • 학습 분량은 적정한가? • 자료 출처를 표기하였는가? • 오자 · 탈자 및 표기상의 오류 등은 없는가?

■ Pilot Test 평가서

시범강의 평가서는 교육과정 시간, 학습자를 포함한 교수자, 관찰자의 의견(긍정적 평가, 부정적 평가, 개선 요구사항) 그리고 개선계획에 대한 의견을 파악할 수 있도록 구성한다.

[표 10-7] 시범강의 평가서

1. 전체 교육과정 시간		( ) 시간		
교과목	교과목1	교과목2	교과목3	교과목4
계획시간				
실제시간				

2. 학습자 의견		
긍정적 평가	부정적 평가	개선 사항

3. 교수자 의견		
긍정적 평가	부정적 평가	개선 사항

4. 관찰자 의견		
긍정적 평가	부정적 평가	개선 사항

5. 개선 계획				
개선 대상	개선 필요사항	담당자	개선 일자	비고

2) CQI를 통한 수업 개선

CQI(Continuous Quality Improvement)는 '지속적인 수업의 질 개선'을 의미한다. 이는 특정 교수자에 대한 학습자 및 동료교수자의 수업 평가의견을 분석하여 그 결과를 반영한 강의개선 보고서를 작성하고 개선사항을 이후 수업에 적용함으로써 수업의 질을 지속적으로 개선해 가는 '순환적 자율 개선형 교육 모델'을 말한다. CQI는 학령인구 감소에 따른 대학의 위기상황 해소 및 캠퍼스 경쟁력 강화를 위해 실시하고 있는 교육부의 대학 기본역량 진단 사업에 따라 전국 대학을 중심으로 활발히 진행되고 있다.

CQI는 기본적으로 교수자의 수업에 대한 학습자들의 평가를 전제로 한다. 학습자는 학기가 끝나고 학습관리시스템에 접속하여 수강한 강좌에 대해 일정 기준에 따라 평가를 한다. 평가 결과는 담당 교수자에게 피드백된다. 이와 같이 교수자의 CQI 보고서는 학습자들의 평가 결과를 반영하여 작성한다.

■ 교수자에 대한 학습자 평가

[표 10-8]은 교수자에 대한 학습자의 평가지 예시이다. 평가지는 체계성, 성실성, 전문성을 포함하여 모두 9개 항목으로 구성되었으며 우수한 점, 개선해야 할 점을 묻는 개방형 질문 등으로 구성되어 있다.

[표 10-8] 교수자 평가(학습자용)

평가지표	평가문항	매우 우수	우수	보통	미흡	매우 미흡
체계성	수업은 강의계획서에 따라 진행되었다.					
성실성	규정된 시간(강의시간, 16주 강의, 시험기간 등)을 준수하였다.					
전문성	이 수업을 통해 관련 분야에 대한 지식과 기술이 향상되었다.					
학습자료	수업에 사용된 교재나 자료는 학습에 도움이 되었다.					
참여유도	학생들이 능동적으로 참여하도록 질문-피드백과 토의 등의 참여식 교수방법을 적용하였다.					
열의	교수는 열정과 신념을 가지고 수업에 임하였다.					
적정성	과제와 시험은 수업을 정리하고 심화하는 데 도움이 되었다.					
공정성	성적평가 기준은 객관적이고 시험 및 과제에 대한 평가결과 등의 피드백이 신속히 제공되었다.					
총평	나는 이 수업을 다른 학생들에게 추천하고 싶다.					
우수한 점						
개선해야 할 점						

■ 강의개선 보고서

[표 10-9]는 교수자가 작성하는 강의개선 보고서의 예시이다. 보고서는 학습자가 교수자 및 강의개선, 상호작용, 만족도의 3개 부문 9개 세부 항목별로 평가(일반적으로 5점 척도)한 평균점수를 전년도와 비교하여 증감 현황을 표기하도록 하고 있다. 이와 함께 교육내용, 교수방법, 평가방법에 대한 개선의견과 교육역량 제고방안 그리고 교육환경 제고방안을 제시하도록 하고 있다. 보고서 작성이 쉽지 않을 것으로 판단된다.

[표 10-9] 강의개선 보고서(Continuous Quality Improvement Report)

교과목 명					개설학과			
개설학기					이수 구분			
학점					학생 수			
보고서 작성일					담당교수			
교과목 교육목표								
핵심역량/ 전공능력								
평가방법 및 반영율	출석	중간 시험	기말 시험	조별 과제	조별 발표	개인 과제	기타	합계

[강의 평가결과 및 개선과제]

영역	결과				
	문항		금년	작년	증감
교수자 및 강의개선	체계성	1. 강의계획서에 따른 진행			
	성실성	2. 수업시간 준수			
	전문성	3. 지식과 기술수준 향상			
	학습자료	4. 교재의 적절성			
상호작용	참여유도	5. 참여식 교수·학습방법 적용			
	열의	6. 강의 열정과 신념			
	적정성	7. 과제와 시험			

영역	결과				
	문항		금년	작년	증감
만족도	공정성	8. 평가/피드백			
	총평	9. 강의 추천			
개선 과제	교육내용 개선				
	교수방법 개선				
	평가방법 개선				
	교육역량 제고방안				
	교육환경 제고방안				
종합 결론					

■ 교수자에 대한 동료평가

[표 10-10]은 교수자에 대한 동료교수자의 평가지 예시이다. 평가지는 교육과정의 이해 및 교수·학습방법 개선 노력을 포함하여 모두 13개 항목으로 구성되었으며 우수한 점, 개선해야 할 점을 묻는 개방형 질문이 포함되어 있다.

[표 10-10] 교수자 평가(동료평가)

평가지표	평가문항	매우 우수	우수	보통	미흡	매우 미흡
교육과정의 이해 및 교수 · 학습방법 개선 노력	현행 교육과정을 잘 이해하고, 이를 반영하여 교수 · 학습방법을 개선하여 지도한다.					
학습자 특성 및 교과내용 분석	지도하는 교과의 내용을 면밀히 분석하고, 이에 따른 학생들의 학습능력과 속도 등을 반영하여 교수 · 학습활동 계획을 수립한다.					
수업의 도입	학습에 대한 호기심과 동기유발을 위해 교수 · 학습활동에 적합한 내용과 방법을 선택하여 활용한다.					

평가지표	평가문항	매우 우수	우수	보통	미흡	매우 미흡
교수자의 태도	교수 · 학습활동에서 열의 있고, 최선을 다하는 모습으로 지도한다.					
교수자–학생 상호작용	교수 · 학습활동에서 수시로 칭찬과 격려를 통해 학생들에게 자신감을 준다.					
학생–학생 상호작용	학생들이 교수 · 학습활동에 적극적으로 참여하여 상호작용이 활발한 수업을 진행한다.					
학습자료 활용	학습내용을 잘 이해할 수 있도록 적절한 학습 자료를 활용한다.					
수업 진행	학생들의 학습 흥미를 지속적으로 유지하면서 수업을 진행한다.					
평가내용 및 방법	학생들의 수준에 맞는 평가 문항이나 도구를 활용하여 평가한다.					
학습정리	학습내용에 대한 학생들의 이해 정도를 확인한다.					
평가결과의 활용	평가결과를 학생들의 수준에 따라 적합한 방법으로 피드백한다.					
진로진학지도	교수 · 학습활동 과정에서 학습내용과 관련하여 학생들에게 적절한 진로 및 진학 지도를 한다.					
특기 · 적성교육	교수 · 학습활동 과정에서 학생들이 자신의 특기나 적성을 파악할 수 있도록 지원한다.					
우수한 점						
개선해야 할 점						

수업의 질 개선을 위한 다양한 시도와 노력이 가르침과 배움의 공간에서 이루어지고 있다. 어떤 수업도 어떤 교수자도 완벽할 수는 없다. 자신의 수업에서 어떤 부분을 개선시켜야 하는가를 현장 정보를 바탕으로 끊임없이 성찰하고 개선하는 노력이 필요하다. 교수자가 안고 가야 할 숙명이기도 하다.

03

HRD 성숙도 진단

HRD 성숙도는 조직의 인적자원개발 역량 수준을 객관적 기준에 따라 평가하여 등급을 부여하는 개념으로 조직의 HRD 발전 정도를 의미한다. HRD 성숙도 평가를 위한 지표는 정량지표와 정성지표로 구분되어 있다. 정량지표는 [표 10-11]에서와 같이 HRD 투입 요인과 HRD 운영/제도 요인, 그리고 HRD 평가의 세 가지 요인으로 구성되어 있다. 정성지표는 [표 10-12]에서와 같이 중장기 인재육성 전략, 정기적인 HRD 요구수렴, 경력개발 및 역량개발, 역량모델 진단체계, 직무분류체계 및 전문가제도, HRM과 HRD 연계성, 인적자원개발 시스템 부문으로 구성되어 있다. 이들 지표를 통해 기업의 인적자원개발 범위와 활동을 구체적으로 알 수 있다.

[표 10-11] HRD 성숙도 진단을 위한 정량지표

구분	진단지표	진단결과 산출
HRD 투입	교육예산 비중	연간 교육예산 규모
	교육인프라	별도 연수원 시설 등 인프라
	교육훈련 비용	1인당 연간 교육훈련비용(최근 3년간)
	교육훈련 일수	1인당 연간 교육훈련 일수
HRD 운영/제도	관리자의 HRD 지원	1인당 교육횟수
	직무교육	직무교육 비율(과정 수, 교육인원)
	교육제도화	사내강사제, 필수교육제, 교육훈련규정
	HRD담당자	HRD담당자 1인당 직원 수
	학습조직활성화 정도	OJT, CoP, 멘토링 등 무형식/상시학습 활성화
HRD 평가	역량개발 실적	역량개발계획 대비 실적(최근 3년간)
	교육평가 수준	교육평가 실시수준(교육만족도, 학습성취도, 현업적용도, 성과평가)
	교육형태별 비중	집합교육과 이러닝 비율

[표 10-12] HRD 성숙도 진단을 위한 정성지표

구분	평가항목
중장기 인재육성 전략	1. 중장기 인재육성전략을 보유하고 있는가? 2. 중장기 인재육성전략을 실행하기 위한 구체적 방안이 있는가?
정기적인 HRD 요구수렴	3. 정기 또는 수시로 구성원 HRD 요구를 수렴하고 있는가? 4. HRD 요구수렴 결과를 바탕으로 프로그램을 개발하고 있는가?
경력개발 및 역량개발	5. 구성원 전문성을 강화할 수 있는 경력개발제도를 운용하고 있는가? 6. 구성원들이 경력목표를 달성하기 위해 경력개발 가이드(로드맵)를 확인할 수 있는가? 7. 경력개발을 위해 자기개발계획서 작성 및 경력상담이 이루어지고 있는가? 8. 자기개발 계획 대비 목표달성율은 어느 정도인가?
역량모델 진단체계	9. 공통, 직급별, 직무역량 모델이 있는가? 10. 역량진단 실시 시스템을 보유하여 실시하고 있는가? 11. 역량모델링 과정에서 구성원 의견 수렴이 충분히 이루어지는가? 12. 역량진단 결과에 대한 구성원의 수용도(자기진단, 상사진단, 다면진단 및 결과의 타당성)는 높은가?
직무분류체계 및 전문가제도	13. 전문인력육성체계가 직무체계 기반으로 이루어져 있는가? 14. 전문분야별 전문가 선발 및 육성은 체계적으로 이루어지고 있는가? 15. 전문가를 통해 정기적으로 직무분석 등 역량개발 데이터를 업그레이드하는가?
HRM과 HRD 연계성	16. 인사고과 내 교육훈련 반영 비율(교육훈련 반영점수/총 점수)은 적정한가? 17. 승진제도와 연계한 교육이수규정이 존재하고 준수되는가? 18. 자격, 면허, 어학 등의 자기개발 분야에 대한 가점 비율은 적절한가?
인적자원개발 시스템	19. 교육학습포털(e-HRD 등)시스템을 통해 교육정보가 체계적으로 제공되는가? 20. 역량진단 결과와 연계하여 교육과정이 추천되는가? 21. 교육신청/수강 결과와 관련하여 리더-직원 간 피드백이 실시되는가? 피드백 내용은 도움이 되는가?

정부는 능력 중심으로 인재를 채용하고 재직 중인 근로자에게 지속적인 교육훈련 기회를 제공하는 우수기관을 발굴하여 3년간 인증을 부여하는 인적자원개발 우수기관 인증제를 시행하고 있다. 이 제도는 HRD 성숙도 개념을 적용한 정책의 대표적 사례라고 볼 수 있다.

학습내용을 중심으로 SAM 토의를 진행한다. 자유로운 분위기에서 편안하게 의견을 나눈다.

Summarize! 학습목표를 확인한 후, 각 학습목표에 대한 자신의 답을 정리한다. 이를 바탕으로 주요 개념과 용어 간의 위계와 연관성을 규명한다.

Adapt! 수행과제를 해결하기 위해 적용할 수 있는 지식과 기술은 무엇인지 토의한다. 직무수행이나 일상에서의 적용방안을 탐색한다.

Make Better! 보다 나은 학습을 위해 수정 · 보완할 내용에 대해 토의한다. '미리보기–학습내용–수행과제–쉬어가기'의 맥락 속에서 메시지를 발견하고 의미를 부여한다.

■ 팀 과제수행 활동

- 교육과정 초반에 학습자들의 학습수준을 평가하기 위한 진단평가 문항, 중간중간 학습자들의 학습이해도를 평가하기 위한 형성평가 문항 그리고 교육 종료 시점에서 학습자들의 학습이해도를 총괄적으로 평가하기 위한 총괄평가 문항을 개발한다.

- 커크패트릭의 4단계 평가 모델 중 1단계 반응평가와 2단계 학습평가 문항을 개발한다.

- 개발된 교육과정을 강의하게 될 교수자의 강의 역량을 평가하기 위한 평가자 체크리스트를 학습내용 부문과 전달능력 부분으로 나누어 개발한다.

- 교육과정 프레젠테이션 결과에 대한 리뷰 미팅을 한다. 리뷰 미팅 시에는 Pilot Test 체크리스트를 활용한다. 리뷰 미팅 결과를 토대로 과정개선 보고서를 작성한다.

미국 작가 딕 브라운(D. Brown, 1917~1989)의 '공포의 해이가르'입니다. 해이가르는 거칠지만 가정적인 바이킹입니다. 그는 자신이 탄 배가 폭풍우 속에서 벼락에 맞아 좌초되자 신을 원망하며 하늘을 향해 'Why me?'라고 외칩니다. 그러자 신이 'Why not?'이라고 되묻습니다.

모든 열정을 다 쏟아 부어 강의를 했는데 평가 결과를 보고 배신감을 느끼고 마음의 상처를 입을 때가 있습니다. '아파하지 말자'고 다짐 또 다짐하지만 쉽지 않습니다. 마상을 치유하는 마음의 근력은 그렇게 쉽게 탄탄해지지 않는가 봅니다. 모두 내 마음 같을 수도 없나 봅니다.

문득 혜민 스님의 글이 떠오릅니다.

"나를 향해 이러쿵저러쿵하는 말들을 적당히 무시하고 사는 법을 익혀요.
일일이 다 마음 쓰면 불행합니다.
행복해지고 싶으면 다른 사람이 나에 대해 어떻게 생각하는지 걱정할 시간에
나 하고 싶은 거 하세요.
괜찮아, 힘내요."

Human Resources Development

Chapter

11

스마트교육과 원격강의

1. 스마트교육의 개념과 구성요소
2. Zoom을 활용한 원격강의
3. 원격강의에서의 에듀테크 활용

미리
보기

MINERVA SCHOOLS AT KGI

학생 감소는 시작되었다. 사실 학령인구 감소는 이미 오래전부터 모두가 익히 알고 있었던 일이다. 이제 대학들은 학생 충원에 문제가 없었던 과거는 완벽히 잊어야 한다. 적은 수의 학생으로 특화된 분야에서 경쟁력을 지니는 소위 '강소대학'으로 발전하는 것이 유일한 생존 길이다.

지금까지 대학의 주요 목표는 학생의 지적 능력 및 사회 적응력을 높여 산업사회 여러 직무에 종사할 인재를 양성하는 것이었다. 그러나 오늘의 젊은이들이 살아갈 미래는 지금의 산업사회가 아닌 디지털 세상이다. 완연히 다를 것이다.

7년 전 미국에서 개교한 미네르바 스쿨(Minerva Schools)은 강의실이나 도서관이 없는 대학이다. 학생들은 6개월씩 세계 7개 도시에 있는 기숙사에 머물며 다양한 인류 사회를 직접 경험하고, 모든 수업은 온라인으로 수강한다. "인쇄기도 없던 1000년 전 교육 시스템을 고수하고 있는 현재의 대학은 21세기에 전혀 맞지 않는다"는 것이 '미네르바' 설립자의 이야기다. 150명 남짓의 신입생 모집에 세계 각국에서 2만 명이 넘게 지원하는 '미네르바 스쿨'을 보면 미래를 살아갈 젊은이들이 얼마나 새로운 대학을 갈망하고 있는지 알 수 있다. 우리 사회도 이런 혁신적 대학 교육을 허용해야 한다. 젊은이들에게 새로운 길을 열어 주어야 한다.

우리 사회는 코로나 팬데믹을 교육 혁신의 계기로 삼아야 한다. 사실 시간과 공간을 초월하는 비대면 교육은 이미 와 있는 미래였으며 그 비중이 높아질 것은 예기된 일이었다. 코로나로 급작스럽게 다가왔을 뿐이다. 초등학교에서 대학교에 이르기까지, 비대면을 효과적으로 이용하는 교육 방법을 개발해야 한다. 대학은 미래 디지털 사회에 필요한 인재상이 무엇인지 치열하게 고민하며 교육의 틀을 새롭게 짜야 한다.

김도연, 동아일보(2021. 3. 25.).

학습 목표

비대면 학습으로의 전환이 빠르게 진행되고 있으며 이런 현상은 COVID-19 진정 후에도 지속될 것이다. 교수자는 비대면 교육에 필요한 툴을 활용할 수 있어야 한다. 아울러 온라인 강의에서도 오프라인 강의에서 하는 것과 같은 상호작용과 소통이 이뤄지도록 해야 한다.

1. 스마트교육의 개념과 특징을 설명할 수 있다.
2. Zoom을 사용하여 원격강의를 수행할 수 있다.
3. 원격강의의 효과를 높일 수 있는 기법과 에듀테크를 적용할 수 있다.

01 스마트교육의 개념과 구성요소

스마트교육은 21세기 지식정보화 사회에서 요구되고 있는 새로운 교육방법, 교육과정, 평가방법으로 교사의 교육체제 전반의 변화를 이끌기 위한 지능형 맞춤 교수·학습지원체제이다(교육과학기술부, 2011). 스마트(SMART) 교육은 자기주도적 학습, 흥미로운 학습, 학습자 수준과 적성에 맞는 학습으로 풍부한 자료와 정보통신기술을 기반으로 한다. 스마트교육은 스마트 기기를 사용한 교육이라는 의미보다는 미래교육의 바람직한 모습으로 전통적인 교실수업의 한계를 뛰어넘어 시간, 공간, 학습자료, 학습방법의 확대를 의미한다. 이는 미래교육이 나아갈 방향을 압축적으로 표현하고 있다.

[그림 11-1] 스마트교육의 지향점

■ 자기주도적

스마트교육에서는 학습자의 역할이 지식수용자에서 지식의 주요 생산자로 변화되고, 교수자는 지식전달자에서 학습 조력자의 역할을 수행하게 된다. 학습자는 자신의 학습속도를 스스로 조절하고, 학습의 분량도 결정하며, 학습의 계열과 내용도 스스로 선택한다. 능동적으로 수업에 참여하여 필요로 하는 정보를 검색하고, 동료 학습자와 의사소통을 한다. 교수자는 학습방향을 안내하고, 학습자 스스로 필요한 지식을 형성해 나가는 과정을 지원하고 정보의 바다 속에서 올바른 정보를 찾을 수 있도록 도와주는 역할을 한다.

■ 학습흥미

스마트교육에서는 ICT를 활용한 문제해결이나 탐구학습, 협력학습 등의 다양한 교수·학습방법이 가능하다. 인터넷을 통한 과제중심의 소집단 협동학습이 가능하며, 특정 주제와 관련된 다양한 학습자들의 견해를 게시판을 통하여 확인할 수 있다. Zoom과 같은 플랫폼을 통해 실시간으로 쌍방향 화상 수업을 하며 활발한 교육적 의사소통도 가능하다.

■ 수준과 적성

스마트교육에서는 교육체계의 유연성과 맞춤형 학습의 실천을 강조한다. 학교는 더 이상 지식을 대량으로 전달하는 장소가 아니며, 학습자의 수준과 적성에 맞는 개별화된 학습을 지원하는 장소로 바뀌게 된다. 교수자는 학습자들에게 온라인 성취도 진단 및 처방을 토대로 언제든지 원하는 때에 스스로 학습할 수 있도록 온라인 교육서비스를 제공한다. 학습자의 특성에 맞는 수준별 개별화 수업을 진행함으로써 모든 학습자에게 학습기회를 보장할 수 있다.

■ 풍부한 자료

스마트교육에서는 디지털 콘텐츠를 사용하여 학습자 개개인의 수준과 적성에 맞는 풍부한 학습자료로 공부할 수 있는 학습환경을 제공한다. 또한 클라우드 교육 서비스, 소셜 네트워킹 등을 통해 공공기관, 민간 및 개인이 개발한 콘텐츠와 국내 · 외의 학습자원을 공동 활용하고 협력학습을 확대한다.

■ 정보통신기술 활용

스마트교육은 언제, 어디서나 원하는 학습을 할 수 있도록 ICT를 활용한다. 온라인 수업 등을 활용하면 교실이라는 물리적 공간을 교실 밖의 다양한 공간으로 확대할 수 있다.

일관성은 예측가능성, 또는 안정성이라고도 한다. 사람은 행동을 예측할 수 있을 때 안정감을 느낀다. 상황에 따라 감정에 따라 그 행동이 하늘과 땅을 오가는 사람과는 불안해서 만날 수 없다. 잘해 줄 때는 하늘의 별을 따다 줄 것 같이 하다 가도 뭔가 수틀리면 갑자기 돌변하여 폭언이나 폭행을 일삼는 사람과는 절대로 같이 갈 수 없다. 가치관과 행동의 일관성, 신념과 행동의 일관성, 태도와 행동의 일관성, 말과 행동의 일관성, 그리고 겉과 속이 다르지 않은 표리부동(表裏不同) 등이 이에 속한다. 사회지도층 인사들의 일관성이 결여된 말과 행동의 결과들을 접하면서 사회 전체적으로 믿음의 밀도가 낮아지고 마음의 불편함이 증폭되고 있어 걱정이다. 상호존중과 기본예절, 상식이 통하는 시민사회의 문화 속에서 스트레스 받지 않으며 개인의 자유와 자율을 마음껏 누리며 살고 싶다.

02

Zoom을 활용한 원격강의

원격수업은 교수-학습 활동이 서로 다른 시간 또는 공간에서 이루어지는 수업 형태이다(교육부, 2018). 원격수업은 대부분 Zoom이나 구글 Hangout.Meet, EBS 온클 등의 상호작용 플랫폼을 통해 이뤄진다.

화상 회의 및 온라인 강의를 하려면 기본적으로 [표 11-1]과 같이 웹캠이나 마이크 등의 준비물이 필요하다.

[표 11-1] 화상 회의 및 온라인 강의를 위한 준비물

항목	내용
웹캠	컴퓨터나 노트북에 연결하여 녹화를 가능하게 해 주는 장비(카메라)로 데스크톱에는 별도로 구매해서 장착해야 하지만 노트북에는 대부분 웹캠이 내장되어 있다.
마이크	웹캠이나 노트북에는 기본적으로 마이크가 내장되어 있지만 만족스러운 성능을 위해서는 외부 마이크를 사용하는 것을 권장한다.
조명	필수는 아니지만 조명 기구가 있다면 양질의 영상을 전달할 수 있다.
크로마키	크로마키는 강사의 후면에 설치하며, 이를 통해 배경을 제거하고 사람의 모습만 화면에 보이도록 하는 것이 가능하다.

1) Zoom 프로그램 이해

Zoom은 화상회의, 온라인 회의, 채팅, 모바일 협업을 하나로 합친 원격 회의 서비스를 제공한다. Zoom 프로그램의 기본 옵션은 무료로 최대한 100명의 참가자가 참여해 화상 회의나 강의를 할 수 있으며, 호스트가 되기 위해서는 회원가입이 필요하다. 다만 회의 참가자나 학습자는 로그인 없이 이름 등 간단한 정보를 입력한 후에 참여할 수 있다. 비디오 동영상을 이용하여 회의실 및 소회의실을 제공하고 있어 그룹 공동 작업이 가능하며, 채팅 및 화면 공유, 원격 제어를 통한 데이터 공유 등도 가능하다. 스마트폰에 '줌 클라우드 미팅(Zoom Cloud Meetings)' 앱을 설치하면 어디서든 화상 회의나 온라인 수업에 참여할 수 있다.

2) Zoom 프로그램 활용

Zoom을 활용하여 원격강의를 하고자 하는 입문자를 위해 Zoom의 기초적인 기능만을 소개한다. 유튜브에 Zoom을 활용한 원격강의 방법에 대한 동영상 자료들이 많이 업로드되어 있으므로 본문 내용을 참고로 하여 병행 학습하면 어렵지 않게 원격강의를 할 수 있다. 다만 시행착오는 필수이다.

■ Zoom 설치 및 회원 가입하기

웹 브라우저에서 'zoom.us'를 입력하여 Zoom 사이트에 접속한다. Zoom을 다운로드한 후 이메일 주소나 Google, 페이스북 계정으로 회원 가입을 한다. Zoom 계정이 생성되면 이름, 성, 비밀번호를 입력하고 회원가입을 완료한 후 '계정 활성화'를 클릭한다. Zoom 설치 파일(ZoomInstaller.exe)을 '다운로드' 폴더에서 실행하면 Zoom이 설치된다.

■ Zoom 홈 화면 살펴보기

Zoom 홈 화면은 [표 11-2]와 같이 '새 회의, 참가, 예약, 화면 공유, 채팅, 회의, 연락처, 내 상태 표시'로 구성되어 있다.

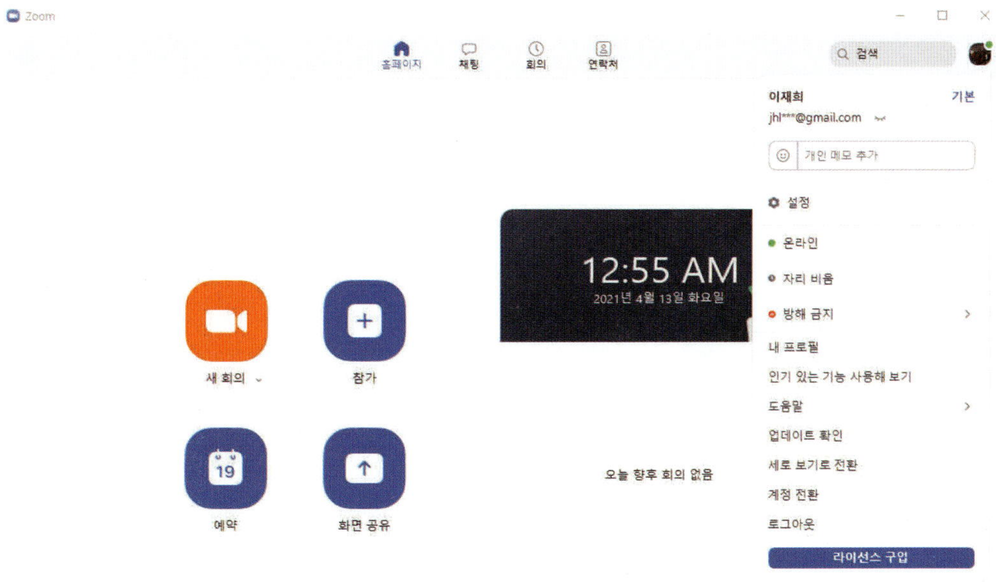

[표 11-2] Zoom 홈 화면의 기능

새 회의	예약 없이 바로 회의실을 개설하여 화상 회의를 할 때 사용한다. 스피커와 마이크가 제대로 작동하는지 '스피커 및 마이크 테스트'를 클릭하여 확인한다.
참가	게스트가 회의에 참가하기 위해 회의 ID 또는 개인 이름을 입력하고 참가한다. 회의 참가 시 오디오나 비디오를 연결하지 않고 참여할 수 있다.
예약	회의 주제와 날짜, 시간, 회의 기간 등을 예약할 수 있다. 회의 ID는 '자동으로 생성'으로 지정한다. 무료 회의일 경우에 암호는 필요 없다. 유료 회의일 경우에는 암호(비밀번호)를 입력한다. '대기실'은 클릭상태로 둔다. [고급 옵션]을 선택하여 '입장 시 참가자 음소거'를 클릭하고 '저장'한다.
화면 공유	자신이 사용하는 PC의 화면을 공유할 수 있다.
채팅	참가자와 문자를 이용해 채팅을 하거나 회의 중에 채팅한 내용이 표시된다.
회의	예약한 회의 목록을 표시한다. [편집] 버튼을 클릭하여 회의 정보를 수정하거나 삭제할 수 있다. 초대 복사를 클릭하면 초대 URL이 한번에 복사된다. 회의 ID, 비밀번호, 초대 URL을 카카오톡이나 이메일로 공유하여 회의 관련 사항을 공지한다.
연락처	참가자들의 연락처를 추가하거나 중요도 표시, 앱이나 클라우드 연락처로 등록이나 연결이 가능하다.
내 상태 표시	현재 내 상태를 대화가능, 자리 비움, 방해 금지 등으로 표시가 가능하며, 내 프로필과 도움말 등을 확인할 수 있다.

강의 중에도 '회의 정보'를 클릭하여 강의 관련 정보를 복사, 학습자를 초청할 수 있다.

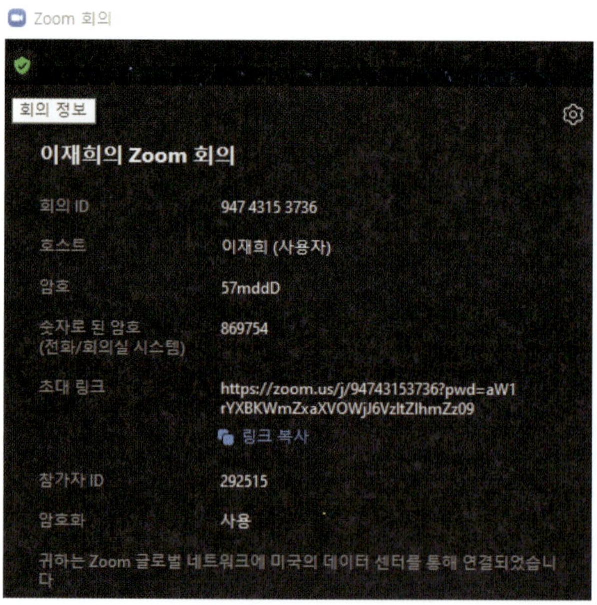

■ 환경 설정하기

환경 설정 화면에서 일반, 비디오, 오디오, 화면 공유, 채팅, 배경 및 필터, 녹화, 프로필, 통계, 바로 가기 키, 그리고 접근성에 대한 옵션을 선택한다. 일반적으로 [표 11-3]에 제시된 대로 설정(클릭)한다.

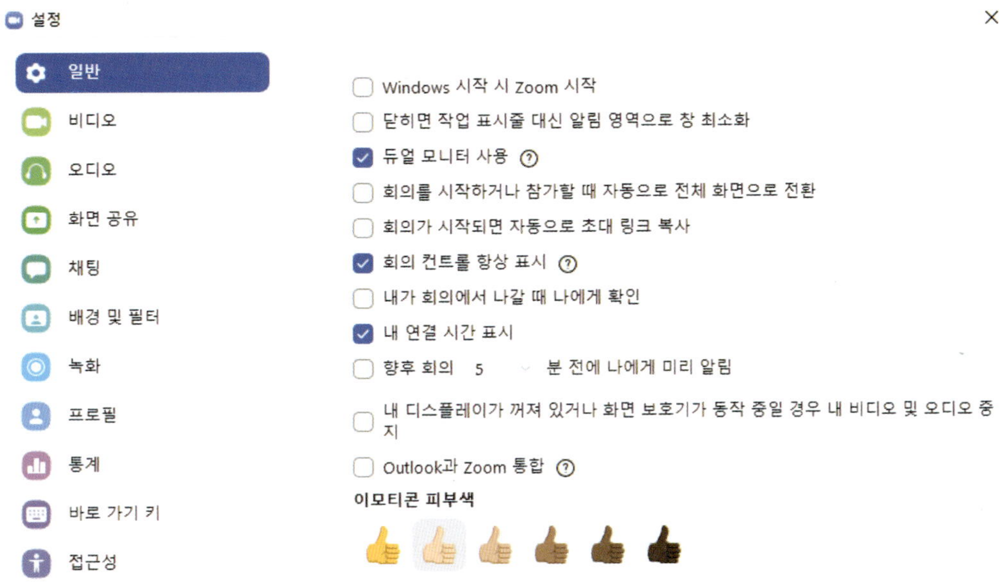

[표 11-3] Zoom 화면 설정

구분	내용
일반	듀얼 모니터 사용 회의 컨트롤 항상 표시 내 연결 시간 표시
비디오	카메라 HD/내 비디오: 내 비디오 미러링, 내 모습 수정 필터 참가자 비디오에 참가자 이름 항상 표시 비디오 회의에 참가할 때 항상 비디오 미리보기 대화 상자 표시
오디오	스피커 테스트/마이크 테스트 볼륨 자동 조정 회의에 참여할 때 컴퓨터로 자동 오디오 연결
화면 공유	화면 공유 시 창 크기 선택(전체 화면 모드) 공유 콘텐츠가 Zoom 창에 맞도록 확대/축소 회의에서 내 화면을 공유할 때: 데스크 톱 자동으로 공유
채팅	오디오 메시지 표시 버튼 링크 미리보기 포함 15분 동안 비활성화 상태이면 '자리 비움'으로 변경
배경 및 필터	가상 배경 선택
녹화	로컬 기록: 내 기록 저장 위치 지정 회의가 끝날 때 기록 파일을 저장할 위치 선택 화면 공유 중 비디오 기록
프로필	내 프로필 편집, 프로필 업그레이드
통계	전체, 오디오, 비디오, 화면공유 정보 제시
바로 가기 키	단축기 정보 제공
접근성	참가자가 회의에 참가함/회의에서 나감(호스트만) 참가자가 대기실에 참가함/회의에서 나감(호스트만) 호스트가 오디오를 음소거함

■ 원격강의 화면 살펴보기

원격강의 화면은 비디오 참여 표시 창과 하단의 설정 옵션, 그리고 오른쪽의 참가자 관리 창으로 구성된다. '원격강의 화면'에서는 [표 11-4]에서 보는 바와 같이 원격강의 관리 및 설정에 필요한 다양한 기능을 제공하고 있다.

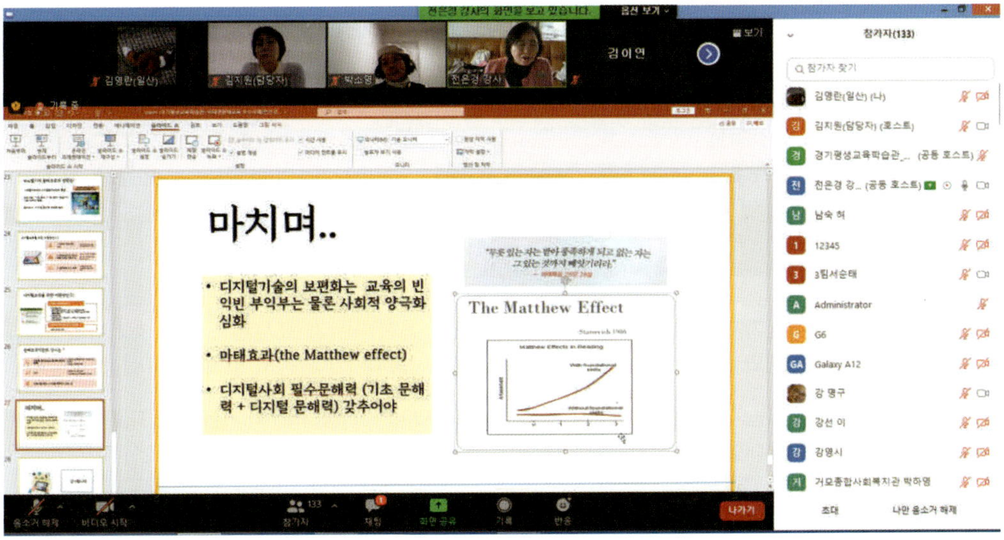

[표 11-4] 원격강의 화면

비디오 참여 표시 창	교수자나 학습자의 비디오가 표시된다. 주로 얼굴에 맞춰 표시한다.
음소거	'마이크' 아이콘을 클릭하여 발표자의 음성을 제거한다. 학습자 모두에 대해서 음소거를 하려면 '참가자 관리' 아이콘을 클릭한다. 참가자 목록 화면에서 '모두 음소거'를 클릭한다.
비디오 시작 중지	'비디오 시작' 아이콘을 선택하면 화면상에 자신의 비디오가 표시되지 않고, 이름만 표시된다.
보안	회의실 잠금부터 대기실, 채팅, 화면공유 등의 사용 여부를 선택한다. 호스트는 원격강의에 참여한 학습자 중에서 특정인을 대기실에 대기시킬 수 있다. **[대기실 기능]** 대기실에서 대기를 하게 되면 강의에 참석할 수 없으며, 호스트의 허락이 있어야 강의에 참여할 수 있다.
참가자 관리	오른쪽에 별도의 화면이 표시되어 참가자를 대기실이나 채팅, 비디오 및 오디오 제어관리를 한다.
채팅	공개 또는 비공개로 채팅이 가능하다. '받는 사람'을 지정하여 학습자와 1:1로 채팅이 가능하다. '파일'을 클릭하여 자료를 공유할 수 있으며, 전송받은 파일은 다운로드하여 바로 확인이 가능하다. 이모티콘을 통해서 질문이 있는 사람을 확인하거나 학습자의 반응을 즉각적으로 확인할 수도 있다.

화면 공유	자신의 PC에서 사용하고 있는 프로그램을 참가자와 공유할 수 있다.
기록	'기록' 아이콘을 클릭하면 강의 장면이 기록된다. 기록 위치를 선택할 수 있다. 기록 시 오디오 포함 여부를 선택한 후 기록한다.
반응	 학습자가 이모티콘으로 반응을 표시할 수 있다.
참가자 옵션 메뉴	참가자 비디오 표시 창 오른쪽 상단에 옵션 메뉴가 표시된다. 해당 참가자의 비디오와 오디오 관리 및 채팅, 대기실로 이동시키거나 강의 강퇴 등을 설정한다.
회의 참가자 목록	학습자를 선택하여 오디오와 비디오 제어가 가능하며, 대기실 학습자를 회의실로 초대할 수 있다.
회의 종료	원격강의를 종료하거나 강의실에서 나갈 때 사용한다. '종료' 버튼을 클릭한다. 전체 강의를 종료하기 위해서 '모두에 대해 회의 종료'를 선택한다. 본인만 나갈 경우는 '회의 나가기'를 선택한다.

■ 호스트의 PC화면 공유하기

강의 자료나 기타 자료를 참가자들과 공유할 수 있다. Zoom에서 참가자가 발표하기 위해서는 '화면 공유'를 클릭한다. 공유할 화면을 선택하고 우측 하단의 '공유 버튼'을 클릭한다.

고급기능을 활용하면 공유하고 싶은 부분을 선택하여 '화면 일부'만을 공유할 수 있다.

▪ 가상 배경 사용하기

지저분한 주변 환경이나 프라이버시를 위해 가상 배경을 사용할 수 있다. 먼저 '비디오 중지' 팝업 버튼을 클릭한 후 '가상 배경 선택'을 클릭한다. 기본 설정은 'None'으로 설정되어 있다. 금문교 배경 이미지 등과 같이 화면에 표시된 이미지를 선택할 수 있고 '이미지 추가' 아이콘을 선택하여 '배경이미지' 대화상자에서 사용할 이미지를 선택할 수도 있다. [프로필 사진 설정하기] 내 계정 화면에서 프로필 사진을 변경할 수도 있다. 프로필 사진은 PC에 미리 저장해 둔 사진을 사용한다.

■ **소회의실 만들기**

팀별 모임을 위해 소회의실을 원하는 개수만큼 만들고 참가자들을 할당할 수 있다. 소회실 기능을 통해 오프라인에서의 토론과 같은 조별 활동을 할 수가 있다. 이때 학습자들의 참여를 촉진하기 위해 소모임 주제부터 조원의 역할, 발언 순서 등과 같은 명확한 활동 가이드라인을 제시하는 것이 좋다.

■ 특정 참가자 관리하기

특정 참가자 발표시키기

강의 진행 중에 [추천비디오] 기능을 이용하여 특정 참가자에게 발표를 시킬 수 있다. 선택된 참가자는 비디오 화면에 확대되어 표시된다.

특정 참가자 강퇴시키기

호스트는 강의실이나 대기실에 참석한 참가자 중에서 잘못 들어온 참가자를 강퇴시킬 수 있다. 강퇴를 당한 참가자는 해당 강의에 다시는 참여할 수 없다.

플립드 러닝

플립드 러닝(Flipped Learning)은 '혼합형 학습(Blended Learning)'의 한 형태로서 ICT를 활용하여 수업 전에 학습자료를 다양하게 제공하고, 교실에서의 면대면 수업에서는 협동학습을 중심으로 하는 교수 · 학습방법이다. 팬데믹 이후의 교실학습이 어떻게 변화할 것인지에 대해 토의한다.

03

원격강의에서의 에듀테크 활용

■ 교육실재감

실재감(Presence)은 어딘가에 존재하는 느낌(Being There)을 말한다(Heeter, 1992). 교육실재감(Educational Presence)은 비록 물리적으로 떨어져 있으나 교수자와 학습자가 실제 면대면 수업과 같은 학습상황에 존재하고 있다고 인식하는 것이다. 온라인 상에서 만나 공부하지만 꼭 강의장에서 얼굴을 맞대고 학습하는 듯한 느낌을 받으면 교육실재감이 높은 것이다.

비대면 교육의 맹점은 바로 교육실재감의 부족 현상이다. 따라서 비대면 학습의 효과성을 높이기 위해서는 교육실재감을 높이도록 노력해야 한다. 교육실재감을 높이기 위해서는 교수자, 학습자, 그리고 학습 내용 간의 연결성을 강화하고 교수자와 학습자, 학습자와 학습자 간의 상호작용을 촉진하는 것이 필요하다. 오영범(2020)은 교육실재감을 높일 수 있는 원격수업 실행 단계에서의 교수자 통합 역량 모형을 [표 11-5]와 같이 제시하였다.

[표 11-5] 원격수업 실행에 따른 교수자의 역량

원격수업 환경구축 역량	• 원격수업 시스템 사전 점검 역량	• 학습자 정보격차 관리 역량
원격수업 설계 역량	• 학습자 요구분석 역량 • 학습내용 구조화 역량 • 학습목표 달성도 평가 역량	• 학습자 학습관리 역량 • 윤리적 이슈 예방 역량
원격수업 실행 역량	• 상호작용 촉진 역량 • 즉각적 피드백 역량 • 이해도 점검 역량	• 학습자 간 협력관계 구축 역량 • 시스템 오류 방지 및 복구 역량
원격수업 성찰 역량	• 원격수업 시스템 사후관리 역량	• 원격수업 설계 및 실행 성찰 역량

교수자들이 온라인 학습장에서 비대면 학습의 효과를 높이기 위한 일반적 방법으로 다음과 같은 것들이 있다.

- 전체 참여자가 한 화면에 보일 수 있도록 인원을 편성하고 화면 세팅 값도 조정한다.
- 화상회의 툴에서 비디오를 켜고 서로 얼굴을 볼 수 있게 한다.
- PPT와 교수자, 학습자를 자주 번갈아서 보여 준다.
- 학습자들의 이름을 불러 준다.
- 교수자는 학습자와 1:1 커뮤니케이션을 자주 한다.
- 채팅창을 이용해 학습자가 실시간으로 참여하게 한다.
- 조별 소회의실을 만들고, 조별 회의 활동을 모니터링하고 피드백한다.
- 교육실재감을 느낄 수 있는 교수자의 제스처나 멘트를 적극 활용한다.

■ 에듀테크 활용

원격강의의 성공 여부는 '다양한 에듀테크 플랫폼과 툴을 온라인 수업에서 얼마나 잘 활용할 수 있느냐' 하는 교수자의 역량에 달려 있다. 여기서는 오프라인에서의 전지 작업을 온라인으로 진행하거나(패들렛, 구글 잼보드 등) 멘티미터와 같이 온라인으로 의견을 주고받을 수 있는 클리커 시스템에 대해 간단히 소개한다.

패들렛

패들렛(Padlet)은 하나의 작업공간에 많은 사람들이 동시에 들어와서 접착식 메모지를 붙여 놓는 것과 같은 작업이 가능한 웹 애플리케이션이다. 교실수업에서 칠판에 붙이는 메모지를 웹상에서 함께 한다고 보면 된다. 메모지를 가지고 수업시간에 할 수 있는 거의 모든 활동이 가능하다.

https://ko.padlet.com/

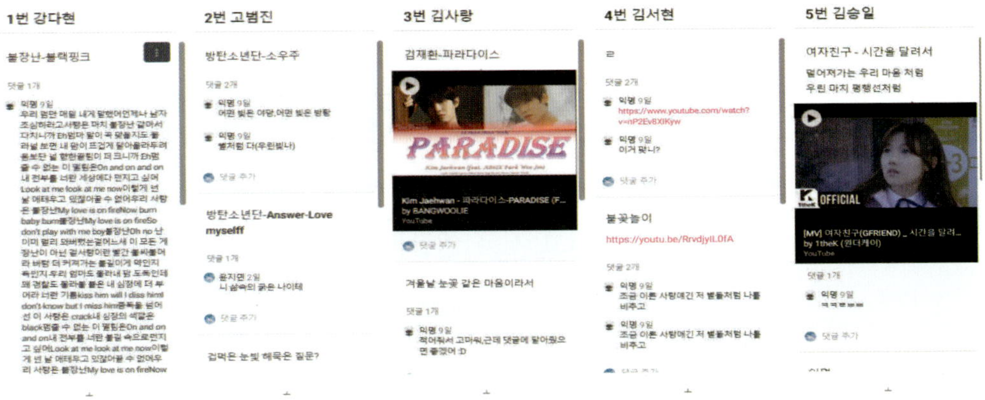

[그림 11-2] 패들렛 활용

구글 잼보드

구글 잼보드는 패들렛과 유사한 도구로 패들렛처럼 메모지를 붙여 동시 작업이 가능하며 브레인스토밍이나 아이디어 창출 단계에서 활용하기 좋은 학습자 참여형 플랫폼이다. 교수자와 학습자 모두 구글 계정이 있어야 한다.

jamboard.google.com

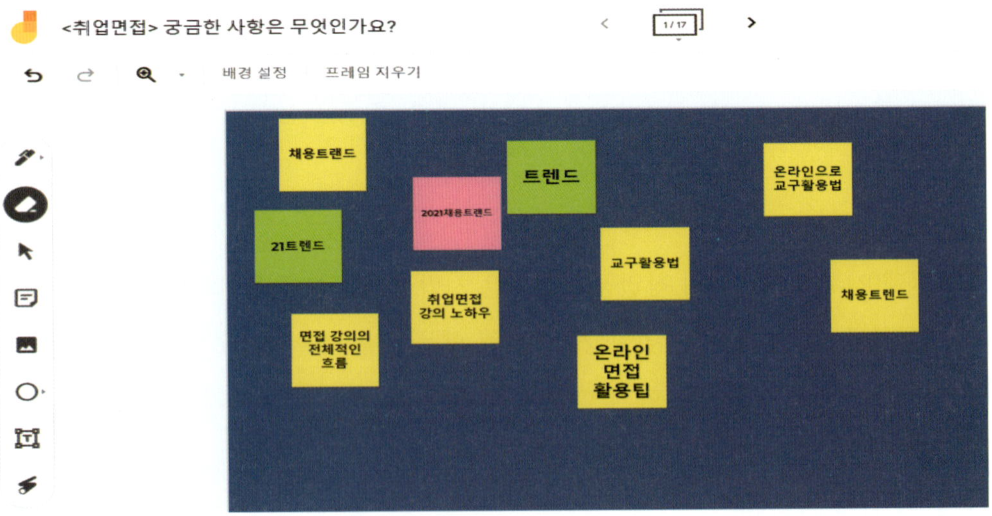

[그림 11-3] 구글 잼보드 활용

구글 오피스 프로그램

파워포인트나 한글로 작업한 문서를 구글의 문서, 프레젠테이션, 스프레드시트 프로그램으로 전환하여 웹상에서 공동작업을 하며 협업할 수 있다. 웹이나 앱상에서 이 프로그램들의 사이트를 공유하면 동시에 문서 작성 및 수정이 가능하다.

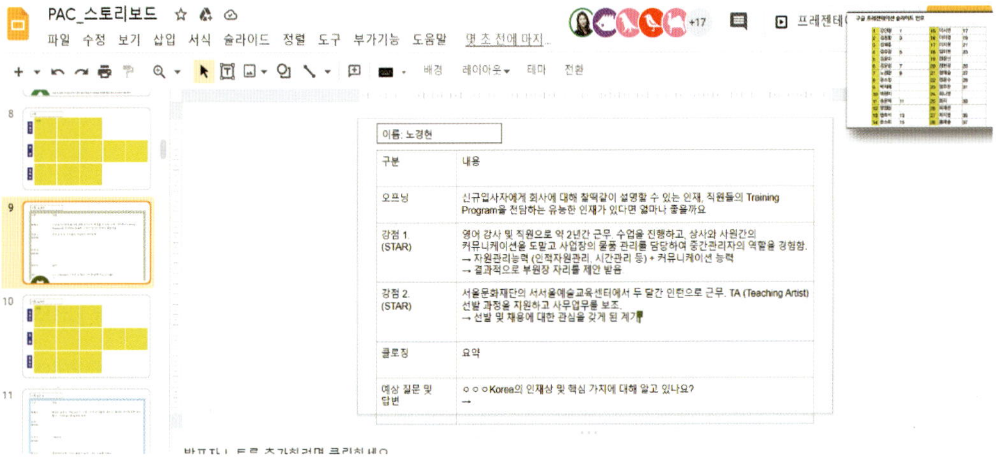

[그림 11-4] 구글 오피스 프로그램 활용

멘티미터

멘티미터는 학습자의 의견을 빠르게 확인할 수 있으며 결과를 시각적으로 한눈에 들어오게 보여 주는 앱이다. 선택형은 물론 주관식 문항 등의 다양한 설문 유형을 제공한다. 또한 중요한 내용을 복습할 때 퀴즈 기능을 활용할 경우 음악과 스피드 옵션을 추가하여 학습자들의 흥미를 유도할 수 있다.

https://www.mentimeter.com/

[그림 11-5] 멘티미터 활용

원격수업 사례

'미래 교육을 디자인하는 아름다운 교사 모임'(미디아)은 인천 만수북중 교사 8명이 참여하는 원격수업 연구회다. 미디아 교사들은 온라인 플랫폼이나 교육 애플리케이션을 활용한 새로운 미래형 수업 모델을 만드는 데 관심이 많다. '띵커벨(ThinkerBell)'과 같은 퀴즈 플랫폼이나 구글 프레젠테이션 등의 다양한 플랫폼을 활용한 수업을 진행한다. 미디아는 디지털 기기에 익숙하지 않은 교사들도 쉽게 사용할 수 있도록 '수업 활용 설명서'를 만들어 배포한다. 개별 교사의 수업 노하우를 공유하기 위한 '동교과 모임'도 매주 한 번 갖는다. 원격수업의 진화를 위한 '공유자산'을 만드는 셈이다.

이 학교는 '줌 소모임 개별학습'을 운영하고 있다. 원격수업으로 인해 기초학력이 저하되고 있는 상황에서 학생들의 수준을 파악하기 위해 '화이트보드.fi(Whiteboard.fi)'라는 온라인 플랫폼으로 쪽지시험을 본다. 화이트보드는 온라인으로 각자의 칠판을 공유할 수 있는 원격수업 도구이다. 쪽지시험을 본 후에는 줌 소모임 기능을 활용해 1대1 개별수업을 진행한다. 온라인 상황에서도 모든 학생들이 끝까지 수업 내용을 이해할 수 있도록 지도한다.

에듀테크가 교육에 접목되면서 디지털 활용 능력이 교수자의 중요한 역량 중 하나로 자리 잡게 될 것이다. 교수자는 비대면 학습과 관련해 에듀테크를 다양하게 시도해 보고 도구들에 익숙해져야 한다.

학습민첩성

교수자는 비대면 수업에서의 상호작용 수업전략과 에듀테크 활용에 대한 노하우를 공유하면서 학습민첩성을 발휘하여 수업에 적용하고 피드백을 주고받는 노력이 중요하다. 원격수업에서 활용할 수 있는 에듀테크와 노하우를 나눈다.

학습내용을 중심으로 SAM 토의를 진행한다. 자유로운 분위기에서 편안하게 의견을 나눈다.

Summarize! 학습목표를 확인한 후, 각 학습목표에 대한 자신의 답을 정리한다. 이를 바탕으로 주요 개념과 용어 간의 위계와 연관성을 규명한다.

Adapt! 수행과제를 해결하기 위해 적용할 수 있는 지식과 기술은 무엇인지 토의한다. 직무수행이나 일상에서의 적용방안을 탐색한다.

Make Better! 보다 나은 학습을 위해 수정 · 보완할 내용에 대해 토의한다. '미리보기–학습내용–수행과제–쉬어가기'의 맥락 속에서 메시지를 발견하고 의미를 부여한다.

개발한 교육과정을 Zoom을 활용해 협동학습 팀원들과 함께 실습(강의)한다. 이때 다른 협동학습 팀과 함께 온라인 학습을 진행하여 피드백을 받는다. 상호 피드백을 하기 위해 Pilot Test 체크리스트를 활용한다.

- 온라인상에서 소모임 활동을 촉진시킬 수 있는 방법을 토의한다.
- 온라인상에서 교수자와 학습자 간의 상호작용을 촉진시킬 수 있는 방법을 토의한다.
- 온라인상에서 학습자와 학습자 간의 상호작용을 촉진시킬 수 있는 방법을 토의한다.
- 패들렛이나 구글 잼보드, 멘티미터, 카훗과 같은 에듀테크를 적용하여 과제를 수행한다.
- 교육실재감을 높일 수 있는 온라인상에서의 교수 · 학습활동에 대한 아이디어를 토의한다.

사회적 실재감(social presence)은 다른 사람과의 사회적 관계에서 느끼는 존재감의 정도를 말합니다. 멀리 떨어져 있어도 같은 공간에 있는 듯한 사람이 있는가 하면, 같은 공간에 함께 있어도 멀리 있는 듯한 사람이 있습니다. 누군가와의 관계에서 투명인간 취급받으면 사회적 실재감이 바닥을 치고 이는 심각한 심리적 문제를 유발합니다. 만날 때 "아, 내가 정말 소중한 사람이구나!"라는 느낌을 주는 사람만 만나기 바랍니다. 사람은 잘 바뀌지 않습니다. 이 세상에 오롯이 하나뿐인 나를 소중히 아끼고 지켜 내야 합니다.

Human Resources
Development

Human Resources Development

Chapter

12

인적자원개발전문가의 경력관리

1. 지식경영과 지식의 변환과정
2. 경력관리와 HRD전문가의 역할 포트폴리오
3. 전문성 개발과 자기주도 학습계획서

미리 보기

학문연구에 '정년'은 없다. 퇴임 후 더 활발히 연구하고 책을 내는 원로 학자들이 있어 학계의 연구 성과가 훨씬 풍부해지고 있다.

[자유롭게 전체를 조감하는 연구] 논문실적에 얽매이지 않으니 생산성이 더 높아졌다. 정광 교수는 "예전엔 소속 학교에 누가 될까 봐 비난받을 수도 있는 독창적 연구 결과는 발표하기 어려웠다"면서 "개인으로 돌아오니 통설과 다른 학문적 내용을 자유롭게 얘기할 수 있다"고 말했다. 정진석 교수는 "언론사(史)의 주요 인물과 매체 연구를 평생 해 왔지만 아직도 쓸 주제가 많다"면서 "한국 언론 통사를 쓰려는 목표도 있다"고 했다.

[연구에 몰두, 더 건강해졌다] 신용하 교수는 "알고 싶은 것을 알게 됐을 때 느끼는 기쁨이 크다"면서 "간헐적으로 연속되는 기쁨 때문에 피로한 줄 모른다"고 했다. 정진석 교수는 "건강 비결이 따로 없다. 종일 글 쓰고 저녁 때 간단히 운동하는 생활을 거듭할 뿐"이라고 했다. 한영우 교수는 "술도 못 마시고 운동도 안 하지만 연구에 몰입하니까 잡념이 사라져 건강한 게 아닐까 생각한다"고 말했다. 모두 연구 외엔 다른 욕심이 없다.

[생산의 공간, 개인 연구실] 한영우 교수는 서울 신림동 자택에서 15분쯤 걸리는 낙성대 인근 25평 아파트를 연구실로 쓴다. 오전 9시 출근해 오후 4시 30분 퇴근하는 일을 반복한다. 정진석 교수도 퇴임 전 반포동에 개인 연구실을 마련했다. 이곳에서 매일 아침부터 오후 5시까지 책을 읽고 글을 쓴다. 정광 교수는 집에서 5분 거리 중계동 오피스텔에 마련한 연구실에서 집필한다. 정 교수는 "자료를 보다가 몰랐던 이야기를 찾아낼 때 공부의 재미가 크다"고 했다. 신용하 교수는 자택인 서빙고동 아파트 같은 동 아래층에 연구실을 마련했다. 신 교수는 "아침에 연구실로 내려갔다가 몰입하게 되면 새벽 5시까지 책을 볼 때도 있다"고 말했다.

이한수, 조선일보(2018. 6. 7.).

학습 목표

단 한번뿐인 내 삶에 내 이름으로 된 책 한 권을 선물하는 것도 인생에 대한 예의일 수 있다. 사람의 발전과 성숙을 돕고자 하는 인적자원개발 전문가에게는 더욱 그러하다. 천천히 조금씩 준비하면 된다. 하루 10분씩만이라도 꾸준하게 관심 자료 모으기와 글쓰기를 반복한다면 누구나 할 수 있다. 오늘 '작가노트'를 준비하자.

1. 지식경영과 지식의 네 가지 변환과정을 설명할 수 있다.
2. 생애단계별 경력계획을 수립할 수 있다.
3. 자기주도 학습계획서를 작성할 수 있다.

01 지식경영과 지식의 변환과정

지식경영(Knowledge Management)은 조직구성원 개개인의 지식과 정보, 노하우를 체계적으로 발굴하여 조직 내 보편적인 지식으로 공유함으로써, 조직 전체의 문제해결 능력을 향상시키는 경영방식이다. 지식경영의 목표는 조직 내 지식의 활발한 창출과 공유를 제도화함으로써 조직경쟁력을 높이는 것이다. 지식창조기업의 저자 노나카(野中)는 [그림 12-1]에서 보듯이 "지식은 사회화, 외부화, 결합화, 내재화의 지식 변환과정을 거쳐 조직에 공유·확산된다"고 하였다. 이 같은 지식 변환과정은 시간이 지남에 따라 회오리 바람처럼 점차 빠르고 폭넓게 확산된다. 마치 눈덩이 커지듯 조직의 앎의 크기와 수준이 높아지는 것이다.

지식은 형식지와 암묵지로 구분된다. 형식지(Explicit Knowledge)는 글과 이미지의 형식으로 표현(명시)된 지식으로, 볼 수 있으며 확인할 수 있는 지식이다. 반면 암묵지(Taicit Knowledge)는 머릿속에 있는 것은 분명한데, 볼 수 없고 확인할 수도 없는 지식을 의미한다. 형식지와 암묵지는 상호작용하며 지식과 지혜의 지평을 넓혀 간다.

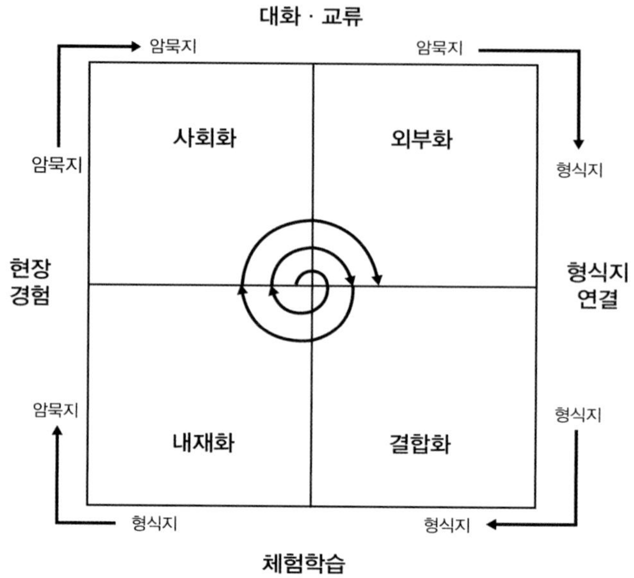

[그림 12-1] 지식 변환의 네 가지 유형과 확산

■ 사회화

사회화(Socialization)는 교류를 통해 암묵지가 암묵지의 형태로 확산되는 것을 말한다(암묵지→암묵지). 즉, 개인이 가지고 있는 암묵지를 교류(대화 · 토의 · 시범 및 지도 등)를 통해 다른 사람들과 공유함으로써 암묵지가 사회적으로 확장되는 것이다. 예를 들어, OJT나 멘토링제를 통해 다른 사람이 보유하고 있는 암묵지를 경험함으로써 자신의 암묵지로 만들 수 있다. 이런 지식의 사회화 과정을 통해 개인의 암묵지는 조직 전체로 확산될 수 있다.

■ **외부화**

외부화(Externalization)는 쓰기와 시각(그림)화를 통해 암묵지를 형식지로 변환하는 과정이다(암묵지→형식지). 즉, 개인과 집단, 조직이 가지고 있는 암묵지를 글과 이미지를 통해 형식지(보고서, 매뉴얼, 도서, 논문, 동영상)화하는 것이다. 저자가 머릿속에 있는 생각과 의견을 이렇게 글로 표현하여 세상 밖(외부)으로 내보내는 과정이 바로 외부화의 예이다. 인쇄술의 발달이 초기의 외부화를 촉발시키는 동인이 되었으며, 최근 정보통신기술의 발달은 외부화를 폭발적으로 증가시키는 계기가 되었다. 구글링, 유튜브 정도만 활용해도 웬만한 정보욕구는 해소되는 세상에 살고 있다.

■ **결합화**

결합화(Combination)는 기존의 형식지들을 결합·융합하여 새로운 형식지로 진화시키고 창조하는 과정을 의미한다(형식지→형식지). 기존의 원리와 이론, 프로세스와 방법을 가감승제(더하거나 줄이고, 연결하거나 없애고)하여 뭔가 새롭거나 다르거나 진일보한 것을 창출하는 과정이다. 바로 지식의 진보를 뜻한다. 결합화를 위해서는 많이 읽고, 많이 쓰고, 많이 경험하는 것이 중요하다. 재료가 풍부해야 레시피도 다양해지고 맛있는 새 메뉴가 탄생하기 마련이다.

■ **내재화**

내재화(Internalization)는 진화된 형식지를 삶과 현장 속에서 적용하고 실천함으로써 더욱 심화된 암묵지로 변환시키는 과정이다(형식지→암묵지). 즉, 결합화를 통해 창출된 새로운 형식지를 체화(이론체계와 경험의 확장)함으로써 심화된 암묵지를 형성하는 것을 의미한다.

지식경영의 구루인 노나카의 주장처럼 지식 창조는 암묵지를 공유(사회화)하고, 형식지화(외부화)하고 조합(결합화)한 후 다시 암묵지로 체화(내재화)하는 과정을 거쳐 확장되고 확산된다. 사람이 규칙적인 삼시 세끼 식생활을 통해 건강을 유지하듯 모든 분야의 전문가는 규칙적이고 꾸준한 SECI 지식 변환활동을 통해 전문성을 쌓는다.

지식(知識)에서 知는 '알다'와 '알리다'의 두 가지 뜻을 가지고 있다. 識 또한 '알다'와 '기록(표시)하다'는 두 가지 의미를 가지고 있다. 이와 같이 지식은 혼자만 알고 있는 격리된 정보가 아니라 언어(글과 말)로 기록하고 알릴 때 비로소 빛을 발하는 사회적 자산이다. 지혜(智慧)의 智는 알 지(知)와 날 일(日)로 되어 있다. 慧는 슬기로움을 말한다. 스스로 알고(배우고) 다른 사람에게 알리는 매일매일의 지속적인 활동(智=知+日)을 통해 개인과 조직, 사회가 발전하는 데 도움이 되는 지식의 체계, 곧 지혜(智慧)가 만들어지고 쌓인다.

02
경력관리와 HRD전문가의 역할 포트폴리오

평생직장은 현실에는 존재하지 않는 신화가 되었다. 평생직업이 평생직장의 자리를 차지하면서 일에 대한 충성도(직무충성도)와 경력관리가 중요해졌다. 일에 대한 충성도는 시간 흐름에 따른 전문성의 확장을 말한다. 경력은 시간 흐름에 따른 개인의 일과 관련된 경험의 연속적 실체로서, 프로필에 기재된 개인의 역사이다. 경력관리는 개인의 일 관련 경험과 역사를 관리하는 것이다.

■ 생애단계별 경력경로 설계

사람들이 바라는 삶의 모습과 일이 가지는 의미, 그리고 관심사는 시간 흐름에 따라 변화한다. 일반적으로 청년기와 장년기에는 유능함과 뭔가 있어 보이는 우쭐함을 추구하며 주로 성취와 능력개발을 통해 살아 있음을 느낀다. 유능함과 우쭐함은 상대적인 것이므로 갈등과 좌절, 경로 변경의 유혹 등을 많이 경험하는 시기이다.

중년기인 40대에 들어서면 새로이 능력을 개발하는 것보다는 가지고 있는 능력으로 자리를 보전하고 맡은 바 일을 성실하게 수행하려고 한다. 드라마틱한 변화보다는 일과 삶의 조화 그리고 안정을 추구하게 된다. 40이 되면 불혹이라 믿고 달려왔는데 그것이 아님을 안 순간, 삶의 가치를 변화시켜 자신을 지켜 내려는 선택을 하는 것이다. 직장인으로 남을 것인가의 고민도 이 시기를 지나면 대부분 사라진다. 40대 중반이 넘어 온갖 불평불만을 쏟아 내며 직장을 그만둘 것처럼 이야기하는 사람치고 자발적으로 퇴직하는 경우는 거의 보지 못했다.

50대 후반에서 60대에 들어서면 능력과 관계없이 누구나 은퇴에 직면하게 된다. 세월 앞에 장사 없다. 은퇴는 떳떳하게 조직과 일, 책임으로부터 벗어나 드디어 자유를 찾는다는 의미를 갖기도 하지만 자기존재의 필요성이 없어진다는 의미이기도 하다. 은퇴는 아무리 철저히 준비한다고 해도 은퇴날인 그 어느 날을 기점으로 느닷없이 나를 지켜 주던 자리와 일과 그리고 관계된 사람이 사라지는 것이다. 자유와 해방감은 얼마 지나지 않아 좌절감과 체념, 허망함으로 대체되어 간다. 무엇이든 할 수 있을 것 같은데 불러 주는 데가 없다. 그래도 뭔가 해야 한다. 고령화의 급속한 진전과 함께 사회안전망이 제대로 갖춰지지 않은 이 땅에 뿌리내리고 살고 있는 우리 모두는 아직까지는 개인이 이 상실감과 힘듦을 이겨 내며 나아가야 한다.

홀(Hall, 1976)은 [그림 12-2]에서와 같이 시간 흐름에 따른 생애 경력단계를 탐색기, 확립기, 유지기, 쇠퇴기로 나누어 설명하고 있다.

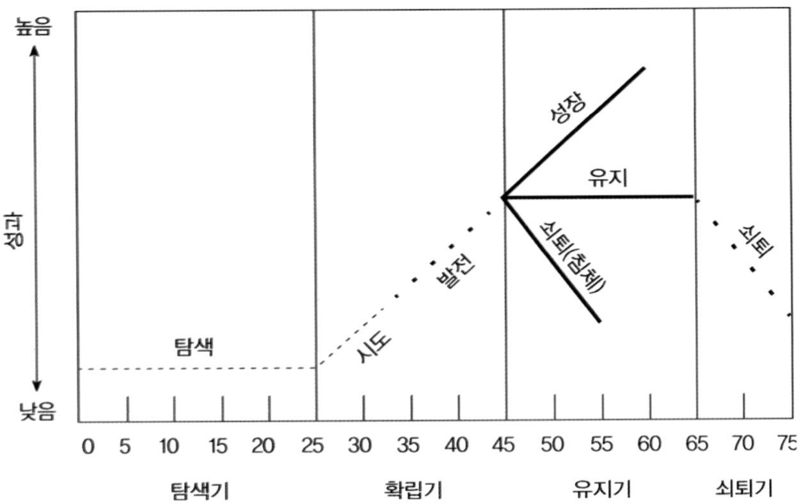

[그림 12-2] 연령별 경력단계

태어나서 25세 되기까지의 탐색기에는 앞으로 무슨 일을 하며 어떻게 살 것인가에 대해 생각하며 다양한 선택지를 놓고 탐색을 한다. 먼 미래의 불확실성과 함께 선택지가 많이 남아 있으므로 그만큼 고민과 갈등도 많은 시기이다. 26세 이후 45세까지 확립기에는 여러 가지 시도 끝에 자리를 잡고 직장과 자기 분야에서 발전을 해 가는 시기이다. 그러다 40 중반을 기점으로 승승장구(성장)하는 사람도 생기고 만년 부장하면서 자리를 보전(유지)하는 사람도 있으며 예기치 않게 자리를 물러나거나(쇠퇴) 전혀 다른 길을 가게 되는 사람도 생긴다. 인생길이 달라지므로 그만큼 고민이 많은 때이다. 65세가 되면 잘난 사람 못난 사람 없이 대부분 쇠퇴의 길을 걷게 된다. 불확실한 미래가 확실한 쇠퇴의 시간으로 다가오지만 불안하기만 할 뿐 개인이 특별히 대응할 만한 묘책도 없는 게 사실이다. 연령별 경력단계를 보면 동양이나 서양이나 사는 게 고행이 아닌가 싶다. 그래서 사람은 걱정을 달고 사는가 싶기도 하다.

홀의 경력단계 모형은 삶의 경로를 잘 표현하고 있다. 이제 홀의 경력단계에 맞추어 [표 12-1]의 각 질문에 대해 생각해 보는 시간을 가져 보기 바란다. 이를 통해 자신의 생애단계별 경력경로를 설계할 수 있다.

[표 12-1] 경력단계별 주요 질문

경력단계	연령	주요 질문
탐색기	~25세	• 부모형제의 특성(Genogram) 및 자신의 강점을 볼 때 자신에게 적합한 직업이나 일은 무엇인가? • 나는 누구인가? 나의 강점과 약점은 무엇인가?
확립기	26~45세	• 45세까지의 경력목표는 무엇인가? 그때는 주로 어디에서 누구와 함께 무엇을 하고 있을까? • 어떤 일과 역량으로 직업세계에서의 승부를 걸 것인가?
유지기	46~65세	• 65세까지의 경력목표는 무엇인가? 그때는 주로 어디에서 누구와 함께 무엇을 하고 있을까? • 중년기의 일을 누구와 협업할 것인가? 어떻게 함께 성장할 것인가?
쇠퇴기	65세 이후	• 65세 이후 노년기에는 주로 어디에서 누구와 함께 무엇을 하고 싶은가? • 언제 현역에서 물러날 것인가? 인생3막을 누구와 무엇을 하며 어떻게 살 것인가?

■ 경력경로 계획 수립

개인의 경력관리는 경력 설계를 토대로 경력경로(Career Path)를 계획하고 실천함으로써 가능하다. 개인의 경력경로 계획은 [그림 12-3]에서와 같이 자아인식, 경력목표 설정, 경력대안 평가와 조직 선택 그리고 경력경로 계획 수립의 순서로 진행된다. 각 단계마다 자신과 마주하여 답해야 할 질문목록이 있다. 자신에게 숨김없이 솔직 담백하고 명백하게 답할수록 경력경로가 분명해진다.

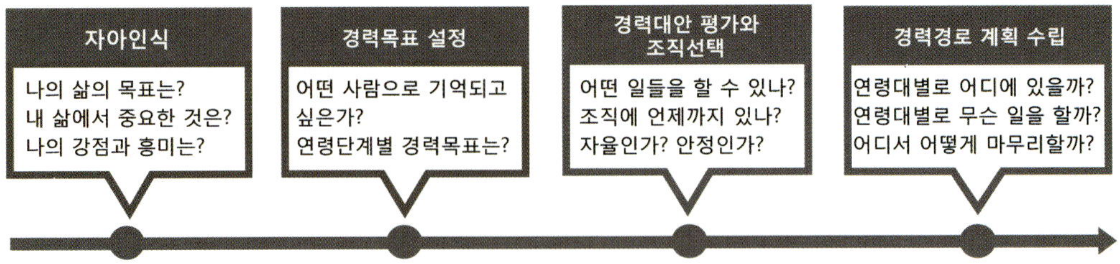

[그림 12-3] 경력경로 계획 과정

■ 인적자원개발전문가의 역할 포트폴리오 설계

HRD전문가는 시간 흐름에 따라 다양한 경력과 경험을 바탕으로 일의 영역을 넓혀 갈 수 있다. [표 12-2]에서 보듯 교육행정이나 강의, 교육컨설팅 외에도 콘텐츠 보급, 연구조사, 집필, 코칭, 심사평가/자문 그리고 사회공헌 등의 다양한 일을 할 수 있다. 이들 영역은 다른 일들보다 비교적 자유롭게 오랜 시간 동안 할 수 있는 일이다. 개인적으로는 정말 매력적인 직업이라고 생각한다.

[표 12-2] HRD전문가의 전문 활동영역

수행활동	직위	수행 역할
콘텐츠 보급	콘텐츠 큐레이터	• OER 기반 콘텐츠 기획/보급 • 전문 분야 인플루언서(유튜버) 활동
연구조사	연구자	• 전문 분야 연구조사 • 전문 분야 논문 작성/기고
집필	작가/칼럼니스트	• 대중/전문 분야 집필/출간, 번역 • 대중매체 기고/출연
코칭	코치	• 라이프 코칭 • 분야별 전문 비즈니스 코칭
심사평가/자문	자문위원	• 심사/평가, 자문 • 프로젝트 파트너
사회공헌	멘토	• 후학 양성, 무료 강의를 통한 사회공헌 • 인간과 삶의 본질 탐구

03

전문성 개발과 자기주도 학습계획서

사람은 경험과 실천을 통한 자기주도형 학습은 물론 다른 사람과의 교류나 의사소통을 통한 사회적 학습을 통해 전문성을 쌓을 수 있다.

■ 일터학습

일터학습(Workplace Learning)은 일터(업무현장)에서 이루어지는 계획적인 교육훈련은 물론 다양한 무형식 학습활동을 말한다. 일과 학습의 결합이라고 할 수 있다. 무형식학습(Informal Learning)은 일상적인 업무수행과정에서 학습이 자연스럽게 이뤄지는 것을 말한다. OJT, 실천공동체, 멘토링, 코칭은 물론 직원들 간에 이뤄지는 업무수행 과정에서의 커뮤니케이션, 상호작용과 협업 등이 학습의 주요 방법으로 인식되고 있다. 교육전문가 역시 일의 경험을 통해 성장한다. 하고 싶은 일을 제대로 하려면 하고 싶은 일의 영역에서 다양한 사람과 가능한 많은 프로젝트를 수행하는 것이 최선의 전문성 개발방법이다.

■ 상시학습

평생학습은 상시학습과 자기학습을 전제로 한다. 상시학습은 강의를 듣는 등의 전통적 학습뿐만 아니라 세미나 참여, 동료와 토론하기, 책 읽기, 논문이나 이슈페이퍼 읽기, 유튜브나 MOOC를 활용하여 학습하기 등의 다양한 학습경험을 일상생활에서 실천하는 것이다. 아울러 조직은 물론 개인에게도 문서나 정보, 웹사이트, 비즈니스 데이터 등과 같은 다양한 정보를 체계적으로 분류해 필요할 때 쉽게 찾아서 활용할 수 있도록 지식관리시스템과 환경을 만드는 것이 중요하다. ICT와 에듀테크의 발달과 함께 [표 12-3]과 같은 다양한 무료 공개교육 자료원을 활용하여 자기주도학습을 할 수 있는 학습환경이 마련되었다.

[표 12-3] 무료 공개교육 자료원

K-MOOC	http://www.kmooc.kr/	한국형 온라인 무료 공개강좌
늘배움	http://www.lifelongedu.go.kr/	공공기관의 평생학습 콘텐츠를 연계 · 제공
SLL	http://sll.seoul.go.kr/	서울특별시 학습포털
GSEEK	https://www.gseek.kr/	경기도 학습포털
코세라	https://www.coursera.org/	세계 120여개 대학의 강의 제공(일부 수료증 발급) 인문학부터 자연 · 사회과학 등 모든 분야
테드	http://www.ted.com/	트렌드나 이슈, 인생 통찰에 대한 내용 위주 일부 강의 한글자막 지원
유튜브	https://www.youtube.com/	다양한 분야의 덕후들의 놀이터(쓰레기도 존재)
열린 연단	https://openlectures.naver.com/	문학 · 예술 · 역사 · 철학 · 고전 등 인문학 강의 제공
플라톤아카데미	http://www.platonacademy.org/	인문학 강의 제공
EBS 지식채널e	https://home.ebs.co.kr/jisike/	5분 내외의 동영상 콘텐츠

■ 자기주도 학습계획서

세상에 공짜는 없다. 금수저가 아닌 다음에야 원하는 삶이 있고 하고 싶은 일이 있다면 무엇이든 준비하고 실행해야 한다. 생각만 해서는 아무 일도 일어나지 않는다. 자신의 경력목표를 설정하고 이를 달성하기 위한 [표 12-4]의 자기주도 학습계획서를 작성하고 실천한다.

[표 12-4] 자기주도 학습계획서

인적사항

본부	팀	직위	성명

주요과제 및 필요역량(단기: 1년 이내)

1년 이내에 수행할 주요 역할과 과제	필요 역량

주요과제 및 필요역량(중 · 장기: 2~5년 이내)

5년 이내에 수행할 주요 역할과 과제	필요 역량

역량명	현재 역량 수준					목표 수준					우선 순위	목표 달성 계획
	1	2	3	4	5	1	2	3	4	5		

개발역량	개발목표	개발전략(Action Plan)				
		교육	학습조직	개인학습	목표일정	완료일정

지식과 정보가 폭발적으로 증가하고 있는 지식정보사회에서 지식 · 기술의 발전 속도에 적응하고, 일을 통해 실력을 발휘하기 위해서 개인은 자기주도적으로 배움과 실천을 지속해야 한다. 모세(Moses, 1998)는 "개인은 경력지능을 가지고 평생 학습하여야 한다"고 한 바 있다. 어떤 분야에서 무슨 일을 하던 자신의 생각과 땀으로 우리 모두 빛나는 별이 되길 바란다.

학습내용을 중심으로 SAM 토의를 진행한다. 자유로운 분위기에서 편안하게 의견을 나눈다.

Summarize! 학습목표를 확인한 후, 각 학습목표에 대한 자신의 답을 정리한다. 이를 바탕으로 주요 개념과 용어 간의 위계와 연관성을 규명한다.

Adapt! 수행과제를 해결하기 위해 적용할 수 있는 지식과 기술은 무엇인지 토의한다. 직무수행이나 일상에서의 적용방안을 탐색한다.

Make Better! 보다 나은 학습을 위해 수정 · 보완할 내용에 대해 토의한다. '미리보기–학습내용–수행과제–쉬어가기'의 맥락 속에서 메시지를 발견하고 의미를 부여한다.

■ **팀 과제수행 활동**

• 홀의 경력단계 모형에 따라 자신의 생애단계별 경력계획을 수립(상상)하고 협동학습 팀원들과 공유한다.

• 유지기 이후 교육전문가로서의 역할 포트폴리오에 대한 계획을 구상하고, 이에 대비한 3년 자기주도 학습계획서를 작성하여 학습 팀원들과 공유한다. 이때 무료 공개교육 자료원(OER)을 많이 활용한다. 모둠 활동이 끝나면 서로의 앞날을 진심으로 축복한다.

누군가는 교육으로 인해, 누군가는 선생님으로 인해, 누군가는 책으로 인해 이전과는 전연 다른 삶을 살게 됩니다. 삶의 방향이 바뀌고 살아가는 관점과 가치관이 달라집니다. 그로 인해 그들의 삶이 빛나게 됩니다. 교육은 더 많은 별을 만듭니다. 밤하늘에 빛나는 별은 안식처와 같은 평온함을 선물하기도 하고 누군가에게는 어둠을 비추는 안내자 역할을 합니다.

이 지구별에는 다양한 분야의 구루와 덕후들이 정말 많습니다. 빛남은 자기만의 멋과 맛 그리고 어느 정도의 고집스러움이 필요하다고 생각합니다. 저 멀리 빛나는 은하계의 별이 수억 광년이나 떨어진 이 지구별에서 육안으로도 볼 수 있는 것은 모여 있는 그 수많은 별들이 서로서로를 빛내 주고 있기 때문이랍니다. 'Be the Galaxy!' 우리 모두의 '누군가의 길이 되고 희망의 증거되는 빛나는 별의 삶'을 기원합니다. 큰 별 옆에 내 이름을 살짝 써 보세요. 내 이름이 곧 별이 됩니다.

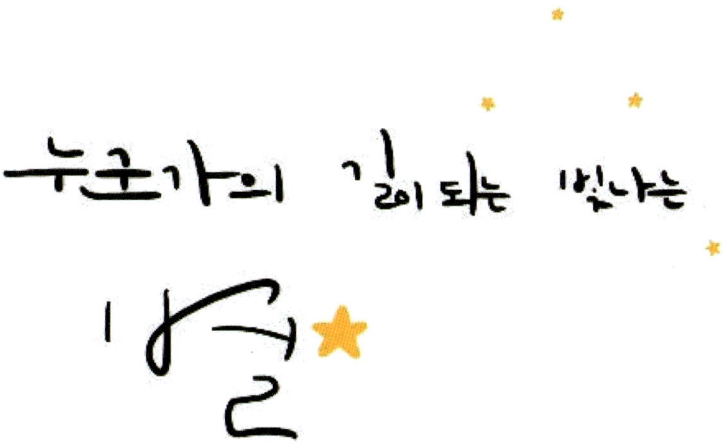

Human Resources Development

부록

1. 학습 가이드라인
2. 교육행정 · 운영자를 위한 체크리스트
3. 교육현황 조사 설문지
4. 인터뷰 실시 안내 및 인터뷰 문항

01 학습 가이드라인

독자들의 편의를 위하여 '학습내용×독자 유형 매트릭스'를 참고로 제시한다. 이는 저자 관점에서 판단한 것인 만큼 독자들은 자신의 상황과 관점을 반영하여 스스로 집중 학습 여부를 결정한다. 이때 머리말에 제시된 '주요 개념 및 용어'를 참고하여 결정한다.

독자 유형에서 대학생은 현재 교양과목으로 인적자원개발과정(유사과정 포함)을 수강하는 학생을 포함하여 앞으로 어떤 형태로든 강의를 하거나 교육전문가로 활동하고 싶은 청·장년세대를 포함한다. HRD 담당자는 기업을 비롯하여 사회복지기관을 포함한 다양한 조직에서 교육훈련 업무를 담당하고 있는 직원을 말한다. 기업교육 강사는 직장인을 대상으로 강의하는 프리랜서나 사내강사를 말한다. 평생교육 강사는 지역사회에서 아동, 청소년과 성인들을 대상으로 각종 교육프로그램을 운영하는 선생님이나 직업훈련 교육기관의 교·강사를 말한다. 교육분야 컨설턴트는 교육컨설팅을 수행하고자 하는 예비컨설턴트를 말한다.

학습내용×독자 유형 매트릭스

학습내용	독자 유형				
	대학생	HRD 담당자	기업교육 교·강사	평생교육 교·강사	교육분야 컨설턴트
제1장. 교육과 인적자원개발의 이해	●	●	●	◐	◐
제2장. 직업과 교육전문가	●	●	●	●	◐
제3장. 교육체계 수립과 교육기획	●	●	◐	◐	●
제4장. 학습이론과 교수체제설계	●	●	●	●	●
제5장. 요구분석	◐	◐	◐	◐	●
제6장. 교수요구분석	●	●	●	●	●
제7장. 교수설계	●	●	●	●	●
제8장. 콘텐츠 개발과 교수전략	●	●	●	●	●
제9장. 교수전략 실행	●	●	●	●	◐
제10장. 교육평가와 과정개선	●	●	●	◐	●
제11장. 스마트교육과 원격 강의	●	●	●	◐	◐
제12장. 인적자원개발전문가의 경력관리	●	●	●	●	●

※ 주: ●는 필수, ◐는 선택

02

교육행정 · 운영자를 위한 체크리스트

교육행정 · 운영자의 역할은 교육담당자의 가장 기본적인 역할로서 크게 세 가지로 규정할 수 있다. 먼저 교육훈련 행정요원의 역할로서 교육훈련 부문의 예산과 교육프로그램 관련자에 대한 문서관리활동을 수행한다. 둘째, 교육운영자의 역할로서 교육프로그램을 현장에서 직접 운영하는 일을 수행한다. 셋째, 강사/그룹활동촉진자의 역할로서 프로그램 내의 특정 주제에 대한 강의 활동이나 그룹활동을 진행하는 역할을 한다.

교육담당자의 기본 역할

HRD 행정요원	• 교육훈련 부문의 예산 및 집행내역서 작성 • 교육실시 신고 및 보고 • HRD-net 운용 • 교육 대상자 관리 • 훈련기록(교육실적)의 분석 및 작성 보관 • 교육 평가결과 관리 • 기타 각종 사항 관리
교육운영자	• 교재 제작 • 교육준비 • 교육진행(OT 및 교과목 안내, 강사 소개) • 교육 상담 및 생활지도 • 교육장 및 교육시설 · 장비 유지 • 교육 사후관리
강사/그룹활동촉진자	• 특정 주제에 대한 강의 • 그룹토의의 진행 • SPOT 기법을 적용한 학습분위기 촉진

■ 교육운영자의 역할행동

교육운영자는 교육현장의 총괄 책임자의 역할을 한다. 교육운영자의 전문성과 열정(마음가짐)에 따라 교육의 성과는 커다란 차이를 나타낸다.

- OT를 할 때는 교육과정의 배경과 목적, 교과목 구성에 대해 설명한다. 학습자로서 지켜야 할 사항과 학습규칙, 수료기준 등에 대해 안내한다.
- 학습자와의 라포(rapport) 형성과 긍정적 학습분위기 조성은 교육운영자의 기본 역할이다.
- 학습 팀은 가능한 다른 특성을 가진 사람들로 구성한다. 학습 팀 간에는 어느 정도 균형(인원, 연령, 성별, 직급, 직무 등)을 맞추도록 하고, 각 팀에 활동적인 멤버를 고르게 포함시키는 것이 중요하다.

- 교육운영자는 예기치 못한 상황에 대비해야 한다. 결강이나 강의 지연 시를 대비하여 예비 프로그램(대체 강의, 분임토의, 영상 상영, 간단한 교육 SPOT 등)을 준비하고 있어야 한다.
- 강의 모니터링과 휴식 시간 학습자 면담을 통해 학습자의 반응과 의견을 확인하고 문제 발생 시 확산되지 않도록 주의한다.
- 교육운영자는 교육기자재와 매체의 작동 및 응급처치 방법에 대해 숙지하고 있어야 한다.

■ 교수자 소개

- 강의는 스마트폰 등으로 의뢰하되 첨부한 [강의 의뢰서]를 작성하여 이메일로 보내는 것이 효과적이다. 교육의 전 과정에 걸쳐 강사에 대한 예우를 갖춰 교수자의 의욕을 배가시키는 것이 중요하다. 강의 시작 전에는 다음 사항들에 대해 안내를 한다. 다만 너무 오랜 시간을 함께 하여 강사를 불편하게 하거나 강의 전 준비 시간을 방해하지 않는 것이 좋다.

- 학습자 특성과 학습분위기
- 학습자 명단과 교재
- 담당 교과목 전 · 후의 교육내용
- 유의사항이나 특별한 요구사항

• 강사를 소개한다. 강사에 대한 소개는 학습자들로 하여금 강사에 대해 신뢰를 가지게 하는 주요 요인으로 작용한다. 강사가 해당분야의 권위자이거나 오랜 실무 경험이 있는 전문가임을 설명할 필요가 있다. 이때 너무 자세한 소개는 피한다.

> 이번 강의시간은 (강의 제목) 시간으로 (강사 명) 강사님이 강의해 주시겠습니다. 강사님은 (경력, 수행 프로젝트)이셨고 현재는 (소속기관)에서 (현 직책, 직위)로 계십니다. 박수로 환영해 주시기 바랍니다.

• 사전에 소개할 내용 메모
• 학력, 경력, 특기사항(강의와 관련된)을 짧게 소개, 환영 박수 유도

교수자 소개를 전적으로 강사에게 미루는 경우가 종종 있는데 이는 지양해야 할 행동이다. 강사 자신은 물론 학습자에게도 좋지 않은 영향을 준다.

강의 의뢰서

20**. 9. 6.

김영란 강사님,

안녕하십니까? 비전경영연구소 이예슬입니다.

금번 저희 비전경영연구소에서 실시하는 교육과정에 강의를 의뢰하오니 허락하여 주시기 바랍니다. 강의에 관한 세부사항은 다음을 참고하시기 바랍니다.

= 다음 =

1. 과정명: HRD 전문가 양성 과정(10. 20일 개강/총 340시간)
2. 교과목명: 강의역량 개발
3. 학습목표: 사내 기술교육 강사로서 갖추어야 할 기본 강의역량 개발
4. 학습대상: 반도체장비 및 R&D 부서 선임 · 책임연구원급 25명 이내
   - ▶ 사내 기술교육강사 후보/남 · 여 비율 비슷, 이공계 전공
   - ▶ 340시간 교육 이수 후 사내 기술교육 강사로 임명
5. 강의 의뢰 학습주제:
   1) 성인학습원리와 학습동기 촉진
   2) 내용개발 및 교안작성
   3) 교수방법과 교수기법
   4) 교수매체
6. 강의일정: 20**. 10. 24.(수)~10. 26.(금) 09:00~17:00.(1일 7H, 3일 21H)
7. 강의 장소: 서울시 영등포구 양평로 12길 9/한국기술교육센터 6층(601호)
   - ▶ 당산역 1번출구에서 도보로 10분 이내 거리/차량 이동 시 주차 가능
   - ▶ 데스크톱 컴퓨터(USB), 빔프로젝터 가능, 실습 기자재 보유
8. 요청사항
   - ▶ 학습주제는 강의 시간에 맞추어 강사님의 재량으로 수정해 주십시오(강의시간 배분 포함). 변경사항 사전에 알려 주시면 고맙겠습니다.
   - ▶ 첨부한 자료를 참고하셔서 강의내용이 전후 교과목과 중복되지 않도록 유념해 주시기 바랍니다.
   - ▶ 교재는 10. 18.(금)까지 보내 주시기 바랍니다. 정해진 교재양식은 따로 없습니다만, 강의 종료 후에도 학습자들이 학습용으로 활용할 수 있도록 작성 부탁드립니다.
   - ▶ 문의사항 있으시면 어느 때라도 연락주시기 바랍니다. 감사합니다.
     - 담당: 인재개발팀 기술교육과정 담당 이예슬
     - 연락처: 010-2692-**** /E-Mail: edupartner@hanmail.net
   - ▶ 첨부: 과정 구성 및 시간표(색칠된 부분을 참고하시기 바랍니다).

교육 실시 체크리스트

D-90	D-45
■ **대상자** 1. 교육대상자 파악 · 확정 2. 교육대상자 선정기준 – 교육목표와의 적합성 여부 – 교육방법에 적합한 인원 여부 3. 대상자 확정 후 인사부서와 해당부서에 통보 – 수신: 교육대상자와 부서장(팀장) ■ **교육일정 확인 · 조정** 1. 교육일정 적절성: 바쁠 때나 휴가기간은 피함 2. 교육기간(시간)의 적정성 ■ **교육 프로그램 설계** 1. 교육목표 2. 교육내용 3. 교육시간(전체시간 및 교과목별 시간) 4. 교과목별 강사 5. 교육장소 ■ **교육예산 수립** 1. 강사료 2. 교재비 3. 출장비, 숙박비, 식비 4. 시설사용료, 차량임차료 5. 과정운영비(식음료, 다과, 문구류 등) ■ **연수원(강의장) 및 차량 예약** 1. 연수원(강의장) 예약 2. 차량 예약 3. 기타 시설 예약	■ **교육품의서 작성 및 공문발송** 1. 교육품의서 작성 – 과정 개요 – 교육시간표 – 교육예산 – 참석자 정보(상세) 2. 공문발송 – 과정 안내, 교육시간표, 교육장소 – 교육대상, 참석자 일반현황 – 사전 과제, 기타 과정 준비물 등 – 입과 안내(교통편) ■ **강사확정 및 원고 접수** 1. 강의 의뢰서 작성 · 발송 2. 원고 수집 및 인쇄 의뢰 – 원고 의뢰 · 수집 – 교재 구성 · 편집 – 교재 내용 검토(충실도, 중복성) – 인쇄 의뢰(교재, 워크북, 워크시트 등)

D-3~1	D-0
■ **교육 대상자 접수** 1. 참석 인원 3일 전 확정 2. 참석자 파악 및 명단 작성 ■ **교육준비물 점검** ■ **강사 강의일정 재확인** ■ **기타** 1. 강의장 및 기자재 점검 2. 분임 토의 준비(명단, 주제, 토의실 등) 3. 숙소 및 편의시설 점검(숙소 명패, 정돈 상태 등) 4. 사진 촬영 준비 5. 문구류 준비 6. 의약품 준비 7. 기타 용품(시상품 등) 8. 기타 점검 - 차량(운전기사, 인솔자) - 강사 차량 출입 시 편의 제공 확인	■ 교육실시 전 1. 준비 사항 전반 검토 - 교육생 배포물 확인 - 강의장 및 기자재 최종 점검 2. 교육생 차량 Pick up 시간/인원 확인 3. 입과식 준비 ■ 교육생 도착 시 1. 교육장까지 안내 2. 인원 확인 - 불참자 확인 - 상급자에게 보고 3. 도착 지연 시 - 수송 상황 확인 - 이후의 스케줄 조정 ■ 입과식/과정 및 생활안내 1. 입과식 2. 과정안내 - 과정목표 및 교육특징 - 교육일정 및 교육내용 - 수료기준 및 협조사항 3. 생활안내 및 주변시설 이용 요령 - 기상시간, 취침시간 - 상호 예절(인사, 음주, 흡연) - 식당 및 숙소 위치 4. 자치활동 유도(리더, 팀 편성) 5. 학습자 간 상호인사 및 Ice Breaking

교육실시	교육 수료 후
■ **교육 실시 중** 1. 불참자, 조퇴자 확인 · 조치(사유서 작성) 2. 강사 접대 및 소개 3. 교육 시간별 준비 사항 점검 4. 교육 분위기 파악 - 학습자 Needs 파악 - 교육생 불만, 건의사항 조치(자치 회장 활용) - 강의 모니터링(교육내용, 교육생 반응 등) - 스마트폰 사용 금지 5. 조회 및 일과 종료 후 마무리 활동 6. 기타 - 기상, 체조(구보) 및 아침식사 방송 - 주간 생활 지도(준수사항, 생활태도 평가) - 야간 생활 지도(야간 점검, 소등) - 간식, 야식 신청 · 지급 - 숙소 불편 사항 확인 · 조치 - 교육장 정리 - 환자 확인 · 조치 - 개선 및 특이사항 메모 - 사진 촬영 ■ **교육종료 시** - 시험 및 설문조사 실시 - 필요시 간담회 - 수료식 - 지급품 회수 및 정리 - 수송차량 확인 - 환송	■ **교육결과 보고** 1. 설문 취합 및 결과 분석 2. 성적 집계 3. 경비정산(영수증 등) 4. 결과보고서 작성 - 과정분석 회의 결과 - 교육내용 적합성 - 강사 · 학습자 반응 - 방법 · 매체 적합성 - 문제점 및 개선 사항 ■ **Follow up** - 성적 및 교육결과 통보 - OJT 및 추수 지도 의뢰 - 필요시 연구과제 부여

교육 준비물 체크리스트

전체 일정계획	시나리오(OT/수료)	교육시간표	생활안내문	비상연락망
강의장 배치도	숙소 배정표	교육일지	교육 체크리스트	선물/시상품
교재	부교재	워크북/워크시트	유인물	노트
학습자 명단(상세)	명찰(교육생용)	현수막/배너	SPOT체조/게임	음악/영상파일
노트북	빔 프로젝터	포인터	USB/외장하드	벽시계
PC 스피커	캠코더	디지털카메라	타이머	종
명패(강사용)	강사용 교재	강사용 명단	강사계약서	강사료 지급명세서
볼펜	매직/칼라펜	네임펜	연필	보드마카펜
칼	가위	자	풀	스카치테이프
전지/반전지	복사지(A4)	색지	색종이	봉투(대/중/소)
화이트보드	이젤스탠드	압핀/클립		
운동기구	비상구급약			
식순(개강/수료식)	국기	사기(社旗)	사가(社歌)	
설문지(반응평가)	평가도구(시험 등)	수료증		

* 모든 비품은 사용 후 제 자리에 두거나 회수하여 다음 학습자가 사용하는 데 불편함이 없도록 한다.

03

교육현황 조사 설문지

안녕하십니까.

바쁘신 중에도 시간을 내어 본 설문에 참여해 주신 점 깊이 감사드립니다. 본 설문은 주식회사 팬지에 특화된 교육체계 및 인재육성 전략을 수립하기 위해 설계되었습니다. 귀하의 소중한 의견은 향후 교육 시스템 개선에 큰 도움이 될 것입니다. 응답 내용은 통계법 제33조에 의거하여 철저히 비밀이 보장되며, 통계 분석 이외의 목적으로는 사용되지 않습니다. 본 설문은 정해진 정답이 없으므로, 질문을 읽으신 뒤 귀하께서 생각하시거나 느끼시는 바를 자유롭게 표시해 주시면 됩니다.

설문과 관련하여 궁금한 점이 있으신 경우, 아래의 연락처로 문의 주시면 성실히 답변 드리겠습니다. 다시 한 번 귀한 시간을 내 주신 점에 대하여 깊이 감사드리며 귀하의 건승을 기원합니다.

비전경영연구소 연구책임자 이창훈/edupartner@hanmail.net/010-2691-****

[섹션1] 교육훈련

HRD 성숙도

1. CEO와 임원진의 직원 교육에 대한 관심과 투자의지가 높다.	1	2	3	4	5
2. 교육은 회사의 비전 및 경영전략과 연계성을 가지고 이루어진다.	1	2	3	4	5
3. 교육계획을 수립할 때 직원들의 교육니즈를 조사하여 반영한다.	1	2	3	4	5
4. 직원의 역량개발을 위한 다양한 프로그램이 있다.	1	2	3	4	5
5. 직원들은 사내 · 외의 교육훈련에 적극적으로 참여한다.	1	2	3	4	5
6. 교육훈련 이수 결과는 인사고과 등에 제도적으로 반영된다.	1	2	3	4	5

교육기회와 효과/장애요인

7. 나는 업무능력 향상을 위한 교육훈련의 필요성을 느끼고 있다.	1 2 3 4 5
8. 나는 회사에서 직무 수행상 필요한 교육을 충분히 받고 있다.	1 2 3 4 5
9. 나의 상사는 직원의 교육 참여를 적극 지원한다.	1 2 3 4 5
10. 나는 필요한 사내 · 외 교육 관련 정보를 충분하게 제공받고 있다.	1 2 3 4 5
11. 교육 전에 교육목적과 내용, 일정 등에 대해 충분히 알고 참석한다.	1 2 3 4 5

12. 최근 3년간 교육에 참여한 교육이력에 대해 체크해 주시기 바랍니다(직장 내 성희롱예방교육, 개인정보보호교육, 산업안전보호교육 등 법정의무교육 제외).

구분	전혀 없다	1회	2회	3회 이상
2019년				
2020년				
2021년(현재)				

13. 지금까지 참여한 교육은 귀하의 직무능력 향상에 도움이 되었습니까?

① 전혀 도움이 안됨 ② 별로 도움이 안됨 ③ 보통
④ 일정 부분 도움이 됨 ⑤ 매우 도움이 됨

14. 그동안 참여했던 교육프로그램이 도움이 되지 않았다면 그 이유는 무엇입니까?

① 교육내용 부적절 ② 강사 자질 부족 ③ 교육생 의지 부족 ④ 교육환경 미흡
⑤ 교육방법 부적절 ⑥ 교육운영 미숙 ⑦ 현업 적용기회 부족

15. 회사의 교육훈련이 제대로 실행되지 않고 있다면 그 이유는 무엇이라고 생각하십니까? 아래 항목에서 3가지만 골라 체크해 주십시오.

① 경영진의 무관심	② 부서장의 무관심	③ 직원의 무관심	④ 교육예산 부족
⑤ 유익한 교육과정 부족	⑥ 교육정보 부족	⑦ 업무과중과 시간부족	⑧ 교육전문가 부족
⑨ 교육시기 부적절	⑩ 교육과 인사평가와의 연계 미흡		

교육니즈와 요구과정

16. 우리 회사에서 가장 교육이 필요한 계층은 어디라고 생각하십니까?

① 임원진/본부장	② 팀장/파트장	③ 일반직원	④ 신입직원

17. 우리 회사에서 가장 교육이 필요한 직군은 어디라고 생각하십니까?

① 연구개발/기술	② 생산/품질	③ 영업	④ 지원/기획

18. 우리 회사에서 가장 필요한 교육은 무엇이라고 생각하십니까?

① 직급별(리더십)교육	② 전 직원 공통역량교육	③ 직무/기술교육
④ 외국어	⑤ 그룹웨어교육	

18.1 아래의 교육내용들 중에서 직급별로 주식회사 팬지의 임직원들에게 필요한 교육 3가지를 골라 각각 체크해 주십시오.

임원/본부장			
팀장/파트장			
일반직원			

① 전략적 사고	② 솔선수범	③ 변화(혁신)관리	④ 직원육성	⑤ 성과관리
⑥ 권한위임	⑦ 의사결정	⑧ 동기부여	⑨ 고객(서비스)지향	⑩ R&D/기술능력
⑪ 갈등관리	⑫ 인적 네트워크	⑬ 유연(민첩)성	⑭ 논리적 사고	⑮ 도전 · 주도성

18.2 주식회사 팬지의 임직원이라면 근무부서나 직급에 관계없이 반드시 이수해야 할 교육 3가지를 골라 체크해 주십시오.

① 인간관계	② 의사소통	③ 문제해결	④ 창의력	⑤ 기획력
⑥ 문서 작성	⑦ 정보관리	⑧ 프레젠테이션	⑨ 외국어	⑩ 컴퓨터 활용
⑪ 팀워크(협업 · 협력)	⑫ 직업윤리	⑬ 기초기술 이해	⑭ 제품/타부서 이해	⑮ 자기개발

19.1 현재 업무를 수행하는 데 귀하에게 필요한 지식과 기술이 있다면 무엇입니까?

19.2 향후 귀하의 직무 전문성을 키워 가는 데 필요한 지식과 기술이 있다면 무엇입니까?

교육방법과 제도

20. 귀하께서 가장 효과적이라고 생각하는 교육방법은 무엇입니까? (중복체크 가능)

① 외부 위탁 집합교육	② 내부 자체 집합교육	③ 이러닝	④ 플립러닝(온라인+집합교육)
⑤ 현장교육(OJT)/실습	⑥ 코칭/멘토링	⑦ 학습조직	⑧ 기타( )

21. 현실적으로 한 과정당 적절한 교육시간은 어느 정도라고 생각합니까?

① 1일 4시간 이하	② 1일 8시간	③ 2일 12시간	④ 2일 16시간	⑤ 3일 20시간 이상

22. 교육과 관련하여 필요한 제도라고 생각되는 항목에 체크해 주십시오(중복체크 가능).

① 교육이수학점제	② 사내강사 육성	③ 사내자격제도	④ 학습조직 운영
⑤ e교육관리시스템	⑥ 필수교육이수제	⑦ 멘토링/코칭	⑧ 기초제품/기술교육제

[섹션2] 인적사항

* 끝으로 귀하의 인적사항에 대해 응답해 주시기 바랍니다.

성별	① 남	② 여			
직급	① 임원진/본부장	② 팀장/파트장	③ 일반직원	④ 신입직원	
근속연수	① 1년 미만	② 1~3년 미만	③ 3~10년 미만	④ 10~20년 미만	⑤ 20년 이상
담당업무	① 연구개발/기술	② 생산/품질	③ 고객관리/영업	④ 지원/기획	

* 바쁘신 중에도 성실하게 응답해 주시어 감사드립니다. *

04 인터뷰 실시 안내 및 인터뷰 문항

HRD 전략 및 교육체계 수립을 위한 Key-man 인터뷰 실시 안내

1. 목적: 인재육성과 관련된 경영자 및 본부장급의 전략적 의지와 현안과제, 교육현황, 교육필요점 등의 조사·분석을 통하여 교육전략을 도출하기 위함
2. 일정: 20**. 11. 2.~11. 6.(5일간)
3. 대상: 임원 및 본부장
4. 인터뷰 내용: 별첨 인터뷰 문항 참고
5. 참고사항

   프로젝트 완료 기일이 정해져 있는 관계로 인터뷰는 정해진 일정 내에 완료되어야 합니다. 정해진 기한 내에 인터뷰가 불가능하신 분은 서면, 전화, e메일, 또는 화상(zoom)을 통한 의견 수렴과정을 거치도록 하겠습니다. 인터뷰가 불가능하신 분들께서는 전화번호, e메일 주소 등의 인적사항을 알려 주시면 감사하겠습니다(대면 인터뷰를 원칙으로 합니다).

   - key man 인터뷰 대상자와 대상자별 가능 일정을 알려 주시기 바랍니다.
   - 인터뷰 문항에서 수정이 필요한 부분이나 추가 내용이 있으면 알려 주시기 바랍니다.
   - 본 프로젝트와 관련된 자료 등은 구글 드라이브를 이용해 주시기 바랍니다.
     https://drive.google.com/drive/my-drive(패스워드: ****)
   - 인터뷰 문항을 사전 배포하여 인터뷰 대상자들이 답변을 미리 준비할 수 있도록 해 주시기 바랍니다.

연락처: 비전경영연구소 연구책임자 이창훈
edupartner@hanmail.net/010-2691-****

[별첨]

Key-man 인터뷰 Agenda

1. 주식회사 팬지가 당면한 경영상의 주요 현안과제는 무엇이라고 생각하십니까?
   - 경영 환경상의 주요 기회 및 위협요인
   - 주식회사 팬지의 강점과 약점
   - 다른 회사/조직과 다른 차별적 특성
   - Major client가 주식회사 팬지에 원하는 가치
   - Major client의 요구사항에 주식회사 팬지는 어느 정도 부응하고 있는지에 대한 의견
   - 주식회사 팬지의 중 · 장기 나아갈 방향
   - 주식회사 팬지 CEO 및 TMT로서의 향후 비전(Big Picture)
   - 주식회사 팬지가 해결해야 할 주요 현안과제 Top 5 리스트

2. 주식회사 팬지의 CEO 및 임원으로서 바라는 인재상 및 핵심역량은 무엇입니까?
   - 주식회사 팬지의 인재상을 세 가지로 요약하면?
   - 구성원으로서 갖추어야 할 역량(능력, 마음가짐)을 다섯 가지로 요약하면?
   - 구성원으로서 현장에서 잘 이루어지지 않고 있는 사항은?

3. 주식회사 팬지의 인사 및 교육훈련상의 장 · 단점은 무엇이라고 생각하십니까?
   - 인사시스템의 장점과 문제점
   - 교육훈련상의 장점과 문제점

4. 주식회사 팬지의 미래 성장동력으로서 인재를 육성하기 위하여 어떤 전략을 가지고 계십니까? 또, 해결해야 할 주요과제는 무엇이라 생각하십니까?

- 인적자원개발(HRD) 전략
- HRD부문의 현안과제
- 교육과 인사와의 연계방안
- 인사교육부문에 바라는 사항

5. 직무수행 역량 개발을 위해 필요한 교육은 무엇입니까?

- 현재 직무 역량 개발을 위해 필요한 교육
- 미래 직무 역량 개발을 위해 필요한 교육

6. 기타 주식회사 팬지의 발전 및 프로젝트 추진과 관련한 제언이 있으시면 분야에 관계없이 말씀해 주시기 바랍니다.

(* 인터뷰는 정리를 위하여 녹음됩니다.)

참고문헌

고용노동부(2021). 국가직무능력표준.

교육부(2018.12.). 일반대학의 원격수업 운영기준.

교육부(2020.7.). 2021년 대학 기본역량 진단 편람.

국가과학기술인력개발원(2017). 과학기술인 역량사전(2판).

김도연(2021). "대학의 미래, 미래의 대학", 동아일보, 3월 25일.

김상윤(2017). "민원 전쟁터 된 임신부 배려석", 조선일보, 12월 5일.

김세웅(2021). "우리는 모두 '창백한 푸른 점'의 이웃들", 동아일보, 1월 18일.

김의석, 이우언, 최태식, 권화숙, 정찬주, 시옥진(2016). **교육학개론**. 경기: 양성원.

김인숙, 유숙영, 변현정, 서윤경(2020). 비대면 실시간 수업에서 교수적 디지털 상상력을 통한 상호작용 경험 분석. **교육공학연구, 36**(S), 873-904.

김재희(2020). "제대로 된 삶이란?...그 질문이 영화의 출발점", 동아일보, 10월 27일.

김정운(2018). "멀리 봐야 한다, 자주 올려다봐야 한다", 조선일보, 5월 23일.

김호(2021). "경력 '단절'이 아닌 경력 '보유'", 동아일보, 3월 17일.

목수정(2017. 3. 30.). 아삭아삭 민주주의 학교(https://post.naver.com/viewer/postView.nhn?volumeNo=6981705&memberNo=35235495).

박성수, 황호영, 이경근, 전명숙, 채준호(2019). **디지로그시대의 인적자원관리**. 서울: 박영사.

백기복(2006). **조직행동연구**(4판). 서울: 창민사.

변지민(2017). "25세에 이룬 빛나는 업적 '우연'이 아니었네!", 동아일보, 4월 14일.

앤미디어(2020). **줌&영상편집**. 경기: 성안당.

오영범(2020). 비대면 원격수업 사례분석을 통한 교수자의 원격수업 역량 탐색: 실시간 쌍방향 수업을 중심으로. **교육공학연구, 36**(S), 715-744.

오인경, 최정임(2015). **교육 프로그램 개발 방법론**. 서울: 학지사.

원대연(2021). "밥 아저씨처럼 쓱쓱쓱…'용기내면 그림이 돼요'", 동아일보, 4월 7일.

원운식(2020). 비대면 학습효과, 어떻게 극대화시킬 것인가?, HR Insight, Vol.8.

이성흠, 이준, 구양미, 이경순(2013). **교육방법 및 교육공학**. 경기: 교육과학사.

이재희(2009). **교수법 테크닉**. 서울: 한국생산성본부 정보문화원.

이재희(2016). **리더십 프레임**. 서울: 한올.

이재희(2019). **비즈니스 커뮤니케이션**. 서울: 한올.

이재희, 김경진, 이상익, 권은주, 김정일(2018). **UP 직업윤리**. 경기: 양성원.

이재희, 임영수, 금진호, 김미선, 박연희, 김경진(2019). **UP 의사소통능력**. 경기: 양성원.

이한수(2018). "학문에 停年은 없다… 퇴임 후 책 100권 낸 '열혈 書生'", 조선일보, 6월 7일.

임우선(2018). "유튜브 동영상 보고 발표… 팀별 토론… 핵심은 '참여형 수업'", 동아일보, 1월 11일.

장원섭(2015). **인적자원개발**(2판). 서울: 학지사.

전채은(2021). "스마트폰으로 날아온 詩 한편에… 2030이 웃는다", 동아일보, 3월 23일.

정인성, 나일주(1999). **최신교수설계이론**. 경기: 교육과학사.

조화태, 김계현, 전용오(2013). **인간과 교육**. 서울: 한국방송통신대학교.

최예나(2020). "내년부터 '고품질 교육 보증제' 도입… 수업의 질 높이겠다", 동아일보, 11월 12일.

최인아(2021). "지름길의 덫", 동아일보, 2월 20일.

최정빈(2018). **플립드 러닝**. 경기: 성안당.

통계청(2021). 국가통계포털.

허운나(1994). **산업교육 요구분석**. 서울: 배영사.

Hansen, M. T. (2011). **협업**. [Collaboration: how leaders avoid the traps, create and reap big results] (이장원, 김대환, 안정호 역). 경기: 교보문고(원저출판: 2009).

Keller, J. M., 송상호(2001). **매력적인 수업설계**. 경기: 교육과학사.

Nussbaum, M. C. (2015). **역량의 창조**. [Creating capabilities : the human development approach] (한상연 역). 경기: 돌베개(원저출판: 2011).

World Economic Forum(2016). The Future of Jobs.

Yukl, G. A. (2013). *Leadership in Organizations*(8th Ed.) Upper Saddle River: Prentice-Hall.

찾아보기

ㄴ

ㄷ

ㄹ

ㅁ

ㅂ

ㅅ

ㅇ

저 / 자 / 소 / 개

■ 이재희

경영학박사 · 경영작가

주요 관심 주제는 인간 본성과 선한 영향력이다. 비전경영연구소에서 경영과 조직행동, 리더십, 인적자원개발에 대한 교육과 글쓰기, 컨설팅을 수행하고 있다. 한국생산성본부 전임교수와 수석컨설턴트, ㈜리더십코리아 대표, SK하이닉스 인재개발원 전문교수, 농식품공무원교육원 외래교수, 대한민국산업현장교수, 한국HRD기업협회 전문교수로 재직한 바 있다. 국민대학교와 숙명여자대학교 교육대학원, 서울벤처대학원대학교 등에서 리더십, 조직행동론, 조직개발론, 커뮤니케이션론, 교수 · 학습방법론을 강의하였다. 주요 저서 및 연구실적으로 리더십 프레임, 비즈니스 커뮤니케이션, 자기경영과 시간관리, 교수법, 프레젠테이션 전략, NCS 직업기초능력 시리즈, 이슈리더십과 조직성과간의 관계에 관한 실증연구, 60+직무역량지표 개발에 관한 연구 등이 있다. 글과 강연, 컨설팅을 통해 보통사람이 행복한 세상, 깔끔한 지식생태계 만들기를 지향하며 지지의 혜안을 소망한다.

교육전문가를 위한 A2M

인적자원개발

1판 1쇄 인쇄 – 2021년 6월 1일
1판 1쇄 발행 – 2021년 6월 4일

저　　자 - 이재희
발 행 인 - 강철원
발 행 처 - 양성원
주　　소 - 경기도 파주시 검산로 173번길 29-20
전　　화 - 031-946-3861(代)
팩　　스 - 031-946-3864
이 메 일 - tnwpub@naver.com
홈페이지 - tnwpub.co.kr
출판등록 - 2015년 8월 31일 제 2015-000211 호

ISBN 979-11-6126-379-3

정가 20,000원